Der neue Restaurantführer

für Südbaden

3. Ausgabe

Cover: Foto B. Reitz-Hofmann

Alle Angaben zu den Restaurants sind nach bestem Wissen und mit Sorgfalt erstellt. Der Verlag und die Autoren können jedoch keine Garantie für ihre Richtigkeit geben und übernehmen auch keine Haftung für etwaige Unstimmigkeiten. Wenn Sie Ergänzungs- und Berichtigungsvorschläge haben, freuen wir uns über Ihre Hinweise.

Redaktion: Malou Köpcke, Jenny Kühne, Friederike Wursthorn
Satz: typo | grafik | design, Herbolzheim i.Br.
Fotos: Soweit nicht anders angegeben © Rombach Verlag KG
Herstellung: Poppen & Ortmann KG, Freiburg i.Br.
Printed in Germany
ISBN 978-3-7930-5086-5

Badische Zeitung

Der neue Restaurantführer

für Südbaden

Herausgegeben von Christian Hodeige

3. Ausgabe

rombach verlag

Inhalt

Vorwort zur dritten Ausgabe

Der lang ersehnte »Neue Restaurantführer für Südbaden« liegt nun endlich vor. Wir schreiben das Jahr 2012 und wieder hat sich seit der letzten Ausgabe (2008) einiges getan. Die gastronomische Landschaft im Südwesten Deutschlands ist nach wie vor in Bewegung – Pächter ziehen in andere Häuser, Küchenchefs wechseln zur Konkurrenz, Newcomer von einst haben sich erfolgreich etabliert, andere sind auf der Strecke geblieben. Alles in allem ist der Konkurrenzdruck selbst für arrivierte Häuser noch einmal spürbar gestiegen, was sich nicht zuletzt in der – blickt man auf andere Regionen Deutschlands – unverändert moderaten Preispolitik der Gastronomen widerspiegelt (Ausnahmen bestätigen wie immer die Regel). Das freut zunächst den Kunden – doch wie ist es um die Qualität bestellt? Grundsätzlich lassen sich stark vereinfacht zwei Parteien benennen. Diejenigen, die nach dem Motto ›billig – um jeden Preis‹ ihr Heil suchen und jene, die den Kunden mit ›Qualität – preiswert und gut‹ überzeugen wollen. Dass der Begriff ›preiswert‹ mit steigendem Anspruch dehnbarer wird, sei hier geschenkt, umgekehrt werden die echten ›Billigheimer‹ auch weiterhin ihre geneigte Klientel finden. Entscheidend aber ist – und auch hier weiß die Region dem Trend nicht nur zu folgen: Die Einsicht, dass Qualität einen gewissen Preis hat, scheint sich mehr und mehr durchzusetzen. Dies zeigt bereits ein Blick ins Supermarkt-Kühlregal, wo Bio-Produkte einen immer größeren Raum einnehmen. Vor allem aber erhält man regionale Produkte, saisonal angeboten und im Bestfall direkt vom Erzeuger, inzwischen längst nicht mehr nur auf dem altbekannten Wochenmarkt. Das Bewusstsein für hochwertiges Essen ist signifikant gewachsen – und letztlich hat sich das auch in den Eindrücken unserer Restaurantbesuche bestätigt, denn nie zuvor haben wir in Südbaden so viele Wirte gehabt, die mit Attributen wie ›nachhaltig, regional, saisonal und verantwortungsbewusst‹ nicht nur für sich werben, sondern sie tatsächlich auch (vor-)leben – und das Ganze über alle Preiskategorien hinweg.

»Südbaden ist Feinschmeckerparadies«: Das ist kein Geheimnis mehr, sondern fast schon eine Binsenweisheit. Über dieses Attribut hinaus darf sich die kulinarische Szene hierzulande inzwischen auch nachsagen lassen, in Sachen verantwortungsvoller Gastronomie eine Vorreiterstellung eingenommen zu haben. Schon vor sechs Jahren hatte eben jener Trend Anlass gegeben, einen ersten Restaurantführer für Südbaden (2006) herauszubringen, der diese Entwicklung begrüßt und unterstützt. Inzwischen ist aus dem Trend ein neues Markenzeichen der Region geworden, und darauf kann man durchaus stolz sein – diese dritte Ausgabe des Restaurantführers möchte hinter diese Entwicklung ein Ausrufezeichen setzen! Entsprechend ist unsere Auswahl der vorgestellten Häuser nicht einfach nur um ein knappes Drittel gewachsen – 194 Restaurants sind es nun, ganze 80 davon zum ersten Mal mit dabei. Mehr noch als bisher haben wir bei den Testkriterien ein gesondertes Augenmerk auf die Qualität der verwendeten Rohstoffe gelegt, ferner auf deren Ursprung – und letztlich natürlich auf die hausspezifische Kunst der Verarbeitung. Wir haben einfache Lokale stärker berücksichtigt, die im Rahmen ihrer Möglichkeiten Erstaunliches vollbringen. Den Leistungen von Häusern, die dem eigenen (meist hohen) Anspruch nur teilweise gerecht wurden, haben die Tester Rechnung getragen – oder sie gleich ganz aus der Auswahl verbannt. Echte ›Verrisse‹ wird es in diesem Buch nicht zu lesen geben, umgekehrt muss ein Restaurant keineswegs schlecht sein, nur weil wir es nicht mit berücksichtigt haben. Denn eines gilt für den »Neuen Restaurantführer« wie für seine Vorgänger gleichermaßen: Die hier empfohlenen Restaurants sind nur eine kleine Auswahl, sowohl aus dem Korpus der getesteten Restaurants als auch aus dem großen, überwiegend guten Angebot aller Lokalitäten in Südbaden. Kulinarische Entdeckungen wird man auch jenseits der nun vorliegenden 240 Seiten machen können – eine schauerliche Vorstellung auch, wenn dem nicht so wäre. Das vorliegende Buch möchte sich wie eh und je als eine offene Liste ohne Anspruch auf Vollständigkeit verstanden wissen, denn natürlich haben wir Gasthäuser übersehen, die es sicher wert gewesen wären, Erwähnung zu finden – Anregungen, Kritik, Lob oder neue Vorschläge Ihrerseits sind entsprechend herzlich willkommen. Wir freuen uns über jede qualifizierte Meinungsäußerung.

In jedem Fall wünschen wir Ihnen wieder viel Spaß beim Genießen in Südbaden!

Dr. Christian Hodeige
Herausgeber der Badischen Zeitung

Dr. Torang Sinaga
Verlagsleiter des Rombach Verlags

Die Idee

Jeder kennt doch die Situation, hat sie vielfach selbst erlebt: Nach einer schönen Radtour durch die Rheinauen oder einer kräftezehrenden Wanderung auf die Schwarzwaldhöhen oder wenn man abends in Freiburg müde aus dem Zug steigt, fehlt nur noch die Einkehr in ein Gasthaus mit Charme. Wer keine Empfehlung hat, ist aufs Äußere oder die draußen hängende Speisekarte angewiesen. Doch nicht immer hält die so gewählte Lokalität im Inneren, was die prächtigen Geranien vor den Fenstern, die wortreich-blumige Karte oder der kühl-gestylte Eingangsbereich versprechen. Da stellt sich die »Hausgemachte Nudelsuppe« plötzlich als Fertigprodukt heraus, oder die »Feine Sahnesoße« kommt aus der Tüte. Schlimm auch, wenn dem »frischen« Blattsalat ein Industriedressing aus dem Eimer verpasst wurde oder der Hauptgang »an drei Soßen« schon in einer Packung vorgegart wurde. Leider sind so genannte »Convenience-Produkte«, also vorgefertigte oder halbgare Speisen, die in speziellen, haltbaren Verpackungen zugekauft werden, längst fester Bestandteil der Küchenausstattung vieler Gasthäuser und Restaurants. Auch die »formatierte Küche« mit ihren gleichgeschalteten Standard-Essen wie »Rucola-Salat mit Putenstreifen« oder »Gebratene Entenbrust auf Feigen-Cous-Cous« oder »Viktoria-Barsch mit Bärlauchrisotto« zieht leider weiter auf ihrer bedauerlichen Erfolgsspur. Vor derlei unliebsamen Überraschungen will Sie, liebe Leserin und lieber Leser, diese 3. Ausgabe unseres Restaurantführers bewahren. Er möchte alle beschriebenen Lokale mit ihren unterschiedlichen Ansprüchen transparent machen. In der Küche gilt dies für die verwendeten Grundprodukte ebenso wie für die Zutaten und die Art der Zubereitung. Aber auch das Wein- und Getränkeangebot wird bewertet. Beim Service muss die Frage erlaubt sein: Ist er freundlich, umsichtig und gewissenhaft oder doch zu aufdringlich oder gar schlampig? Schließlich macht auch das Ambiente einer Wirtschaft Appetit – oder es verdirbt ihn. Das Preis-Leistungs-Verhältnis gilt es allemal zu beurteilen.

Die Jury

13 Experten haben sich dieser Aufgabe gestellt. Dabei gehören dem Kreis der Restaurant-Tester nicht etwa nur Journalisten und professionelle Gastrokritiker an. In der Runde sind auch Weinexperten und Gastronomen vertreten, die das harte Geschäft von der anderen Seite der Theke kennen. Zu guter Letzt sind erklärte Feinschmecker, die ihre Zungen über Jahre nicht nur in Baden schulen konnten, und erfahrene Hobbyköche unter den Testern. Sie haben sich in vielen intensiven Diskussionsrunden und beim regelmäßigen Erfahrungsaustausch auf eine allgemeine Systematik der Beurteilung geeinigt. Die Tester kamen stets unangemeldet. Sie kamen zu zweit oder in größeren Gruppen. Manchmal saßen sie zum gleichen Zeitpunkt an unterschiedlichen Tischen, mittags oder abends, unter der Woche oder zu den Stoßzeiten am Wochenende. Sie waren und bleiben anonym, um auch künftig unabhängige Urteile zu ermöglichen.

Die Prinzipien

Der Restaurantführer versteht sich als eine Sammlung von **positiven** Empfehlungen. Getestet wird anonym und aktuell.
Da auf frische regionale Speisen großen Wert gelegt wird, sind saisonal wechselnde Angebote erwünscht und werden als solche beschrieben.

Die Tester bezahlen ihre Rechnung immer selbst.
Die Tester schreiben ihre Beurteilung direkt und zeitnah nieder. Ihre Eindrücke sind persönlich, ihre Urteile sind klar und direkt, ohne verletzend zu sein.
Getestete Restaurants, die nicht empfohlen werden können, werden nicht in den Restaurantführer aufgenommen.
Alle Testergebnisse werden in der großen Jury-Runde mehrmals und ausführlich diskutiert; nie wird das Urteil einem einzelnen Tester allein überlassen.

Das Testgebiet

Getestet wurde im Verbreitungsgebiet der Badischen Zeitung. Es reicht von Offenburg und der Ortenau im Norden bis nach Lörrach und Rheinfelden im Süden. Im Westen ist der Rhein die Begrenzung (mit einer kleinen Ausnahme, die mitten auf einer Rheininsel liegt), nach Osten hin öffnet sich das Arbeitsfeld in den Hochschwarzwald. Da gibt es viel zu entdecken. Alle ausgewählten Restaurants haben einen ausführlichen Fragebogen zur Selbsteinschätzung erhalten mit der Ankündigung, dass sie anonym getestet werden sollen. Auch ausländische Restaurants der gehobenen, möglichst authentischen Küche sind natürlich mit von der Partie. Im Fragebogen wurde zum Beispiel gefragt, woher man Fleisch, Fisch, Gemüse und Salat beziehe. Ob der kontrollierte ökologische Anbau ein Kriterium beim Einkauf sei? Ob vorgegarte Produkte verwendet würden? Wie oft die Speisekarte wechsle? Ob saisonale, heimische Angebote berücksichtigt würden? Wie es mit Geschmacksverstärkern wie Glutamat stehe? Einige Lokale entsprachen beim Test leider nicht unseren Qualitätskriterien und konnten deshalb nicht berücksichtigt werden.

Das Testergebnis

Die Bewertung eines Lokals kann natürlich auch von der Tagesform des Küchenteams und des Service abhängen – das war den Testern wohl bewusst. Auch dass ein heute gefälltes Votum in ein paar Monaten schon ganz anders ausfallen kann, etwa weil ein neuer Pächter einoder ein alter Küchenchef ausgezogen ist, ist bekannt. Darum musste, was die Tester in den Lokalen errechneten und beschrieben, stets der ganzen Runde vorgelegt werden. Bei den Jury-Runden wurde dann jedes einzelne Urteil diskutiert und mit den Erfahrungen der anderen verglichen. Kein Testteam entschied alleine über die endgültige Wertung.

Die Testsystematik

Zuerst wird ein Lokal in eine der vier Wappen-Kategorien eingereiht. Die Kategorien werden wie folgt definiert:
Ein Wappen bezeichnet die einfache rustikale Küche, die mit überschaubarem Aufwand zubereitet wurde. Lokale in dieser Kategorie verfügen in der Regel über eine überschaubare, feste Speisekarte. Lokale mit einem Wappen sind einfache Gasthöfe mit bodenständigem Angebot.
Zwei Wappen beschreiben die so genannten gutbürgerlichen Gasthäuser, die in der Küche schon einen gewissen Aufwand treiben und ihre Karte häufiger wechseln. Der Gast findet auch hier die klassischen Gerichte der badischen Küche, jedoch in verfeinerter Form. Hier stehen zum Beispiel neben Fleisch auch unterschiedliche Fischgerichte auf der Speisekarte.
In den Lokalen mit drei Wappen muss sich der Küchenchef mit überwiegend eigenen Kreationen präsentieren. Drei Wappen kennzeichnen die gehobene Küche die eine individuelle, meist saisonal wech-

selnde Speisekarte beinhaltet. Badische (im Einzelfall auch ausländische) Grundrezepte werden hier verfeinert und verbessert.
In der mit vier Wappen bedachten Kategorie finden sich Spitzenküchen, die bereits von anderen strengen Kritikern mit ›Sternen, Kochmützen, Löffeln‹ oder Punkten bedacht wurden oder zumindest auf dem besten Weg dorthin sind.

Ob nun ein Lokal am unteren Ende, in der Mitte oder am oberen Rand einer Kategorie angesiedelt wird, ergibt sich aus den Einzelwertungen von fünf Faktoren:

– Küche
– Service
– Ambiente
– Weinangebot
– Preis-Leistungs-Verhältnis

Die Tester vergeben in jeder dieser Untergruppen Noten zwischen 1 (gravierende Mängel) und 10 (Spitze in Kategorie). Bei der Addition der Einzelergebnisse wird die Küche doppelt gezählt. Anschließend wird die Summe durch 6 geteilt. Daraus ergibt sich die Gesamtnote, die mit einer Stelle hinter dem Komma angegeben wird, um der Genauigkeit Rechnung zu tragen. So kann ein Lokal mit 4,2 oder 7,0 ausgezeichnet sein. Lokale, die den Mindestwert 4 in ihrer Kategorie nicht erreichen, finden keinen Eingang in diesen Restaurantführer – der Qualität wegen. Natürlich wird die Luft nach oben – also von nach – immer dünner, kommen Anspruch und Wirklichkeit immer deutlicher auf den Prüfstand. Der Schritt von 6 auf 10 zum Beispiel in der Küchenleistung ist natürlich kleiner als von 8 auf 9. Das obere Ende der Skala liegt bei 10. Wer es dorthin geschafft hat, kann nicht weiter steigen, er ist schon absolute Spitze. Die Anordnung der getesteten Lokalitäten im Restaurantführer erfolgt alphabetisch nach Standort (= Ortsname), geordnet nach Kategorien bis und darunter alphabetisch nach Restaurantnamen. Noch ein Wort zur Bewertung des Preis-Leistungs-Verhältnisses in der höchsten Kategorie: Dieses ist nach Auffassung der Jury in Südbaden im Vergleich zu Großstädten wie Berlin, Hamburg oder München nach wie vor eher moderat und »preiswert« im Sinne von »seinen Preis wert«. Insbesondere wenn man bedenkt, mit welcher Sorgfalt und mit welchem Aufwand hierzulande gekocht wird und wie oft die häufig sehr umfangreichen saisonalen Karten gewechselt werden. Dies soll sich in der Bewertung ebenso niederschlagen wie der Umstand, dass eine Spitzenküche mit 35 Köchen nicht auf demselben Preisniveau arbeiten kann wie eine Vier-Personen-Küche. Wir haben uns entschlossen, in der höchsten Kategorie auch halbe Noten für die Küchenleistung zu vergeben, um dort noch besser differenzieren zu können. Es empfiehlt sich, in allen hier vorgestellten Restaurants rechtzeitig Plätze zu reservieren, wenn man keine unliebsamen Überraschungen erleben will.

Glanzlichter

Wäre Südbaden kein Panoptikum kulinarischer Glanzlichter – es hätte dieses Buch womöglich nie gegeben. Fünf auffallend strahlende Glanzlichter möchten wir Ihnen auf den nächsten zehn Seiten gesondert vorstellen.

Newcomer

»CHEzFINE«

Wenn wir Josefine Jegal und ihr feines Restaurant »CHEzFINE« in der Kategorie »Newcomer« ansiedeln, so ist die Berechtigung dafür in der Tatsache begründet, dass zwei Jahre Existenz – diese Zeit behauptet sich der Leitspruch »regional, saisonal, jegal« nun immerhin schon im Gewölbe der ehemaligen »Zille« – nach gastronomischem Maßstab ein Wimpernschlag sind.

Für Gastronomen, die mit dem festen Vertrauen in ein überzeugendes Konzept das Wagnis einer Neugründung eingehen, sind zwei Jahre gerade einmal genug Zeit, um vielleicht zwei Mal Luft zu holen.

Frau Jegal vermittelt sogar den Eindruck, als wenn sie kein einziges Mal hätte Luft holen müssen. Sie verströmt unmittelbar ein schieres Übermaß an positiver Energie, gepaart mit der offenbaren Intelligenz, diese punktgenau und zielführend einzusetzen.

Manifestiert findet sich dies in der minimalistischen Ausgestaltung der Räumlichkeiten, in der Auswahl des Interieurs und schlussendlich in der Konzeption der Menüs. Alles ist überschaubar, spannende Details sind wohlkombiniert und ausgesucht, nichts, aber auch gar nichts weckt den Verdacht auf Effekthascherei.

Ganz offensichtlich hat Josefine Jegal im Laufe der letzten zwei Jahre tatsächlich kaum Luft geholt, ihre »Politik des langen Atems« findet Bestätigung in der stetig gewachsenen Aufmerksamkeit, die man ihrem Ansatz (und dessen Umsetzung) entgegengebracht hat. Zwei Jahre waren genug Zeit, um so manches über das »CHEzFINE« lesen zu können, ob in Kritiken oder Portraits. Ein weiteres Eingehen auf den Werdegang von Frau Jegal bleibe hier entsprechend ausgespart.

Jeder Interessierte wird wissen, dass sie ihr gastronomisches Handwerk in einem der ersten Häuser der Region gelernt, dass sie das betriebswirtschaftliche Rüstzeug ihrem BWL-Studium in Berlin verdankt. Weniger bekannt mag hingegen die Antwort auf die Frage sein, wieso sie sich als gebürtige Freiburgerin nach langen Jahren im Exil dazu entschieden hat, eben nicht im hippen Berlin, sondern im vermeintlich weniger progressiven, dafür gastronomisch umso härter umkämpften Südbaden ihr Glück zu versuchen. Der Erfolg wäre ihr auch in der Hauptstadt kaum verwehrt geblieben, vielleicht wäre es dort sogar einfacher gewesen. Jedoch, und dies wird schnell deutlich: Es ging ihr nie um den baren Erfolg allein.

Entscheidend für die Rückkehr nach Freiburg war ein ihr offenbar in Fleisch und Blut übergegangener Wunsch nach Nachhaltigkeit. Auf diese setzt sie bei der Auswahl ihrer Speisen, der Zusammensetzung ihres Teams und schließlich auch bei der Wahl ihres Standortes. Berlin ist ›en vogue‹, ›en vogue‹ jedoch ist schnellebig. Der angestrebte Erfolg, wenn er sich denn einstellte, sollte aber das Gegenteil sein. Das Angestrebte ist inzwischen erreicht, der Erfolg hat sich eingestellt, und das womöglich nachhaltig. Zeit also, einmal kurz Luft zu holen, Frau Jegal. Die zwei neuen Ruhetage pro Woche sind der richtige Weg. Sie können es sich leisten, denn wir kommen gern ins »CHEzFINE«, von Mittwoch bis Sonntag geben Sie uns dazu weiterhin genug Zeit.

CHEzFINE
79102 Freiburg-Oberau
Kartäuserstr. 54/56
Tel: 0761-38845988
www.chezfine.de
Geöffnet: Mi-So 18-24 Uhr.

Bodenständig

»Zum Anker«

Ein beliebiger Donnerstagabend im September. Die letzte Juryrunde zum »Neuen Restaurantführer für Südbaden« ist bereits Geschichte, sämtliche Testberichte sind geschrieben – es ist kurz vor sechs. Ein Redakteur ruft im »Gasthaus zum Anker« an, um den Verantwortlichen mitzuteilen, dass ihr Lokal zu den am besten bewerteten Häusern in der Region gekürt wurde und der herausragende Bericht in Kürze auch in der Badischen Zeitung zu lesen sei. Am anderen Ende der Leitung meldet sich eine sympathische Frauenstimme mit stark alemannischer Färbung, hört sich die wenigen Sätze des Redakteurs geduldig an und weist ihn anschließend – nach wie vor freundlichst – darauf hin, dass er mit sowas doch bitte um eine andere Uhrzeit anrufen möge, zumal gerade keiner der Verantwortlichen zu sprechen sei. –

Pech für unseren Redakteur, Glück jedoch für jeden Gast im »Anker«, denn im Hintergrund war während des Gesprächs eine rege Betriebsamkeit zu vernehmen. Auf gut Deutsch: Der Laden brummte, und bei aller Freundlichkeit hatte die gewissenhafte Dame am Telefon keinen Sinn für Dinge, die nicht unmittelbar mit der Be-

Foto © Gasthaus Anker

wirtung der Kundschaft zu tun hatten, sei es auch ein Lob von allerkritischster Stelle. Offenbar ist der Kunde hier wirklich noch König – und eine bessere Bestätigung dafür, dass wir das »Gasthaus zum Anker« völlig zu Recht als besonders bodenständig hervorgehoben haben möchten, hätte sich die Redaktion kaum wünschen können.

Im Januar 2011 haben die neuen Pächter Peter Jauch, Klaus Währer und Jürgen ›Yogi‹ Reinhard dem Traditionshaus in Efringen-Kirchen neues Leben eingehaucht. Behutsam wurde der Gastraum aufgefrischt, ohne die ehrwürdig alte Substanz zu verdecken: Neue Theke, helle Wände, etwas klassischer Glanz vom Kronleuchter bis zur Kaffeemaschine, das Ganze verbunden mit traditionellem Wirtshausinterieur und entsprechend viel Holz sorgen trotz der Weite des Raums für Wärme und einen Tick Eleganz. Entscheidender und wesentlich verantwortlich dafür, dass das Leben tatsächlich wieder Einzug in den »Anker« gehalten hat, ist das bewusst lokal verankerte Gastrokonzept des Hauses. Hier wird Qualität aus nächster Nähe angeboten, regionale Erzeugnisse, vieles aus ökologischem An-

bau. Yogi Reinhard ist Betreiber einer Bioland Gärtnerei in Fischingen und weiß, dass wirklich fortschrittliche Landwirtschaft ökologisch angelegt sein muss. Gemüse und Früchte bezieht das Lokal somit sprichwörtlich aus erster Hand, Fleisch wird vom Metzger im Ort oder aus der nächsten Umgebung geliefert. Im »Anker« erfährt das Prinzip Nachhaltigkeit eine weitere Facette dadurch, dass die Überzeugung nicht nur auf der Speisekarte verwirklicht, sondern auch durch im »Anker« stattfindende Vorträge – beispielsweise in Kooperation mit dem »Slow Food« Convivium Lörrach – weitergetragen wird. Der Erfolg, auf den die Betreiber seit nunmehr gut eineinhalb Jahren zurückblicken können, legt nahe, dass ihr Beispiel Schule machen könnte. Wir hoffen und wünschen ihnen, dass der Erfolg sich so nachhaltig zeigen möge wie ihr vorbildliches gastronomisches Konzept.

Gasthaus Zum Anker
79588 Efringen-Kirchen
Basler Str. 48
Tel: 07628-8001175
www.anker-efringen-kirchen.de
Geöffnet:
Mo-Sa 17-24 Uhr. So 11-24 Uhr.

Bewährt

»Glattfelder«

Andere lassen es im Alter ruhiger angehen. Der 59-jährige Edy Ledig aber, Koch aus Leidenschaft und (Senior-)Chef im Ortenberger »Glattfelder«, wollte es noch einmal wissen. Weil er zur Überzeugung gekommen war, die in der Gastronomie handelsüblichen Gewürze taugten allenfalls zum Verbrennen, gründete er vor fünf Jahren gemeinsam mit seinem Sohn Olivier »Ledigs Gewürzmanufaktur«. Seitdem hat er eine neue Lust am Experimentieren mit Geschmäckern und ganz nebenbei (nach 40 Jahren als Koch) auch an der Arbeit am Herd gefunden. Auslöser war eine Fahrt nach Cancale, wo er bei Olivier Roellinger, einem früheren ›Drei-Sterne‹-Koch, Station machte. Dort entdeckte Ledig Gewürzmischungen, die ihm in ihrer Vielfalt den Atem raubten.

Koch oder Automechaniker waren die beiden Alternativen, als es darum ging, was aus dem jungen Edy Ledig werden sollte. Weil die Eltern mit einem Chefkoch befreundet waren, und der Beziehungen zum damals renommierten Restaurant »Au Romain« in Straßburg hatte, war der Weg vorgezeichnet. Einer Brasserie und einem bodenständigen Speiselokal war dort auch ein Gourmetrestaurant angeschlossen, in dem Ledig erste Berufserfahrungen sammeln konnte. Es folgten Lehr- und Wanderjahre durch Frankreich und Deutschland. Über Düsseldorf und Köln landete er 1975 im Durbacher »Ritter«, der damals vom Michelin mit zwei ›Sternen‹ geadelt worden war. »Es ist schon verrückt, was in der kurzen Zeit seitdem passiert ist. Bareiss oder das Colombi waren damals noch nicht in Sicht.«

Dann wollte Ledig auf eigenen Beinen stehen. Er übernahm unter anderem für zehn Jahre bis 1987 die »Linde« in Niederschopfheim.

1988 dann erneut der Sprung ins kalte Wasser: Mit dem »Canard« in Offenburg wollte er selbst nach den ›Sternen‹ greifen. Nach drei Jahren hatte er es geschafft. Das »Canard« hatte seinen ›Stern‹. Wenn er sich an die Zeiten erinnert, schwingt immer noch ein wenig Stolz auf das Erreichte mit – und dennoch: »Das ist Fluch und Segen zugleich.« Ohne großes Hotel im Rücken sei ein solches Projekt kaum finanzierbar. Immenser Aufwand bei den Produkten, hohe Personalkosten, teure Infrastruktur – 1995 wurde ihm das alles zu viel. Er übernahm den »Glattfelder« und kocht seitdem – wie er selbst sagt – »mittendrin«. Dass Ledigs Kochkunst zwischenzeitlich noch einmal mit einem

›Stern‹ ausgezeichnet (der ihm danach wieder genommen) wurde – es hat ihn nicht mehr sonderlich berührt: »Ich habe da keinen Ehrgeiz mehr.« Die Souveränität und Gelassenheit sind sicher Früchte der jahrelangen erfolgreichen beruflichen Erfahrung. Ledig muss sich nichts mehr beweisen. Wären da nicht die Gewürze…

Seit er deren unglaubliche Vielfalt entdeckt hat, lässt ihn die Suche nach der optimalen Melange nicht mehr ruhen. Hatte er am Anfang noch in einer kleinen Kaffeemühle die einzelnen Ingredienzien verarbeitet, so ist fünf Jahre später daraus eine eigene Manufaktur geworden. Jeden Montag geht es dorthin. Ledig mahlt und mixt, bis er das richtige Mischungsverhältnis gefunden zu haben glaubt. Seine Produktpalette verzeichnet allein 24 Pfeffersorten, aber auch Exotisches wie Vadouvan, Baharat, Raz el Hanout oder Panch Phoron. Die Probe aufs Exempel gibt es dann in der Küche, wo Edy Ledig mit seinem Sohn an Gerichten tüftelt. Weil Köche auch eine pädagogische Ader haben (schließlich muss ihnen daran gelegen sein, den Geschmack zu schulen), hat Edy Ledig seit kurzem unter dem Arbeitstitel »L'atelier des epices« ein preisgünstiges Menü aufgelegt, das vor allem die jüngere Klientel ansprechen soll. Sein Motto frei nach William Cowper: »Abwechslung ist das wahre Gewürz des Lebens. Sie verleiht ihm Geschmack.«

Edy's Restaurant-Hotel im Glattfelder
77799 Ortenberg
Kinzigtalstr. 20
Tel: 0781-93490
Fax: 0781-934929
www.edys-restaurant-hotel.de
Geöffnet:
Di-Sa 12-15 Uhr/ab 18 Uhr.
So 12-15 Uhr. Mo Ruhetag.

Überraschung

»Vielharmonie«

Erwartungen spielen im Alltag grundsätzlich eine entscheidende Rolle, in der Gastronomie jedoch in besonderem Maße. Erwartungen zeichnen verantwortlich dafür, ob ein Urteil gut oder schlecht ausfällt. Fällt es entgegen der eigenen Annahme aus, spricht man von einer Überraschung. Warum aber im Falle Arendse? Sicher nicht, weil die Erwartungen an ein ausgedehntes Abendessen in der »Vielharmonie« niedrig angesetzt sind: Wer hier einen Tisch reserviert, tut dies in der Regel sehr bewusst und mit klarer Vorstellung davon, was einen erwartet – die rege Stammkundschaft der »Vielharmonie« spricht diesbezüglich für sich.

Überraschen wird auch weniger, dass man sich hier im Laufe einer Dekade einen festen Platz in der gastronomischen Landschaft der Region erarbeitet hat, basierend auf anspruchsvoller Küche ohne ›Sterne‹-Tamtam, gestemmt von einem überschaubaren Team, das kontinuierlich Beeindruckendes leistet. Dass weniger mehr sein kann, haben sich die Arendses schon vor gut zehn Jahren gesagt, strikt danach gehandelt und dafür gesorgt, dass dies keinesfalls mit einer Senkung des eigenen Anspruchs einherging. Vielmehr war ein hoher Anspruch an Immobilie und Standort entscheidend dafür, dass die Wahl schließlich auf Emmendingen fiel – für manch damaligen Weggefährten mit Sicherheit eine Überraschung, doch in Freiburg ließ sich offenbar nichts wirklich Passendes finden. Heute ist man als nicht zur Stammkundschaft Zählender eher überrascht, dass man gerade hier in Emmendingen auf ein Restaurant stößt, das

eben auch in Freiburg seinesgleichen suchen würde. Die Speisekarte wird behutsam weiterentwickelt, der Anteil an Fischspezialitäten ist in den letzten Jahren sukzessive gestiegen. Einerseits ist dies der Vorliebe des Küchenchefs selbst zu verdanken, andererseits aber auch der überragenden Resonanz des Publikums geschuldet.

Die Arendses leben seit jeher das Konzept einer erfolgreichen »Doppelspitze«: Sie als versiertes Gesicht an vorderster Linie, er als wortwörtlicher Macher im Hintergrund. Geschäftliche Entscheidungen werden stets gemeinsam gefällt, der Name des Hauses scheint in vielfältiger Weise Programm zu sein.

Erstaunt hat letztlich noch eines: Die vermittelte Herzlichkeit ist bei Arendses keine Frage der Professionalität, sondern Ausdruck einer grundsätzlichen Lebenseinstellung – eine Qualität, die wohl die wenigsten Restaurants zu bieten haben, vielleicht auch, weil sich derartiges nicht lernen lässt. Im September 2012 feierte die »Vielharmonie« nun ihr zehnjähriges Bestehen, begangen wurde das Jubiläum mit einem deutsch-französischen Chansonabend – und natürlich mit einem nur am Jubiläumswochenende angebotenen Festtagsmenü. Wir gratulieren Eva-Maria und Gorden Arendse aufs Herzlichste und wünschen sowohl ihnen als auch uns: Möge der Erfolg Sie noch viele Jahrzehnte begleiten – alles andere wäre jedoch auch eine wirkliche Überraschung!

Vielharmonie
79312 Emmendingen
Karl-Friedrich-Str. 3
Tel: 07641-937493, Fax: 07641-936403
www.vielharmonie-emmendingen.de
Geöffnet:
Di-Fr, So 11:30-14:30 Uhr/ab 17:30 Uhr.
Sa ab 17:30 Uhr. Mo Ruhetag.

Spitze

»Hirschen«

Es an die Spitze zu schaffen, ist mitunter schwierig, sich an der Spitze zu halten, noch ungleich schwieriger. Douce Steiner hat es geschafft. Sie wird bewundert und geschätzt. Für das Werk, das hinter dem Erreichten steht.

Um die Küche einer Douce Steiner zu beschreiben, bedarf es schon einiger Kunstgriffe, will man nicht nonchalant in Superlative verfallen, die, verbunden mit ihrem Namen, doch schon tausendfach gefallen sind. Wer nicht mit einer sprichwörtlich Siebeck'schen Wortgewalt gesegnet ist, bedient sich zunächst wohl besser der Zeilen anderer. Entsprechend möge es der geneigte Leser verzeihen, wenn ausgerechnet ein ausgewiesen schwer verdaulicher Autor uns den (Holz-)Weg zum Verständnis dessen bahnen soll, was Frau Steiner in ihrem »Hirschen« seit geraumer Zeit leichtverdaulich zelebriert. Denn auch wenn sich ausschließen lässt, dass Martin Heidegger jemals bei Douce oder ihrem Vater Hans-Paul in Sulzburg eingekehrt ist, bringt er das Besondere jener beiden gleichsam unmittelbar auf den Punkt: »Wodurch aber und woher ist der Künstler das, was er ist? Durch das Werk; denn, dass ein Werk den Meister lobe, heißt: das Werk erst lässt den Künstler als einen Meister der Kunst hervorgehen.« Abgesehen davon, dass wir im vorliegenden Fall eine Künster*in* zu würdigen haben, wird es eine treffendere Beschreibung wohl kaum geben. Douce Steiners Werk lässt sie als Meisterin ihrer Kunst hervorgehen. Und wer sich einst als Freiburger Student oder vermeintlicher Bil-

dungsbürger bei der kryptischen Lektüre vom »Ursprung des Kunstwerks« gefragt hat, was der Gelehrte aus Todtnauberg wohl meint, wenn »das Werk als Werk eine Welt aufstellt«, der wird im »Hirschen« zu Sulzburg endlich die Antwort finden – und zwar spätestens beim Genuss des Tatar vom Räucheraal!

Douce Steiners Werke sind eine Klasse, ja mehr noch, sie sind eine ganze Welt für sich. Um als ›exzellent‹ zu gelten, braucht eine Institution wie der »Hirschen« keine bundesweite ›Initiative‹ – die hat Frau Steiner seit jeher selbst ergriffen. Sei es, als sie sich während ihrer Wanderjahre als seinerzeit einzige Frau einen Platz in der Küche von Georges Blanc in Vonnas erkämpfte oder als die großen Fußstapfen ihres Vaters Ende des letzten Jahrhunderts darauf harrten, neu gefüllt zu werden. Seit 2008 ist sie Patronin des 400 Jahre alten Hauses, bereits 1998 übernahm sie mit ihrem Mann Udo Weiler die Küche des »Hirschen«. Gemeinsam mit ihm hat sie die Kunst ihres Vaters behutsam weiterentwickelt, ihr eigenen Schliff und eine jugendliche Leichtigkeit verordnet. Von der klassisch-französischen Grundausrichtung ist dabei nichts verloren gegangen. Innovationen werden gesucht, jedoch nie um der Innovation selbst willen. Kein »L'art pour l'art« im schlechtesten, eher »Klassische Moderne« im besten Sinne. Ob der »Hirschen« sich eines Tages wieder mit einem zweiten ›Stern‹ schmücken darf, steht nicht in den Sternen, sondern einzig im Guide Michelin. Es wäre eine weitere Bestätigung dessen, dass »große Künstler [wie sie] das handwerkliche Können am höchsten schätzen« – und dafür belohnt werden sollten. Eine Bestätigung, derer eine gourmandistische Öffentlichkeit vielleicht bedarf, die Patronin selbst hoffentlich weniger. Denn ihre Werke bedürfen keines Zuspruchs. Hohe Kunst spricht für sich, und der wirkliche Kenner macht um sie keine großen Worte, sondern genießt sie – in Stille.

Hotel-Restaurant Hirschen
79295 Sulzburg
Hauptstr. 69
Tel: 07634-8208
Fax: 07634-6717
www.hirschen-sulzburg.de
Geöffnet:
Mi-So 12-14/18:30-21:30 Uhr.
Mo, Di Ruhetag.

Die Restaurants

Ortsverzeichnis

ORTENAU
Gerstheim
Gengenbach
Friesenheim
Ettenheim
Freiamt
KREIS EMMENDINGEN
Gottenheim
Glottertal
Gundelfingen
Freiburg
KREIS BREISGAU-HOCHSCHWARZWALD
Hinterzarten
Feldberg
Heitersheim
Fröhnd
Grafenhausen
KREIS LÖRRACH
Häusern
KREIS WALDSHUT
Fischingen

Kappelrodeck
Lautenbach
ORTENAU
Lahr
Kenzingen
Malterdingen
KREIS EMMENDINGEN
Ihringen
Horben
Merzhausen
KREIS BREISGAU-HOCHSCHWARZWALD
Kirchzarten
Münstertal
Müllheim
KREIS LÖRRACH
Kandern
Lörrach
Inzlingen
KREIS WALDSHUT
Klettgau
Laufenburg

Sasbachwalden
Renchen
Oberkirch
Offenburg
Ortenberg
ORTENAU
Seelbach
Rust
Schuttertal
Ringsheim
Rheinhausen
KREIS EMMENDINGEN
Sasbach
Sexau
Simonswald
Stegen
St. Peter
Pfaffenweiler
KREIS BREISGAU-HOCHSCHWARZWALD
Oberried
Staufen
KREIS LÖRRACH
Schliengen
KREIS WALDSHUT
Steinen
Schopfheim
Rheinfelden

Willstätt
ORTENAU
Weisweil
KREIS EMMENDINGEN
Waldkirch
Vogtsburg
Vörstetten
Umkirch
Wittnau
KREIS BREISGAU-HOCHSCHWARZWALD
Sulzburg
KREIS LÖRRACH
Waldhaus
Stühlingen
KREIS WALDSHUT
Wehr
Weil am Rhein

Übersicht nach Gesamtnoten

Übersicht nach Essensnoten

Bad Krozingen-Schmidhofen

Hotel-Restaurant Storchen

Fritz Helfesrieder ist seit über 30 Jahren ein kulinarisches Phänomen. Unbeirrt von allen modischen Molekular-Verrenkungen und optischen Verkünstellungen auf Designertellern kocht Helfesrieder seine ausgezeichnete, schnörkellose Fischküche auf höchstem Niveau und lebt sich in seinen regionalen Spezialitäten, die feiner nicht sein könnten, völlig aus.

Keiner kocht so köstliche Kutteln in Champagnersoße mit frischem Bärlauch, Schweinebauch, kross gebraten auf Kümmel-Krautsalat, selbst gemachte Rehbratwürstle oder Fleischküchle aus Kalb- oder Rehfleisch wie er. Ausgezeichnet ist ebenfalls sein hausgemachter Kalb-Schwartenmagen, der Salat vom Kalbskopf oder einfach ein Wiener Schnitzel mit Bratkartoffelsalat – wem da nicht das Wasser im Mund zusammenläuft... Unvergessen sein Amuse-Bouche, das der Meister als Köstlichkeit aus selbst gemachter Lyoner Wurst auftischte. Aber berühmt gemacht haben ihn seine Fischgerichte, wie Tranche vom Wolfsbarsch, Basilikumschaum und Tomatentarte, bretonischer Hummer mit grünem Spargel und Estragonnudeln, Tranche vom Steinbutt auf geschmorter Schweineschnauze, junges Spitzkraut, Liebstöckelpüree und Pfifferlinge oder Felsenbarbe auf Bouillabaisse-Püree, kleine Tintenfische und Estragon. Hier bieten Helfesrieder und sein Sohn Jochen Hochküche vom Feinsten, wobei immer der intensive Eigengeschmack des besten Grundprodukts im Vordergrund steht. Als Vorspeisen dürfen die Variation von Gänseleberterrine, Rhabarber, Holunderblüte und Ziegenjoghurt oder Sashimi von Tunfisch mit Büffelmozzarella, Aprikosenchutney nicht fehlen sowie ein gefüllter Artischockenboden mit buntem Frühlingsgemüse, Safran, Kräutersalat und Schüttelbrot oder einem Süpple von der Brunnenkresse mit gebackenem Sot-l'y-laisse als Zwischengänge. Der Fleischfreund kommt beim Rücken von Mangalitza-Wollschwein auf weißer Pfeffersoße, jungem Spitzkraut und Kartoffelroulade oder beim Filet vom Schwarzwälder Färsenrind in der Ochsenmarkkruste, Sommergemüse und Pommes Dauphine bestens auf seine Kosten.

Man kann nur wünschen, dass sich solche Häuser nicht ändern, obwohl die Küche natürlich vorsichtig weiterentwickelt wird. Die fabelhaften Desserts sind längst Klassiker des Hauses. Frau Annemarie Helfesrieder und ihre Schwiegertochter Liza leiten den aufmerksam freundlichen Service. Die Weinkarte ist ausgezeichnet mit badischen und internationalen Tropfen bestückt. Der »Storchen«, eine Gastro-Ikone des Markgräfler Landes.

Hotel-Restaurant Storchen
79189 Bad Krozingen-Schmidhofen,
Felix-und-Nabor-Str. 2,
Tel: 07633-5329, Fax: 07633-7019,
www.storchen-schmidhofen.de
Geöffnet: Mi-So 12-14 Uhr/ab 18 Uhr.
Mo, Di Ruhetag.

Gesamtnote:	8,8 von 10 Punkten
Küche:	8,5 Punkte
Service:	9 Punkte
Ambiente:	9 Punkte
Weinangebot:	9 Punkte
Preis/Leistung:	9 Punkte

Bad Krozingen-Biengen

Hotel Zur Krone

Mit viel Renommee hat Sascha Kölsch in jüngster Zeit die »Krone« in Biengen übernommen. Etliche Jahre sammelte er Erfahrungen in Häusern wie dem Hotel »Bareiss« in Baiersbronn-Mitteltal, dem Hotel »Schwarzmatt« in Badenweiler sowie als Küchenchef im ehrwürdigen Grandhotel »Römerbad« im gleichen Ort. Sein jetziges Konzept passt zu dem schlichten, schnörkellosen und stimmigen, warmen und holzbetonten Gastraum mit gerade fünf bis sechs Tischen. Daran schließt sich ein moderner, nicht so einladender und kühlerer Nebenraum an. Im Sommer lädt ein überdachter, begrünter Innenhof zum anspruchsvollen Speisen im geschützten Freien ein.

Sascha Kölsch verzichtet bewusst auf modische Food-Designs und setzt vielmehr auf klare Teller-Arrangements, die den Wert des Einzelnen erkennen lassen, anstatt die Zutaten im modischen Mischmasch untergehen zu lassen. Die Qualität ist wichtig, nicht die Optik, so seine Philosophie, welche er seinen Gästen im Vorwort der Speisekarte offeriert. Eine Speisekarte, die sich demzufolge beschränkt auf sieben Vorspeisen (als Menü drei Gänge zur Auswahl erhältlich für 39 Euro), zwei Suppen, drei Fleisch-, zwei Fischgänge sowie auf eine kleine Dessertkarte. Ein »Sascha Kölsch Menü« mit fünf Gängen wird für 56 Euro angeboten, was unserer Meinung nach sehr freundlich kalkuliert und auf jeden Fall sein Geld wert ist.

Wir spüren das Bestreben des Kochs, den Eigengeschmack der einzelnen Zutaten hervorzuheben, nicht mit Gewürzen zu übertreiben und puristisch zu arbeiten, was bei unserem Besuch im Einzelfall nicht immer perfekt gelingt. Letztendlich sind es nur Feinheiten, die wir vermissen, die jedoch manchmal entscheidend sein können. Diese Kritik sei bei seiner Reputation und dem Anspruch, den Sascha Kölsch an sich stellt, erlaubt.

Der Service war charmant, herzlich und unkompliziert, kleine Umbestellungen stellen überhaupt kein Problem dar, was außerdem für die Flexibilität der Küche spricht.

Die Weinkarte dürfte etwas mehr Varianten bieten, das Vorhandene ist ansprechend, bietet jedoch keine Alternativen.

Alles in allem ist die »Krone« eine interessante kulinarische Adresse. Freunde und Anhänger der gehobenen Küche sollten darauf aufmerksam gemacht werden. Sie stellt eine willkommene Bereicherung im kulinarisch verwöhnten Südbaden dar.

Hotel Zur Krone
79189 Bad Krozingen-Biengen, Hauptstr. 18,
Tel: 07633-9391989, Fax: 07633-9391989,
www.zur-krone-biengen.de
Geöffnet: Mi-So 11:30-14 Uhr/
17:30-20:30 Uhr (Küchenschluss).
Mo, Di Ruhetag.

Gesamtnote:	8,3 von 10 Punkten
Küche:	8 Punkte
Service:	8 Punkte
Ambiente:	10 Punkte
Weinangebot:	7 Punkte
Preis/Leistung:	9 Punkte

Bad Peterstal-Griesbach

Le Pavillon im Hotel Dollenberg

Le Pavillon im Hotel Dollenberg
77740 Bad Peterstal-Griesbach,
Dollenberg 3, Tel: 07806-780,
Fax: 07806-1272, www.dollenberg.de
Geöffnet: Mo, Do, Fr ab 18 Uhr.
Sa, So ab 12 Uhr. Di, Mi Ruhetag.

Gesamtnote:	7,3 von 10 Punkten
Küche:	7 Punkte
Service:	8 Punkte
Ambiente:	8 Punkte
Weinangebot:	8 Punkte
Preis/Leistung:	6 Punkte

Auf einer großen Aue liegt das beeindruckende, großvolumige Hotel »Dollenberg«. Wie einige andere große Luxushotels im Nordschwarzwald, die mit einigen ›Michelin-Sternen‹ ausgezeichnet sind, leistet sich auch das »Dollenberg« ein À-la-carte-Restaurant, das mit zwei der begehrten ›Sternen‹ bewertet ist. Die Erwartungen sind groß.

Das gediegene Ambiente des Speiseraums vermittelt uns sofort ein zu erwartendes luxuriöses Gourmeterlebnis.

Am Tisch angekommen, leisten wir uns, passend zur Umgebung, ein Glas Champagner (21 Euro) zum Apéro. Dazu werden dreierlei Amuse-Bouche gereicht. Geschmacklich ein bisschen fade, aber optisch gelungen. Die Speisekarte enthält einige Klassiker der großen Küche, teilweise mit raffiniert klingenden Kombinationen, wobei auf genaue Angabe verzichtet wird. Liebhaber von Suppen oder Gerichten mit Salaten kommen hier nicht auf ihre Kosten. Dennoch liest sich die Karte sehr interessant und die Spannung wächst.

Die Gänsestopfleber »Naturel« mit Aprikose (34 Euro) wird in Form einer quadratischen Praline serviert und ist fein abgeschmeckt. Den schön angerichteten Hummer mit zweimal Gurke und Passionsfrucht fanden wir ein wenig über dem optimalen Garpunkt, auch das Gurkensorbet und die erbsengroßen Gurkenstücke fanden nicht unsere Begeisterung. Der Steinbutt in einer Nage von Vin Jaune mit Fenchel war von erstklassiger Qualität. Der Loup de Mer in einem Steinpilz-Pinienkern-Sud war ebenfalls sehr gut. Die Basis der jeweiligen Fischsoßen war ein kräftig gewürzter Krustentierfond. Das Rehrückenfilet in Barolojus überzeugte durch Zartheit, der Lammrücken hingegen war etwas zu weit gegart und in einer feinen Shirazjus serviert. Wie auch bei den Fischgängen sind Gemüse und Sättigungsbeilagen eher Dekoration. Erwartungsgemäß wird eine große Auswahl an Rohmilchkäse von Affineur Waltmann angeboten (17 Euro).

Als Dessert erlauben wir uns Glace von Limette mit Himbeere und ein Schokoladeneis, hergestellt aus der berühmten Valrhona-Schokolade. Beides war ausgezeichnet, sehr fein und delikat abgeschmeckt.

Zum Abschluss bestellen wir noch ein »Zisch« (0,1l König Pilsener für 3,40 Euro). Der Service war sehr freundlich und flexibel, mitunter etwas schleppend. Die Weinkarte ist breit gestreut, übertraf aber unsere Erwartung bei Weitem nicht. Insgesamt hinterlässt dieser Ausflug in ein zu hoch dekoriertes Gourmetrestaurant einen getrübten Eindruck. In Anbetracht der hohen Preise waren unsere Erwartungen vielleicht auch einfach zu hoch.

Bad Säckingen

Restaurant Fuchshöhle

Steht man in Bad Säckingen auf dem Münsterplatz und sieht sich das gelungene, immer wieder geänderte Ensemble an, fällt sofort eine Fassade auf: die historische Fassade der »Fuchshöhle« aus den Zeiten des Klosters Säckingen (zur Fasnachtszeit auch mal mit den Puppen der ehemaligen Wirtsleute Barbara und Michael Adler bestückt). Zu den Adlers noch ein Wort: Ihre Küche und ihre legendären Kochkurse waren in der Region einmalig. Das Duo Ronneburger/Pilz geht neuerdings einen ähnlichen Weg – neben den exquisiten regionalen Angeboten wird mittags eine »abgespeckte« Menükarte geboten und in der Dependance richtet man sich auf Bistroküche und Kochkurse ein.

Aus der Regionalküche auf hohem Niveau gibt es zum Beispiel Haselbachforelle aus der nahen Wehra, dazu Salate mit Kräutern aus dem eigenen Garten. Apropos Kräuter: Es gibt das Kräuter- und Aromenmenü, eine Kombination aus verschiedenen Würz- und Heilkräutern, um natürliche Aromen hervorzuheben oder neue Geschmackserlebnisse zu kreieren.

Ein mögliches Menu kann bestehen aus: drei verschiedene Süppchen mit Kräutern der Saison, einem Lammnüsschen mit Marktgemüsen, einer Steinbutttranche an Limettenbutter und mille feuilles mit hausgemachtem Eis und frischen roten Früchten aus der Region.

Raimar Pilz versucht, regionale Produkte einzusetzen, wie Süßwasserfische aus dem Bodensee, Wild aus dem Schwarzwald und Gemüse aus Bioanbau.

Die Weinauswahl ist übersichtlich, aber ausgesucht. Es gibt interessante Tropfen, auch aus dem »Biobereich« – nichts für ›Etikettentrinker‹, eher für solide Weingenießer mit dem Faible fürs Natürliche.

Restaurant Fuchshöhle
79713 Bad Säckingen, Rheinbrückstr. 7,
Tel: 07761-9333767, Fax: 07761-9333769,
www.fuchshoehle.com
Geöffnet: Di-Sa 12-14 Uhr/18:30-23 Uhr.
So, Mo Ruhetag.

Gesamtnote:	7,8 von 10 Punkten
Küche:	8 Punkte
Service:	8 Punkte
Ambiente:	9 Punkte
Weinangebot:	7 Punkte
Preis/Leistung:	7 Punkte

Zieht man ein Resümee, ist das Duo Ronneberger/Pilz die kreative Weiterentwicklung vom ehemaligen Wirtshaus, über das Eignerehepaar Barbara und Michael Adler mit ihrer wunderbaren badischen Regionalküche zur experimentierfreudigen Weltküche auf hohem handwerklichen Standard.

Das Preisniveau ist dem hohen Standard und dem kaufkräftigen Publikum aus dem Nachbarland angepasst.

Bad Säckingen

Le Jardin im Hotel Goldener Knopf

Le Jardin im Hotel Goldener Knopf
79713 Bad Säckingen, Rathausplatz 9,
Tel: 07761-5650, Fax: 07761-565444,
www.goldenerknopf.de
Geöffnet: täglich 12-14 Uhr/18-22 Uhr.

Gesamtnote:	8,0 von 10 Punkten
Küche:	8 Punkte
Service:	8 Punkte
Ambiente:	9 Punkte
Weinangebot:	7 Punkte
Preis/Leistung:	8 Punkte

Christian Herzog hat es geschafft: Das historische Hotel-Restaurant »Goldener Knopf« ist wieder die Nummer eins im Zentrum von Bad Säckingen. Das Haus, in dem schon von Scheffel seine Viertele geschlozt hat, war durch einige Pächterwechsel in die Jahre gekommen und bot nur noch mittelmäßigen Genuss. Durch millionenschwere Investitionen, viel Engagement und viel Detailarbeit ist der »Goldene Knopf« wieder eine ausgesuchte Adresse für Geschäftsleute, Touristen und Feinschmecker.

Das Restaurant »Le Jardin« ist von Convenience-Verpflegung auf Genießer-Niveau aufgestiegen. Auch das Interieur wurde entschlackt und bietet wieder ausreichend Platz zum Speisen und zur ungestörten Unterhaltung.

Was heute auf den Tisch bzw. den Teller kommt, ist von ausgesuchter Qualität und wird entsprechend dargeboten. Als Vorspeise kann man wählen zwischen verschiedenen Terrinen, im Winter als Rehterrine, mit Feldsalat oder Linsengemüse, Lachscarpaccio oder hervorragenden Suppen. Als Hauptgericht werden im Herbst Wild vom heimischen Forst, verschiedene Fische, je nach Angebot, und Lamm, Rind und Schwein angeboten. Die Gerichte werden appetitlich serviert und bieten kreative Noten, wie zum Beispiel Tunfisch an Passepierre-Algen oder Rücken vom Iberischen Schwein mit Pinien-Krokantkruste. Selbstverständlich gibt es auch Klassiker wie Züricher Geschnetzeltes oder Forelle aus heimischen Gewässern. Auch bei den Desserts gibt es Highlights: Dattelstrudel mit Punscheis oder Hagebuttenmus an Passionsfruchteis. Besonders interessant sind wechselnde Menüs, entweder solo oder mit den begleitenden Weinen. Womit wir zu den Getränken überleiten. Die Weinauswahl ist im Bereich ›Süddeutschland‹ sehr ausgeprägt, es sind fast alle renommierten Weingüter vertreten mit ihren besten Roten und Weißen, im internationalen Bereich ist die Auswahl gering. Hier werden einige französische, italienische und spanische Flaschen angeboten, welche jedoch nicht zu den Top-Weinen gehören. Hier gibt es noch einiges zu tun.

Der »Goldene Knopf« mit seinem »Le Jardin« ist eine sehr gute Adresse am Hochrhein für Genießer und Feinschmecker, besonders am Abend, im Sommer auf der Terrasse über dem Rhein, mit Blick auf die historische Holzbrücke und die gegenüberliegende Schweiz.

Bad Säckingen

Hotel-Restaurant Zur Flüh

Hotel-Restaurant Zur Flüh
79713 Bad Säckingen, Weihermatten 40,
Tel: 07761-924480, Fax: 07761-9244824,
www.hotel-flueh.de
Geöffnet: Mo-Sa 11:30-14 Uhr/
17:30-24 Uhr. So 11:30-14 Uhr.
Mo (Juli-Sept.) Ruhetag.

Gesamt: 8,7 von 10 Punkten

Küche:	9
Service:	9
Ambiente:	8
Weinangebot:	8
Preis/Leistung:	9

In schönster Villengegend, in der Nähe des Kurgebietes von Bad Säckingen finden wir eine gastronomische Rarität am Hochrhein: eine durch und durch solide Gastronomie mit Restaurant und Hotel zum Genießen, für Urlaub oder Business gleichermaßen geeignet.

Das Restaurant bietet Gerichte auf hohem handwerklichen Niveau, mit großer und kleiner Karte, sauber, frisch und saisonal ausgerichtet. Wild aus dem umliegenden Forst in wechselnden Varianten von Wildschwein und Reh als Braten, Gulasch oder aufwändig als ganzer Rücken, als Filet oder Rahmsuppe – alles wird in erstklassiger Qualität aufgetischt. Fisch ist eine Spezialität des langjährigen Küchenchefs Dettling: Mal gibt es Forelle aus heimischen Gewässern, mal Eglifilet für die zahlreichen Schweizer Gäste, und wenn man Glück hat, offeriert der Küchenchef einen ganzen Fisch am Stück, welchen er auch gerne zum Appetitanregen im Restaurant vorstellt.

Zur Herbstzeit bieten Alfred Adler und sein Team eine ganze Seite in der umfangreichen Karte nur mit Pfifferlingsgerichten. Interessant sind auch typisch badische Spezialitäten wie Briesle, Suuri Leberli, Kalbsnierle oder Kutteln in Senfsoße mit Rösti.

Den Abschluss kann eines der kreativen Desserts bilden oder ein Verrisserle aus dem stattlichen Digestifangebot.

Der Service agiert schnell, freundlich und umsichtig. Sonderwünsche werden gerne erfüllt. Bereits ab dem zweiten Besuch wird man als Stammgast behandelt und oft schon mit Namen begrüßt.

Am Stammtisch hält Patron Alfred Adler Hof, hier wird Politik gemacht oder kommentiert und hier treffen sich die Honoratioren der Stadt und genießen den Tagesteller für gastfreundliche 11 Euro.

Die Weinauswahl ist übersichtlich, aber klug und gastfreundlich aufgebaut: Auch wer nur ein Achtele bestellt, wird gut bedient.

Die »Flüh« bietet Themenabende mit saisonalen Menüs, Platz für Gesellschaften in den verschiedenen Stuben und Speisen im Garten oder auf der vor dem Haus gelegenen Terrasse.

Nicht versäumen sollte man vor oder nach dem Essen eine Wanderung zum idyllischen Bergsee und dem darüber liegenden Felsen mit phänomenaler Aussicht über das Rheintal und das Schweizer Juragebirge

Berghaupten

Hotel-Restaurant Hirsch

Am Fuß des Schützenbergs liegt, nur wenige Kilometer von Gengenbach entfernt, abseits des Touristenrummels die kleine Gemeinde Berghaupten. Im Zentrum, gleich hinter der Kirche, das »Hotel-Restaurant Hirsch«, das von der Familie Faißt umsichtig betrieben wird. Geschäftsreisende schätzen die ruhige Lage des Hotels, Gourmets die gleichbleibend gehobene Qualität des Restaurants – und das zu moderaten Preisen. Die Belohung: viele Stammkunden, die dem Haus die Treue halten, und die Erwähnung der Gaststätte im Michelin mit einem Bib Gourmand. Bei schönem Wetter lädt die Gartenterrasse zum Verweilen ein.

Die Restauranträume sind geschmackvoll und gemütlich eingerichtet. Geboten wird gute badische Küche auf hohem Niveau. Die Jakobsmuscheln werden auf Safranrisotto gereicht. Ein Klassiker ist das Rindersteak mit Meerrettich und Sauce hollandaise überbacken. Bei unserem letzten Besuch wählten wir die Gänseleberterrine mit Brioche. Sie war fein abgeschmeckt. Die dazu empfohlene Gewürztraminer-Auslese von der Winzergenossenschaft Durbach harmonierte bestens. Wunderbar zart das Wachtelbrüstchen, das mit Terrine und Praline von der Gänseleber auf den Tisch kam. Der dazu gereichte kleine Salat ließ mit dezentem Dressing keinen Wunsch offen. Zur rosa gebratenen Barbarie-Ente wurden Kräuterschupfnudeln gereicht. Die Soße war delikat abgeschmeckt. Von gleicher Qualität war das Kalbsfilet mit Morcheln. Dass zu beiden Gerichten (und wie der Blick auf den Nachbartisch ergab, auch bei anderen) die gleiche Gemüsebeilage serviert wurde, störte den insgesamt positiven Eindruck. Der Service war freundlich und umsichtig, ohne aufdringlich zu sein. Kein Problem, dass das Kalbsfilet auf der Speisekarte Teil eines Menüs war und getrennt bestellt wurde. Die Weinkarte setzt schwerpunktmäßig auf Spezialitäten der Region – die Weingüter Franckenstein und Schloss Ortenberg sowie die Genossenschaften Gengenbach und Zeller Abtsberg. Erfreulich, dass es erstaunlich viele Gewächse im Offenausschank gibt. Von hoher Qualität auch die Digestifs aus Baden und dem Elsass, die durch eine Handvoll Grappas komplettiert werden.

Hotel-Restaurant Hirsch
77791 Berghaupten, Dorfstr. 9,
Tel: 07803-93970, Fax: 07803-939749,
www.hirsch-berghaupten.de
Geöffnet: Mi-So 11:30-14 Uhr/
17:30-21:30 Uhr (Küchenschluss).
Di 17:30-21:30 Uhr (Küchenschluss).
Mo Ruhetag.

Gesamtnote:	9,2 von 10 Punkten
Küche:	9 Punkte
Service:	9 Punkte
Ambiente:	10 Punkte
Weinangebot:	8 Punkte
Preis/Leistung:	10 Punkte

Biberach-Prinzbach

Landgasthaus Zum Kreuz

Das »Landgasthaus Zum Kreuz« liegt etwas abgelegen im schönen Prinzbachtal, das sich vom Kinzigtal her an den Streitberg schmiegt. Dafür, dass hier trotz der Lage gut gegessen werden kann, spricht die starke Frequentierung. Über Jahre hinweg haben Michaela und Peter Neumaier viel Energie und Geld investiert, um aus einer einfachen Vesperstube mit angeschlossener eigener Forellenzucht – die Forelle ziert immer noch das Wappen des Restaurants – ein Landgasthaus der besseren Art zu machen.

Und das ist ihnen in zweierlei Hinsicht gelungen: baulich wie kulinarisch. Zum aus- und umgebauten Haupthaus, in dem Holz dominiert, gehört ein Gartenhaus, dessen Terrasse mit Blick in das Prinzbachtal begeistert. Ganz neu ist das Gästehaus, das als erstes »Nur-Holz-Hotel« im Schwarzwald angepriesen wird.

In der Küche hat Peter Neumaier das Sagen und sein Anspruch ist, laut Homepage, jedem Gast das richtige Essen zu servieren. Das heißt, die traditionelle badische Küche mit Spätzle und gefüllter Kalbsbrust, fangfrische Forellen, wofür das »Kreuz« bekannt ist, aber auch Wachteln oder Jakobsmuscheln. Bei manchen Gerichten wird allerdings etwas Chichi gemacht. Manchmal meint es die Küche wohl zu gut mit dem Gast, da finden wir zum Beispiel die Meerrettichkruste auf dem Rinderrückensteak zu mächtig, das Gemüseragout zu Oliven-dominiert und etwas weniger Speck auf dem Feldsalat hätte es auch getan. Von allem ein bisschen und manchmal ein bisschen zu viel.

Landgasthaus Zum Kreuz
77781 Biberach-Prinzbach, Untertal 7,
Tel: 07835-426420,
Fax: 07835-42642199,
www.kreuz-prinzbach.de
Geöffnet: täglich 11:30-21 Uhr.
Mo Ruhetag.

Gesamtnote:	8,0 von 10 Punkten
Küche:	8 Punkte
Service:	8 Punkte
Ambiente:	8 Punkte
Weinangebot:	8 Punkte
Preis/Leistung:	8 Punkte

Am Besten und wirklich sehr gut ist das »Kreuz«, wenn es ein einfach komponiertes Essen auf den Tisch bringt: Das Rumpsteak mit Kräuterbutter und Spätzle oder ohne Schnickens zubereitete Forellen, die mittlerweile nicht mehr aus der eigenen Zucht, sondern von der Forellenzucht »Schwarz« aus Oberhammersbach kommen. Eine empfehlenswerte Adresse ist das Landgasthaus allemal.

Binzen

Hotel-Restaurant Mühle

Kommt man auf der Autobahn von Lörrach über die »Lucke«, liegt vor einem die Burgundische Pforte, das Markgräflerland und in der Ferne die Vogesen; kurzum: Das Herz geht einem auf. Direkt unterhalb des Hügelrückens liegt der kleine Ort Binzen. Hier, am Beginn des Markgräflerlandes, treffen wir die ersten namhaften Winzer, Gemüsebauern und renommierten Gaststätten. Eines dieser Gasthäuser ist das Hotel-Restaurant »Mühle« von Familie Hechler. Eingebettet im Dorf, liegt diese Oase des Genießens im kleinen, aber feinen Hotel und noch mehr in den verschiedenen Stuben des Restaurants.

Die Speisekarte am Eingang verheißt badisch-französische Küche, die ausführliche Speisekarte am Tisch lässt Feinschmeckerherzen höherschlagen: Suppen aus verschiedenen Grundlagen, Gänseleber auf dreierlei Art, Wildlachscarpaccio im Vorspeisenbereich, als Zwischengang verschiedene Fisch- oder Geflügelangebote. Als Hauptgerichte finden wir Steinbutt an Beurre blanc, Zander auf Gemüsebett, alles entsprechend dekoriert und mit exzellenten Soßen, Fasan, Rebhuhn mit den entsprechenden Beilagen ebenso wie die Klassiker Rinderfilet, Rückensteak vom heimischen Kalb und in der Jagdsaison Reh, Wildsau aus eigener Jagd.

Die Karte ist klug aufgebaut: Man isst à la carte oder aber eines der zwei-, drei- oder viergängigen Menüs, der Preis variiert zwischen 20 und 60 Euro. In der Woche wird mittags ein ›Business‹ Menü zwischen 15 und 25 Euro angeboten – für den Geschäftskunden eine ausgezeichnete Wahl.

Hotel-Restaurant Mühle
79589 Binzen, Mühlenstr. 26,
Tel: 07621-9408490, Fax: 07621-65808,
www.muehlebinzen.de
Geöffnet: täglich 12-14 Uhr/18-22 Uhr.

Gesamtnote:	8 von 10 Punkten
Küche:	8 Punkte
Service:	8 Punkte
Ambiente:	9 Punkte
Weinangebot:	8 Punkte
Preis/Leistung:	7 Punkte

Die Weinkarte bietet vieles aus dem Markgräflerland, aber auch ansonsten ist für jeden Geschmack und Geldbeutel einiges zu entdecken. Die ›Offenen‹ schlagen je nach Angebot mit bis zu 8 Euro pro 0,1 Liter zu Buche, der halbe Liter Wasser mit 5 Euro.

Im Sommer sitzt man im lauschigen Garten an der Kander oder im großen Zelt. Der Patron findet immer wieder Zeit, seine (Stamm-)Gäste zu begrüßen; auf dem Weg zum »Örtchen« kann man alle Meriten in epischer Breite nachlesen.

Binzen

Hotel-Restaurant Ochsen

Gleich zwei Gasthäuser dieser Güte in einem Ort dieser Größe – das gibt es wohl nur in Südbaden direkt an der Schweizer Grenze. Mit der »Mühle« ist der »Ochsen« ein kulinarisches ›Muss‹ für Gourmets im Dreiländereck. Dabei sind beide Restaurants doch recht unterschiedlich: die »Mühle« ruhig am Ortsrand mit großem Park gelegen, der »Ochsen« an der Hauptstraße mit kleinem Garten – und dies sind nur die Äußerlichkeiten.

In den kleinen Gaststuben des »Ochsen« empfängt den Gast sofort eine badische Gemütlichkeit; einer plumpen Heimlichkeit allerdings wird durch das sparsame, fast schon puristische Interieur entgegengewirkt. Die Tische sind edel eingedeckt mit Glas, Porzellan und feiner Tischwäsche.

Nach dem Apéro und dem üblichen wohlschmeckenden Amuse-Gueule beginnt ein wahres Feuerwerk der Köstlichkeiten. Aus den Vorspeisen wählen wir Filet vom Papageienfisch, oder gebratene Mittelmeerlanguste auf Sepia Spaghetti mit Sashimi Tunfisch oder köstliche Salate im Brique-Teig-Korb. Als Hauptspeisen bieten sich fantastisch arrangierte Fischgerichte wie Filet vom weißen Heilbutt, Mittelstück vom Papageienfisch an Safransoße oder große Gambas mit Curry Knoblauch und Proseccorisotto an. Beim Fleisch bleibt der Koch bei den allerfeinsten Zutaten, wie Rücken vom Iberico Schwein oder, bodenständig und von hoher Qualität, Rinderfilet von der Färse, Rücken vom Weidelamm oder pochierter Kalbstafelspitz. Besonderes Augenmerk

Hotel-Restaurant Ochsen
79589 Binzen, Hauptstr. 42,
Tel: 07621-4220888, Fax: 07621-4220889,
www.ochsen-binzen.de
Geöffnet: Mo-Sa ab 17 Uhr.
So 11:30-14 Uhr/ab 17:30 Uhr.

Gesamtnote:	8,2 von 10 Punkten
Küche:	9 Punkte
Service:	7 Punkte
Ambiente:	8 Punkte
Weinangebot:	8 Punkte
Preis/Leistung:	8 Punkte

richtet die Küche auf Gäste, die Fisch und Fleisch meiden – einzelne vegetarische Gerichte sind Standard auf der Karte, Highlight ist hier aber das vegetarische dreigängige Menü. Keinesfalls vergessen sollte man die köstlichen Desserts mit Ausflügen nach Frankreich oder Italien, wie zum Beispiel Pannacotta oder Brillat Savarin.

Zu den einzelnen Speisen werden passende Weine empfohlen, teils von benachbarten Winzern, teils aber auch angesagte Weine aus der ganzen Welt.

Mehrfach im Jahr werden Themenabende angeboten, an welchen die Hemmschwelle der Gäste abgebaut werden soll und die Küche ihr ganzes Können zeigen kann.

Bollschweil-St. Ulrich

Gasthaus Zum Rössle

Gasthaus Zum Rössle
79283 Bollschweil-St. Ulrich,
St. Ulrich 11,
Tel: 07602-252, Fax: 07602-920139,
www.gasthausroessle.de
Geöffnet: Mi-Fr 17-24 Uhr. Sa, So,
Feiertag 11-24 Uhr. Mo,Di Ruhetag.

Gesamtnote:	8,8 von 10 Punkten
Küche:	10 Punkte
Service:	8 Punkte
Ambiente:	8 Punkte
Weinangebot:	7 Punkte
Preis/Leistung:	10 Punkte

Wenn Besucher von weit her unsere Gastronomie so unvergleichlich gut finden, dann nicht nur wegen der Handvoll Spitzenrestaurants, sondern fast noch mehr wegen der Qualität des gastronomischen Unter- und Mittelbaus. Wegen jener Gasthäuser also, in die man, ohne sein Konto plündern zu müssen, auch mit dem gesamten Anhang immer wieder gerne geht und rundum gut versorgt wird.

Das »Rössle« in St. Ulrich ist eben so ein Prototyp. Da gibt es die Rinderkraftbrühe mit Grießklößchen für 4 Euro, die kleine, aber für den Normalhunger völlig ausreichende Portion Sauerbraten vom St. Ulricher Weiderind mit Apfelrotkraut und hausgemachten Kartoffelklößen für 12,50 Euro und zum Nachtisch Horbener Bauernhof-Sahneeis für 1,25 Euro pro Kugel. Fast überflüssig zu erwähnen, dass die Kraftbrühe die Bezeichnung ›Kraft‹ wirklich verdient hatte, die Klößchen zart und locker waren und dass der Sauerbraten als ein Glanzstück solider und ausgeruhter Küchenarbeit im sanften, langsamen Schmoren auf den Tisch kam. Ein Klassiker der Hausmannskost, den wir lange nicht mehr auf einer Speisekarte gefunden haben, war die Wirsingroulade, gefüllt mit Fleisch vom Vorderwälder Weiderind: Alles ganz prima gewürzt und von einer sehr gut abgerundeten Schmorsoße umgeben. Genau in dieser Kategorie ›gut, bodenständig und solide handwerklich gekocht‹ gehörte auch das mürbe Wildschweinragout, selbstverständlich aus heimischer Jagd, mit Spätzle vom Brett in Referenz-Qualität.

Weil es ein heißer Tag war, haben wir die kalte spanische Gemüsesuppe, die Gazpacho andaluz, sehr genossen, uns aber gleichzeitig daran erinnert, dass wir kürzlich in einem Restaurant eine geeiste Erbsensuppe gegessen haben. Man wird hoffentlich nicht der Heimattümelei verdächtigt, wenn man konstatiert: Diese schmeckte mindestens genauso gut.

Sehr erfreulich, dass das »Rössle« über jeden Verdacht erhaben ist, die kundenfreundlich kalkulierten Preise beim Essen hintenherum über großzügige Aufschläge beim Wein wieder hereinholen zu wollen. Das Viertele beginnt bei 2,80 Euro und die Preisskala der Flaschenweine bei 10,50 Euro.

Die Gaststube ist ein gemütlicher Wohlfühl-Ort, die Gartenterrasse an der rauschenden Möhlin ein Platz der puren Entspannung.

Bonndorf

Gasthof Sommerau

Es gibt Flecken im Schwarzwald, die könnten von einem Landschaftsdesigner am Computer für eine neue »Schwarzwaldklinik« kreiert worden sein. So ein Ort befindet sich unweit von Bonndorf – die Sommerau, eine Lichtung mitten im Wald, an deren Ende sich der gleichnamige Gasthof befindet. Bereits seit 1952 wird er von der Familie Hegar bewirtschaftet, 1980 übernahm Karl-Thomas Hegar mit Frau Claudia den Betrieb. 1988 brannte das 400 Jahre alte Anwesen nieder, 1991 wurde es wiedereröffnet, im klassischen Schwarzwaldstil mit viel Holz, Sprossenfenstern und dem typischen Vollwalmdach, aber dennoch heller und freundlicher. Die Architekten der »Werkgruppe Lahr« erhielten dafür 1992 den »Deutschen Holzbaupreis«. Als der Pachtvertrag 2006 auslief, wollte das Land Baden-Württemberg als Besitzer das Anwesen abgeben, und erst nach einigem Überlegen entschloss sich die Familie Hegar zum Kauf und investierte noch einmal mehrere 100.000 Euro – unter anderem in ein neues Saunahaus mit Badeteich. Wer hier Urlaub macht, verabschiedet sich ein Stück weit von der Zivilisation – es gibt keinen Handyempfang und kein Fernsehen. »Der Alltag fällt wie selbst von den Schultern«, lautet der Werbespruch der Hegars. Und zu dieser Art der Erholung passt auch die hervorragende Küche. Die Hegars haben sich zusammen mit fünf weiteren Betrieben aus dem Schwarzwald unter dem Slogan »Der Natur auf der Spur« zusammengetan, um »moderne Gastronomie inmitten traditioneller Schwarzwälder Lebensart« zu pflegen. Da gehören dann auch das nicht-schwarzwaldtypische Carpaccio von Jacobsmuschel und Sockeye-Lachs oder die gebratene Gänseleber auf Aprikosenragout

Gasthof Sommerau
79848 Bonndorf, Sommerau 1,
Tel: 07703-670, Fax: 07703-1541,
www.sommerau.de
Geöffnet: Mi-So 11:30-14 Uhr/17:30-20:30 Uhr (Küchenschluss).
Mo, Di Ruhetag.

Gesamtnote:	8,8 von 10 Punkten
Küche:	9 Punkte
Service:	9 Punkte
Ambiente:	10 Punkte
Weinangebot:	8 Punkte
Preis/Leistung:	8 Punkte

dazu. Als Mitglied der Naturparkwirte bietet Karl-Thomas Hegar außerdem ein regionales Menü und weitere Gerichte mit regionalen Zutaten an. Dieses dreigängige »Naturparkmenü« (34 Euro) bietet zum Beispiel ein cremiges, aber nicht zu dickflüssiges Petersilienwurzelsüpple mit Kräuterzander, ein in Spätburgunder geschmortes Rehragout mit einem toll angemachten Salat und eine Holunderblüten-Kaltschale mit Erdbeersorbet, dazu genießen wir als zusätzliche Zwischengänge frische Steinpilze mit Tomaten und Mozzarella und einen sehr zarten Seeteufel. Einziger kleiner Kritikpunkt: Das gereichte Brot war schon etwas trocken. Es gibt auch ein fünfgängiges »Feinschmeckermenü« für 63 Euro. Sehr aufmerksam und kompetent war der Service von Chefin Claudia Hegar, die den Gast auch schon mal freundlich, aber bestimmt vom bereits ausgewählten Wein abrät und zum Gang einen anderen empfiehlt – und damit vollkommen richtig liegt.

Denzlingen

Hotel-Restaurant Rebstock-Stube

Seit mehr als dreieinhalb Jahrzehnten ist die »Rebstock-Stube« in Denzlingen eine feste Größe in der südbadischen Region. Nur sehr wenige Gasthäuser sind von der Küchenleistung und der Freundlichkeit so konstant wie dieses Haus. Die große Anzahl von Stammgästen beweist die Zuverlässigkeit der Familie Frey.

Wie erwartet wurden wir bei unserem Besuch herzlichst von Gabi Frey in Empfang genommen und zu unserem Tisch begleitet. Der knarrende Holzboden, die badischen Accessoires und der weiß eingedeckte Tisch lassen sofort ein heimeliges Gefühl aufkommen.

Auch nach Jahren ist der Einfluss des Lehrbetriebs von Adolf Frey, »L'Auberge de l'Ill«, auf der Speisekarte geblieben. Die Gänseleberterrine mit Brioche ist legendär. Vorzüglich abgeschmeckt mit einer bezaubernden Zartheit, welche uns begeistert. Ebenso ein Klassiker im »Rebstock« ist der Salat vom Kalbskopf. Ein feines, leichtes Dressing, Salat und Wildkräuter begleiten das zarte und wohlschmeckende Fleisch.

Zum Hauptgang wählen wir einen badischen Klassiker: Kalbsfrikassee mit feinen Bandnudeln. Das Kalbfleisch von bester Qualität wird in der feinen hellen Sauce mit perfektem Garpunkt serviert. Auch das Eglifilet mit Spinat ist wunderbar leicht und frisch, so dass wir auch gerne noch einen Blick in die Dessertkarte wagen. Eine wunderbar cremige Crème brûlée und ein sehr fein abgestimmtes Beerengratin vollenden unseren kulinarischen Hochgenuss.

Wer gute badische Küche und traditionelle Gerichte mit leichten Einflüssen der elsässischen Nachbarn schätzt, ist hier genau richtig. Speisen wie geschmorte

Hotel-Restaurant Rebstock-Stube
79211 Denzlingen, Hauptstr. 74,
Tel: 07666-900990, Fax: 07666-7942,
www.rebstock-stube.de
Geöffnet: Di-Sa 11:30-15 Uhr/18-24 Uhr.
So, Mo Ruhetag.

Gesamtnote:	9,2 von 10 Punkten
Küche:	10 Punkte
Service:	10 Punkte
Ambiente:	9 Punkte
Weinangebot:	7 Punkte
Preis/Leistung:	9 Punkte

Rinderrouladen, feines Ochsenschwanzragout oder auch Leber sauer zubereitet findet man auf badischen Speisekarten, so gut zubereitet, nur noch selten.

Wir wurden vom aufmerksamen freundlichen Service gut umsorgt und haben uns in der gemütlichen Atmosphäre des in die Jahre gekommenen Gastraumes wohlgefühlt.

Leider ist die Weinkarte nicht so raffiniert und durchdacht wie die Speisekarte. Für unseren Geschmack fehlt hier ein bisschen die Leidenschaft zu gut ausgesuchten Weinen.

Ansonsten ist noch zu erwähnen, dass Familie Frey auch einige Zimmer zu fairer Preisen anbietet.

Durbach

Wilder Ritter im Hotel Ritter

Der »Wilde Ritter« im gleichnamigen Hotel in Durbach gehört zu den besten Restaurants in Baden. Christian Baur, der sich mit 26 Jahren als Küchenchef des Meersburger Hotels »Residenz am See« schon einen ›Stern‹ erkocht hat, steht nun für den »Ritter«, der seit einigen Jahren von Ilka und Dominic Müller erfolgreich geführt wird, Pate. Klassiker neu interpretieren und mit überraschenden Elementen aufzufrischen, ist Baurs Credo – ein hoch ambitioniertes Ziel, dem die Küche bei unserem Besuch nicht immer gerecht werden konnte. Ungewöhnliche Komponenten zusammenzufügen, garantiert alleine noch keinen Erfolg.

Baurs Bemühen schlägt sich in der Speisekarte nieder: eine strenge Gliederung in drei Menüs, unter den Titeln ›Handwerk‹, ›Stückwerk‹ und ›Kunstwerk‹. Die einzelnen Gänge sind nach Belieben frei kombinierbar. Man kann sich aber auch von der Vorstellung des Küchenmeisters leiten lassen – und zahlt dann etwa für das sechsgängige ›Kunstwerk‹ 119 Euro, wer die empfohlene Weinbegleitung dazu wählt, noch einmal 65 Euro.

Bei unserem Besuch entschieden wir uns für eine kleinere Menüfolge. Der als Vorspeise gereichte gebackene Kalbskopf mit Schildkrötengewürz, Berglinsen und Flusskrebsen war vorzüglich. Der begleitende aufgeschäumte Krustentierfond harmonierte mit dem Kalbskopf, auf den Klacks Remoulade hätte jedoch gut verzichtet werden können. Die Makrele war von zarter Konsistenz und optisch reizvoll präsentiert, die dazu gereichte Emulsion hätte allerdings deutlich mehr Reduktion vertragen. Der St. Pierre war ohne Tadel, die kombinierten Algen waren jedoch zu fade gewürzt. Die Kichererbsen zur Etouffé-Taube, die in einer Panade aus Kardamom und Kaffee angebraten waren, hinterließen uns ratlos. Das zarte Taubenfleisch war kaum wiederzuerkennen. Dass auf der Karte zwar ›Desserts und Käse‹ versprochen wurde, es aber eigentlich keinen Käse zur Auswahl gab, hätten wir nicht erwartet. Der Service war perfekt. Sommelier Ronny Weber hatte mit einem Grauburgunder vom örtlichen Weingut »Andreas Laible« einen guten Griff getan. Die Weinkarte umfasst nach eigenen Angaben 700 Gewächse. Wir haben nicht nachgezählt, aber die internationale Ausrichtung ist unverkennbar und sensationell. Freilich, das nüchterne Ambiente verströmt wenig Behaglichkeit, da helfen auch die auf dem Tisch ausgelegten Bilderrahmen nicht.

Bis zu den 70er und 80er Jahren ist es noch ein weiter Weg – damals war der »Ritter« eines der renommiertesten Häuser der Republik. Hier trafen sich Helmut Kohl und François Mitterand – und über der Küche funkelten zwei ›Michelin-Sterne‹.

Wilder Ritter im Hotel Ritter
77770 Durbach, Tal 1,
Tel: 0781-93230, Fax: 0781-9323100,
www.ritter-durbach.de
Geöffnet: Di-Sa 18-22 Uhr
(Küchenschluss).Mo, So Ruhetag.

Gesamtnote:	7,3 von 10 Punkten
Küche:	6 Punkte
Service:	9 Punkte
Ambiente:	7 Punkte
Weinangebot:	9 Punkte
Preis/Leistung:	7 Punkte

Durbach

Hotel-Restaurant Rebstock

Keine Frage, neben dem »Ritter« hat sich in Durbach der »Rebstock« längst als kulinarisches Aushängeschild mit einem hervorragenden Preis-Leistungs-Verhältnis etabliert. Das hat sich auch im benachbarten Elsass längst herumgesprochen – wie die zweisprachige Speisekarte beweist. Mit großer Umsicht pflegt Familie Baumann badische Gastlichkeit – in Hotel und Restaurant. Zahlreiche Stammgäste wissen das und schätzen die ruhige Lage im Seitental der Weinbaugemeinde.

Auf der Speisekarte des »Rebstock« dominieren badische Klassiker. Die Baumanns setzen auf Frische und Regionalität. Das rosa gebratene Kalbsrückensteak mit Morcheln war wunderbar zart. Die Hechtklößchen auf Hummerschaum mit Blattspinat waren indes eine Spur zu dezent – mehr Hecht hätte sicher nicht geschadet. Küchenchef Stefan Wendler wagt daneben auch Ausflüge in exotisch komponierte Gerichte. Die bei unserem Besuch als Vorspeise gereichten gebratenen Jakobsmuscheln und Gambas auf Risotto mit Chili-Ananas-Carpaccio und Granatapfel waren eine Entdeckung. Das galt ohne Einschränkung auch für das Carpaccio von der hausgeräucherten Entenbrust, die mit einer Bitterorangenvinaigrette und gebackenem Entenkeulenstrudel gereicht wurde. Gefallen hat uns auch, dass der Gast bei vielen Gerichten auch zwischen kleinen und großen Portionen wählen kann. Gastfreundlich kalkuliert sind die wechselnden Menüs. Unter 30 Euro wird das Drei-Gänge-Menü angeboten.

Dass auf der umfangreichen Weinkarte Durbacher Gewächse einen gebührend breiten Raum einnehmen, muss nicht verwundern. Mit Sicherheit gibt es in Baden wohl kaum eine Gemeinde, in der auf so engem Raum so zahlreiche hochdekorierte Güter (»Andreas Laible«, »Alexander Laible«, »Heinrich Männle«, »Andreas Männle«, »Graf von Metternich«, »Schwörer«) und die ambitionierte Genossenschaft versammelt sind. Eine ganze Reihe von Weinen wird offen ausgeschenkt. Wer lieber zu französischen oder italienischen Gewächsen greift, kommt im Rebstock ebenfalls nicht zu kurz. Komplettiert wird das Angebot durch ausgezeichnete Digestifs aus dem Ort oder der benachbarten ›Obstbrenner-Hochburg‹ Oberkirch.

Wer den »Rebstock« im Sommer besucht sollte sich die herrlich gelegene Terrasse nicht entgehen lassen.

Hotel-Restaurant Rebstock
77770 Durbach, Halbgütle 30,
Tel: 0781-4820, Fax: 0781-482160,
www.rebstock-durbach.de
Geöffnet: Di-Sa 12-22 Uhr.
So, Feiertag 12-21 Uhr. Mo Ruhetag.

Gesamtnote:	9,2 von 10 Punkten
Küche:	9 Punkte
Service:	9 Punkte
Ambiente:	10 Punkte
Weinangebot:	8 Punkte
Preis/Leistung:	10 Punkte

Ebringen

Riehles Rebstock

Riehles Rebstock
79285 Ebringen, Schönbergstr. 75,
Tel: 07664-6193239,
www.riehles-rebstock.de
Geöffnet: Mo-Fr. ab 17 Uhr.
Sa, So, Feiertag ab 11:30 Uhr.
Mi Ruhetag.

Gesamtnote:	8,7 von 10 Punkten
Küche:	10 Punktc
Service:	8 Punkte
Ambiente:	8 Punkte
Weinangebot:	7 Punkte
Preis/Leistung:	9 Punkte

So muss Leber! Denn besser als Hans Riehle diese Innereien-Spezialität im Gasthaus »Rebstock« in Ebringen auf den Teller zaubert, geht es nicht. Jenen, die dieser urbadischen Köstlichkeit eher skeptisch gegenüberstehen, sei ausdrücklich empfohlen, die geschnetzelte Rinderleber – sauer oder geröstet – nicht bei Riehle zu probieren, denn die Enttäuschung anderswo wird dann groß sein.

Seit Januar steht Hans Riehle in dem Ebringer Traditionshaus am Herd, seither füllt sich die Gaststube in dem 1445 erbauten Gebäude direkt bei der Kirche allabendlich mit schöner Regelmäßigkeit – und ganz ohne Werbung. Hans Riehle setzt auf Mund-zu-Mund-Propaganda und dic Überzeugungskraft seiner Küche. Der 53-jährige Vollblutkoch ist in Freiburg und Umgebung kein Unbekannter. Nach Lehr- und Wanderjahren unter anderem bei Rosa Tschudi in der Schweiz und 25 Jahren »Grüner Baum« in Merzhausen findet Riehle den Rebstock »super«. An den gebürsteten Holztischen oder auf dem heimeligen Freisitz finden sich Einheimische, Freiburger, die sich über jeden Geheimtipp freuen, und Kundschaft aus dem »Grünen Baum«, die den Weg über den Schönberg gerne auf sich nehmen. »Es scheint so, als hätte der »Rebstock« auf uns gewartet und wir auf ihn«, beschreibt Riehle, was ihn und seine Familie – Söhne, Ehefrau und Schwester arbeiten mit – mit der neuen Wirkungsstätte verbindet.

Die Karte ist kurz, aber vielfältig und deckt von der Flädlesuppe (3,50 Euro) über hausgemachte Nudeln mit scharfem Gemüse (9,80 Euro) und Salat mit Fischfilets (12,80 Euro) bis zum Rumpsteak mit Brägele und Gemüse (18,80 Euro) jeden Hunger ab. Gute Esser wünschten sich vielleicht einen Löffel mehr von den ebenfalls köstlichen Beilagen. Riehles Küchenphilosophie ist einfach: gute Lebensmittel, frisch zubereitet. Für alle Soßen gilt der Spruch der Lehrmeisterin Rosa Tschudi: »Mehl gehört ins Brot«. So wird im Rebstock sauber reduziert und der Geschmack konzentriert. Bisweilen wird auch kombiniert und werden unbekannte Geschmacksknospen aktiviert – etwa beim jamaikanischen Schweinebauch. Die Grundprodukte kommen aus der Region, die Küche ist saisonal ausgerichtet. Immer wieder schreibt Riehle klassische Gerichte, die er selbst »entstaubt« hat, auf die Tageskarte – geschmorte Rinderbäckle etwa oder Wild aus der Jagd des Verpächters. Oder eben die Leber. Zum Niederknien.

Efringen-Kirchen-Blansingen

Gasthof Traube

Im Markgräfler Weiler Blansingen befindet sich das 200 Jahre alte Haus am imposanten Dorfbrunnen gelegen. Sehr stilvoll renoviert, präsentiert sich das Restaurant hell mit Holztischen im alten Gemäuer. Bevor die Speisekarte gereicht wird, bekommt man Aperitif-Gebäck aus der Küche: feines Mousse vom Reh mit Portwein abgerundet und eine kleine Kartoffel-Brandade mit Räucheraal. Auf der Karte finden sich zwei Menüs (für 112 und 129 Euro), gespickt mit hochwertigen Produkten aus aller Herren Länder, der regionale Bezug wird über ein Carpaccio vom Hinterwälder Rind hergestellt. In dieser Raumschaft gäbe es sicher noch Viktualien, an denen sich Küchenchef Hendrik Weiser versuchen könnte. Vom Restaurantchef Nicolai Weisser wird man freundlich, fachlich perfekt auf die Möglichkeit hingewiesen, die einzelnen Gänge zu tauschen oder wegzulassen – was schlichtweg sehr schwer fällt. Nach dem Bestellen folgt der Gruß aus der Küche: gebackenes Kalbsbries auf Kalbskopfragout mit Kapern. Nun dauert es schon etwas, bevor es richtig losgeht. Aber die Wartezeit hat sich für den fulminanten, leicht geräucherten Wandersaibling mit Blumenkohlstampf, garniert mit Sauerrahmcreme und einer großen Nocke Kaviar gelohnt. Perfekt angerichtet, fein abgeschmeckt, ein Auftakt also, wie er besser nicht sein kann!

Als Zwischengang kommen eine Tranche vom Steinbutt mit Rahmspinat und Langustinos mit Erbsenschaum und Minze puristisch angerichtet und mit viel Geschmack auf den Tisch. Den Hauptgang bildet eine Hochrippe vom US-Beef mit Selleriepüree, geschmortem Sellerie und feinen glacierten Perlzwiebeln; auch hier im Stil der anderen Gerichte: jung, modern, überraschend angerichtet, auf den Punkt gegart! Das Pré-Dessert ist eine kleine Champagnervariation (Suppe, Sorbet und Mousse), die zart und fein auf die glasierte Milchschokoladencreme mit leicht gesalzenem Karamelleis oder die gebrannte Limonencreme mit Zitrusfrüchten und Blutorangensorbet einstimmt – ein wuchtiger Akkord zum Abschluss. Doch nicht genug der Leckereien: Zum Espresso wird eine Auswahl an Pralinen-Friandises aufgetischt, die alle Vorsätze vergessen lässt.

Zum Menü wird eine Weinbegleitung angeboten, und zum Hauptgang kann auch einmal ein Glas vom raren Spätburgunder »GC« vom Weingut »M. Wassmer« genossen werden. So ist die Weinkarte mit einer im Vergleich zu den Speisen, großen badischen Abteilung sorgfältig zusammengestellt.

Gasthof Traube
79588 Efringen-Kirchen-Blansingen,
Alemannenstr. 19, Tel: 07628-9423780,
Fax: 07628-94237890,
www.traube-blansingen.de
Geöffnet: Mi-Fr ab 18:30 Uhr. Sa, So 12-14 Uhr/ab 18:30 Uhr. Mo, Di Ruhetag.

Gesamtnote:	9,2 von 10 Punkten
Küche:	9 Punkte
Service:	9 Punkte
Ambiente:	10 Punkte
Weinangebot:	9 Punkte
Preis/Leistung:	9 Punkte

Efringen-Kirchen-Wintersweiler

Landgasthof Engemühle

Landgasthof Engemühle
79588 Efringen-Kirchen-Wintersweiler, Engemühle 1, Tel: 07628-2873, Fax: 07628-2939, www.engemuehle.de
Geöffnet: Mi-Fr 12-14 Uhr/17:30-21 Uhr. Sa, So, Feiertag 11:30-21 Uhr. Mo, Di Ruhetag.

Gesamtnote:	8,5 von 10 Punkten
Küche:	9 Punkte
Service:	9 Punkte
Ambiente:	8 Punkte
Weinangebot:	8 Punkte
Preis/Leistung:	8 Punkte

Der Begriff »Landgasthof« trifft für die »Engemühle« im ganz wörtlichen Sinne zu. So viel Land ist auch bei Landgasthöfen selten. Die romantische Lage im Tal ist einzigartig: Weil das Anwesen mehr als 400 Jahre eine Mühle war, plätschert der Engebach direkt daran vorbei, rund um Haus und Garten stehen wunderbare Bäume und – eine Attraktion für Kinder – auf den Wiesen grasen Ziegen und Esel. Besonders idyllisch ist es im Garten hinter dem Haus, wo auch in der Hitze des Sommers ein angenehmes Plätzchen zu finden ist. Der Kopf denkt dabei sofort an Eichendorffs Gedicht »In einem kühlen Grunde« und der Bauch ahnt, dass dies auch ein guter Ort für frische Forellen ist. Tatsächlich bringt die »Engemühle« den Fisch aus einer ein Kilometer bachabwärts gelegenen Zucht auf den Tisch – in der Saison sogar als Begleiter zu Spargelgerichten, die auch als eine Spezialität der »Engemühle« gelten. Das eigentliche Markenzeichen ist jedoch das große Angebot an Wild. Wildsauschinkenspeck wird als Vorspeise angeboten und ab Mai listet die Karte allerlei Feines aus den Wäldern der Reviere rund um den Katzenberg auf: Rehschnitzelchen, Rehragout, Rehrücken, Wildschweinrücken und auf Vorbestellung auch einen ganzen »Rehrücken Baden-Baden«. Dazu werden feine Spätzle und gehaltvolle Soßen serviert. Liebevoll zubereitet sind aber auch typische Beilagen wie Maronenrotkraut oder Pastinakenpüree. Solide zubereitet sind die Klassiker wie Cordon bleu oder Entrecote. Immer eine gute Wahl sind auch die Pilzgerichte, zu denen in der »Engemühle« gerne Rösti serviert werden, die wunderbar kross sind und sicher auch den Ansprüchen der zahlreichen Schweizer Kundschaft genügen. Das Weinangebot der »Engemühle« passt. Serviert werden vor allem gute Mittelklassegewächse aus der näheren Umgebung. Wenn es an die Nachspeise geht, sollte man sich unbedingt nach dem Tagesangebot an Kuchen erkundigen. Die Kirschwaie mit dem mürben Boden, den knackigen Früchten und der saftigen Creme ist als Abschluss schlicht sensationell. Zum angenehmen Aufenthalt trägt auch das ebenso freundliche wie versierte Personal bei. Ein Kritikpunkt bleibt jedoch: Die hässlichen Plastikmöbel passen rein gar nicht ins Bild und sie werden auch nicht schöner, wenn sie im Laufe der Jahre moosige Patina ansetzen.

Efringen-Kirchen-Egringen

Landgasthof Rebstock

Landgasthof Rebstock
79588 Efringen-Kirchen-Egringen,
Kanderner Str. 21,
Tel: 07628-90370, Fax: 07628-903737,
www.rebstock-egringen.de
Geöffnet: Mi-So 11:30-21 Uhr.
Mo, Di Ruhetag.

Gesamtnote:	8,5 von 10 Punkte
Küche:	9 Punkte
Service:	8 Punkte
Ambiente:	9 Punkte
Weinangebot:	9 Punkte
Preis/Leistung:	7 Punkte

Für Restaurants wie den »Rebstock« in Egringen müsste man ein Gesetz zum Schutz traditioneller Landgaststätten erfinden. Das stattliche Haus an der Landstraße durchs Feuerbachtal ist seit 1853 in Familienbesitz und wird, wie man gleich auf den ersten Blick sieht, liebevoll gepflegt. Blumen vor den Fenstern, geschmackvoll Ton in Ton gestaltete Gasträume, ein stilvoll möblierter Garten unter alten Kastanien und zwischenzeitlich auch ein kleiner Wintergarten. Die Familie Krause-Aberer kann mittlerweile auf sieben Generationen im »Rebstock« zurückblicken und derzeit wird ein fließender Übergang auf den Sohn vorbereitet. Die Gäste werden dies mit Interesse verfolgen und sie hoffen, dass die bemerkenswerte Konstanz auch künftig den »Rebstock« auszeichnen wird. Auf der Karte führt der »Rebstock« einen schönen Querschnitt der gediegenen Landküche. Kutteln mit Weinsoße verfeinert oder das klassische Kalbsrückensteak an einer gehaltvollen Rahmsoße, die sich wunderbar mit den Spätzle verbindet. Das Zürcher Geschnetzelte ist ein Klassiker, und wer es ohne Fleisch mag, greift zu den aromatischen Pfifferlingen mit knusprigen Rösti. Gerichte dieser Art sind im »Rebstock« eine Art Basis, auf die eine recht feine Fischküche und ein paar mediterrane Einsprengsel aufbauen. Ein Nudelgericht mit gedünsteten Tomaten gibt eine stimmige Vorspeise ab, wenngleich dies südlich der Alpen als ›primo piatto‹ wegen des zwiebligen Akzents nicht durchgehen würde. Ausgesprochen frisch schmecken im »Rebstock« die Salate als Beilage oder Vorspeise und wunderbar auf den Punkt zubereitet sind die vielen Gemüsesorten, die viele Gerichte abrunden oder auch als Hauptspeise angeboten werden. Ohne viele Schnörkel und gekonnt wird das Eglifilet mit Pfifferlingen auf einer fruchtigen Tomatenbutter serviert. Typisch badisch gibt sich die Weinkarte, die eine schöne Auswahl aller gängigen Sorten in gehobener Qualität auflistet. Dazu bietet der »Rebstock« noch eine Rubrik, »Markgräfler Winzer auf neuen Pfaden«, in der man auch badischen Syrah oder Cuvées finden kann. Zum »Rebstock« gehört seit jeher eine Weinproduktion. Die führt zwischenzeitlich der junge Winzer Dirk Brenneisen, der im Keller des Gasthauses Weine hauseigener und anderer Lagen ausbaut. Zum Einstieg in all diese Neuentdeckungen sei ein ausgesprochen frischer Gutedel vom Fass an einem lauen Abend unter den Kastanien empfohlen.

Efringen-Kirchen

Walsers Landhotel und Restaurant

Für die Bahnhofsgastronomie im guten Sinn ist der Zug längst abgefahren. In Zeiten von Fahrplantakt und Take-away braucht kein Mensch mehr Gaststätten, die schon vor dem ersten Schaffnerpfiff ein akkurates Frühstück servierten und dann passend für alle Tages- und Wartezeiten bis zur Abfahrt des letzten Nachtzugs das ganze Repertoire der gutbürgerlichen Küche für größeren oder kleineren Hunger auftischten. Der frühere »Gasthof am Bahnhof« gehörte einst in die dörfliche Variante dieser ausgestorbenen Kategorie und seit ein paar Jahren bezieht sich »Walsers Landhotel und Restaurant« im ausgebauten Anwesen ausdrücklich auf dessen lange Geschichte. Vom weitgehend schalldichten Wintergarten, der architektonisch gekonnt an die modern hergerichtete Gaststube angebaut wurde, sieht der Gast, wie die ICE-Züge gen Süden rauschen und wie endlos lange Güterzüge den transalpinen Warenaustausch besorgen. Dieser Anblick ist eine durchaus passende Kulisse für die südländischen, vor allem italienischen Einflüsse bei »Walsers«. Zeitlos halten sich die selbst für Italienkenner empfehlenswerten Ravioli mit Ricotta-Füllung auf der Karte, mediterran mit Mozzarella oder Gorgonzola angerichtet sind die – beim Testessen ausnahmsweise nicht hundertprozentig frischen – Salate. Von guter Qualität der Zutaten und vom sicheren Gefühl für gekonnte Schlichtheit der italienischen Küche zeugen auch die Scampi auf Spaghetti mit Tomaten und Spinat, wobei freilich der üppige Schuss Olivenöl dann doch etwas zu gut gemeint war. »Walsers« bietet stets auch eine Auswahl gegrillter oder gebratener Fische, die verlässlich frisch und mit dem richtigen Garzeit-

Walsers Landhotel und Restaurant
79588 Efringen-Kirchen, Bahnhofstr. 34,
Tel: 07628-8055244, www.walsers-hotel.de
Geöffnet: Do-Di 12-22:30 Uhr.
Mi Ruhetag.

Gesamtnote:	8,3 von 10 Punkten
Küche:	9 Punkte
Service:	8 Punkte
Ambiente:	9 Punkte
Weinangebot:	8 Punkte
Preis/Leistung:	7 Punkte

punkt auf den Tisch kommen. Bei gutem Wetter gibt die schöne, lauschig abgeschottete Gartenterrasse einen passenden Rahmen für diese Sommerküche ab. Wer sich nicht dem bahnhofstypischen Fernweh hingeben will, bekommt jeden Samstag gut badisch ein Suppenfleisch mit Meerrettichsoße. Die aromatischen Pfifferlinge sind beim vegetarischen Gericht schön rahmig auf die Spätzle abgestimmt und am krossen Wiener Schnitzel, das mit einem vorbildlichen Kartoffelsalat serviert wird, wäre allenfalls auszusetzen, dass es etwas mehr als Millimeterstärke hat. Der Service ist professionell, dabei doch leger. Auch beim Wein spielt »Walsers« bevorzugt die regionale Karte, wobei leichte Tropfen aus dem Markgräflerland Trümpfe sind. Dabei gilt, was sich auch bei Ambiente und Küche zeigt: regional verwurzelt, dennoch modern und immer mit internationaler Zugluft – all das passt gut zusammen. Der Zeitgeist hat bei »Walsers« allerdings auch seinen Preis.

Efringen-Kirchen

Gasthaus-Hotel Zum alten Salzfass

Das mit der Tradition ist so eine Sache. Das Restaurant »Zum alten Salzfass« in Efringen-Kirchen beruft sich auf eine jahrhundertealte Geschichte. Möglicherweise schon vor 750 Jahren wurde hier Wein ausgeschenkt, seit fast 300 Jahren ist die Existenz eines Gasthauses im eigentlichen Sinn verbürgt. Doch diese lange Geschichte würde dem Gast heute wenig nützen, wenn er nicht auch regionale Küchentradition vorfinden würde. Doch das ist im »Alten Salzfass« der Fall: Einfach und gut – so lässt sich das Konzept beschreiben, mit dem die Familie Hell das Haus heute mit schnörkelloser Gastfreundschaft betreibt. Wer das »Salzfass« aufsucht, sollte über einen guten Appetit verfügen, denn die deftige Landküche möchte nach getaner Arbeit oder etwa nach einer ordentlichen Wanderung über den Katzenberg nicht nur munden, sondern auch Kräfte wieder herstellen. Das wird schon bei den Vorspeisen deutlich. Der außergewöhnlich knackige Salat – saisonal gibt es sogar eine eigene Karte mit Feldsalaten – könnte fast schon ein Abendessen ersetzen. Wer sich jedoch den gebackenen Camembert kommen lässt, was man wegen des kräftigen Geschmacks des verwendeten Käses durchaus in Betracht ziehen kann, sollte berücksichtigen, was ihn auf den anderen Seiten der Speisekarte noch erwartet. Eine eigene Rösti-Karte belegt den Schweizer Einschlag und auch die Fertigkeit, dieses Gericht wunderbar kross auf den Tisch zu bringen. Speck, Käse, Pilze, aber auch frisch zubereitete Gemüse begleiten den Klassiker. Je nach Jahreszeit sind Wildgerichte angesagt, dauerhaft Steaks und Schnitzel. Im besten Sinne des Wortes altmodisch ist das Cordon bleu aus Kalbfleisch, das von einem wunderbar knusprigen Mantel umhüllt ist. Beim Dessert sollte man unbedingt nach Kuchen fragen. Die Aprikosentarte zum Beispiel ist in ihrer Schlichtheit einfach umwerfend. Weil so ein üppiges Essen auch ordentlich heruntergespült werden will, gibt es guten Markgräfler Wein. Nicht zuletzt wegen der Nachbarschaft zum Weingut »Ziereisen« liegt die Qualität eher über dem Durchschnitt dieser Wirtshauskategorie.

Gasthaus-Hotel Zum alten Salzfass
79588 Efringen-Kirchen,
Markgrafenstr. 26,
Tel: 07628-1213, Fax: 07628-800854,
www.salzfass.de
Geöffnet: Mo-So ab 7:30Uhr.
Mi ab 16 Uhr.

Gesamtnote:	8,7 von 10 Punkten
Küche:	9 Punkte
Service:	8 Punkte
Ambiente:	8 Punkte
Weinangebot:	9 Punkte
Preis/Leistung:	9 Punkte

Efringen-Kirchen

Gasthaus Zum Anker

Gasthaus Zum Anker
79588 Efringen-Kirchen, Basler Str. 48,
Tel: 07628-8001175,
www.anker-efringen-kirchen.de
Geöffnet: Mo-Sa 17-24 Uhr. So 11-24 Uhr.

Gesamtnote:	9,3 von 10 Punkten
Küche:	10 Punkte
Service:	8 Punkte
Ambiente:	9 Punkte
Weinangebot:	10 Punkte
Preis/Leistung:	9 Punkte

Wer im Dreiländereck auf der zeitgemäßen, lebensfrohen und keineswegs mehr verbiesterten Bio-Welle schwimmt, hat im Ortskern von Kirchen einen wunderbaren »Anker«-Platz gefunden. Tatkräftige Leute aus der Szene haben sich zusammengetan und ein altes Gasthaus mit viel Geschmack und mit sicherem Gefühl für die Konzentration auf das Wesentliche hergerichtet. Schöne Tische (auch auf der Terrasse), der völlige Verzicht auf Schnickschnack, hell getünchte Wände und freundlich gefärbtes Holzwerk geben der einstigen Dorfwirtschaft einen Hauch von Eleganz und fast schon mediterranes Flair. Das Ambiente steht für die Botschaft des gastronomischen Konzepts: Bio ist schick, gesundes Essen schmeckt und Regionalität muss nicht provinziell sein. Fast alles, was auf der Karte steht, kommt von kontrollierten regionalen Erzeugern. Doch die biologische Produktionsweise wird hier nicht ideologisch gesehen, sondern als Ausweis der Qualität. Der Lachs trägt kein Siegel, doch er schmeckt trotzdem. Was natürlich auch an der gekonnten Zubereitung liegt. Außen schön angebraten und innen kein bisschen zu trocken. Fleisch gibt es natürlich auch, mit namentlich in der Karte aufgeführter Herkunft. Leberle, Schnitzel, Medaillons, Entrecote, Cordon bleu oder den Wurstsalat zum Vesper – alles ganz klassisch, alles köstlich. Der besondere Kick kommt bei den vegetarischen Gerichten oder beim Gemüse, was in diesem Fall mit dem Wort »Beilage« fast schon diskreditierend beschrieben wäre. Das Ratatouille, das an diesem Abend zum Lachs oder zum frittierten Ziegenkäse serviert wird, ist eine Wucht. Wir erinnern uns an den gleichnamigen Animationsfilm und verstehen spätestens jetzt, warum die Ratte Remy den strengen Gastrokritiker gerade mit seinem Gemüsegericht so herzerweichend glücklich gemacht hat. Übrigens: Die »Anker«-Salate – auf Wunsch mit Tunfisch, gebratenen Pilzen oder Scampi als Zugabe – sind auch geschmacklich ein vollwertiges Essen. Der Gast wird fast freundschaftlich empfangen. Wer unbedingt etwas zum Mäkeln sucht, könnte dem »Anker« vorwerfen, dass die eine oder andere zusätzliche Servicekraft dem gut laufenden Betrieb nicht schaden könnte. Direkt neben der Gaststätte befindet sich der Ecovin-Betrieb »Kaufmann«. Von dort kommt fast das gesamte Weinangebot des »Anker«, ergänzt noch durch einige Tropfen des kleinen Weinguts »Kalkwerk Istein«. Die Qualität der biologischen Gewächse ist hervorragend und das Konzept, in diesem Rahmen absolut auf Regionalität, geradezu auf Nachbarschaft ohne Transportwege zu setzen, zeugt von Konsequenz. Klar: Genuss mit ökologisch reinem Gewissen macht doppelt Spaß.

Ehrenkirchen-Scherzingen

Rebstock

Das »Bahnhöfle«, wie der »Rebstock« in Ehrenkirchen auch liebevoll genannt wird, ist wieder einmal so eine badische »Institution« – nicht nur wegen der vorbeifahrenden Züge, sondern vor allem wegen der Fleischküchle, der Brägele, der Schnitzel, der feinen Weine des Weingutes »Heinemann« und der Wirtin Sabine Gleisner mit ihrem Team. Doch eines nach dem anderen: Der »Rebstock« liegt im kleinen Weiler Scherzingen, zu Ehrenkirchen gehörend, direkt an der Bahnlinie Freiburg-Basel. Zwei Eingänge sind vorhanden: Entweder man gelangt durch die Haustür in die gemütliche Gaststube oder durch das Gartentor – im Sommer natürlich der beliebtere Weg. Doch ganz gleich, welchen der beiden Weg man wählt, der Empfang ist stets willkommen und freundlich. Und Wirtin Sabine Gleisner hat als Allround-Talent, ob in der Küche oder im Service, den »Laden« unter Kontrolle. Gibt es mehr Gäste als vakante Tische, wird man auch kurzerhand einmal an teils besetzte Tisch gesetzt – das ist immer wieder ein Erlebnis und letzten Endes auch vollkommen in Ordnung!

Die Speisekarte kennen die Stammgäste auswendig, weil viele Gerichte schon ewige Zeiten im Angebot sind. Hier verlässt man sich eben auf Bewährtes – und warum auch sollten die Klassiker, auf die man sich als treuer Kunde schon auf der Hinfahrt freut, nicht weiter angeboten werden? Kontinuität ist eine Tugend, der man sich hier in allen Belangen verschrieben hat – und das mit Fug und Recht.

Vorweg gibt es einen kleinen oder großen Salatteller. Alles ist fein abgeschmeckt und mit einer ordentlichen Portion Salatsoße versehen, die ein klein wenig nach Liebstöckel schmeckt. Danach kann man unter anderem zwischen Cordon bleu und Rindersteak mit perfekten Brägele wählen. Die Portionen sind reichlich bemessen, und wessen Hunger nicht so groß ist, der kann auch ein Schnitzel mit Brot bestellen. Die Gerichte sind perfekt zubereitet, schmecken gut und kommen charmant serviert heiß auf den Tisch. Was will man mehr?

Bei der Weinkarte, die ausschließlich Gewächse des Weingutes »Heinemann« aus der Nachbarschaft auflistet, bleibt Sabine Gleisner ihrer Richtung treu. Denn warum in die Ferne schweifen, wenn das (Badisch-)Gute liegt so nah! Vom Gutedel bis zum Spätburgunder ist alles weintrinkerfreundlich kalkuliert. Und wenn dann auch noch ein radelnder badischer Spitzenkoch Halt macht und es sich an seinem freien Tag mitsamt der Familie am Nebentisch schmecken lässt, dann ist doch wirklich alles gesagt!

Rebstock
79238 Ehrenkirchen-Scherzingen,
Lindenstr. 11, Tel: 07664-60598.
Geöffnet: Fr-Di ab 16:30 Uhr.
Mi, Do Ruhetag.

Gesamtnote:	8,3 von 10 Punkten
Küche:	8 Punkte
Service:	8 Punkte
Ambiente:	8 Punkte
Weinangebot:	8 Punkte
Preis/Leistung:	10 Punkte

Eichstetten

Gasthaus Zum Ochsen

»He Vadder, mir gehen in Ochse ni, do gibt's a guet Esse und a fein Vierteli Wii«, so steht es auf einem alten Schild, das unter dem Dach, etwas versteckt im Innenhof der Gartenwirtschaft hängt. Das Schild mag schon ein wenig in die Jahre gekommen sein, aber was darauf steht, das stimmte sicher früher und gilt heute genauso!

In Eichstetten, dem Wein- und Gemüseanbauort am Kaiserstuhl, wachsen die Viktualien in beneidenswerter Vielfalt direkt vor der Haustür und finden in der Küche von Hausherr Thomas Rinklin ihren verdienten Platz.

Die sehr schön hergerichtete historische Wirtsstube mit dem mächtigen Tragbalken bekommt im Sommer vom Innenhof Konkurrenz. Doch ist dieser etwas in die Jahre gekommen, was man versucht, mit viel Blumen und Dekoration auszugleichen.

Die Jahreszeit bestimmt das Speisenangebot, das in der Spargelzeit vom königlichen Gemüse beherrscht wird. Der eingelegte Spargel mit marinierten Flusskrebsen und Frühlingssalaten ist für 10 Euro eine tadellose Vorspeise. Der Spargel ist schön sauer mariniert und das Salatdressing perfekt abgeschmeckt. Dass man bei der Zubereitung aufmerksam und gekonnt unterwegs ist, beweist die Spargelcremesuppe mit Spargelstückchen und Sahnehaube, die richtig gut schmeckt. Der Spargel des Hauptgangs ist auf den Punkt gekocht und auch die Kratzete und das panierte Schweineschnitzel sind sehr gut, lediglich die Hollandaise könnte etwas stabiler sein.

Das Tagesessen, auf einer großen Tafel angeboten, ist ein Schweinebraten mit Semmelknödel und bunten Gemüsen für 7,90 Euro und für diesen Preis sauber und ehrlich gekocht.

Gasthaus Zum Ochsen
79356 Eichstetten, Altweg 2,
Tel: 07663-1516, Fax: 07663-1020,
www.ochsen-eichstetten.de
Geöffnet: Mi-So 11:30-14 Uhr/17:30-24 Uhr. Di 17:30-24 Uhr. Mo Ruhetag.

Gesamtnote:	7,8 von 10 Punkten
Küche:	8 Punkte
Service:	7 Punkte
Ambiente:	8 Punkte
Weinangebot:	8 Punkte
Preis/Leistung:	8 Punkte

Auf der Weinkarte hat der Kaiserstuhl die Macht, und es ist selbstverständlich, dass die Eichstetter Winzer (Hiss, Köbelin, Kiefer, WG, Bürck, Schmidt) die ›Pole-Position‹ einnehmen. Einige eher unbekanntere Weingüter sind mit viel Sachverstand zusammengetragen ebenso Bioweine, die der Gast ansonsten eher selten vorfindet.

Der Service agiert überwiegend freundlich und gekonnt. Der Innenhof ist zu Mittag sehr gut besucht, was immer ein gutes Zeichen ist. Ab 18 Uhr bieten die Rinklins zu der großen Karte auch eine reichhaltige Vesperkarte mit kleinen warmen Speisen an. Alles in allem ist der »Ochsen« eine sichere Adresse am Kaiserstuhl!

Elzach

Gasthaus Rössle

»Wählen Sie mein Küchenchefmenü und Sie werden den Abend nicht so schnell vergessen.« Wer dies zu seinen Gästen sagt, der muss von seiner Kochkunst überzeugt sein. Kann Manuel Häringer, der Chef des »Rössle« im Elzach, Wort halten oder hat er seinen Mund vielleicht etwas zu voll genommen? Wir haben das viergängige ›Küchenchefmenü‹ getestet und waren begeistert. Häringer hat nicht übertrieben! Wer die Empfehlung des Chefs bestellt, kann zwischen drei, vier oder fünf Gängen wählen. Was genau auf den Teller kommt, weiß im Vorfeld nur Häringer. Der Gast kann allerdings zwischen Fisch und Fleisch wählen.

Wir entschieden uns für Fisch und bekamen als köstliche Vorspeise eine ordentliche Portion Tunfisch-Carpaccio mit Olivenöl, Limettensaft und selbst gemachtem Pesto serviert. Ein absoluter Hochgenuss war der zweite Gang: eine kräftige, aber nicht zu fetthaltige Gänsekraftbrühe mit selbst hergestellten Gänsemarkklößchen und Ravioli sowie kleinen Karotten- und Zucchinistückchen – herrlich abgeschmeckt mit frischen Kräutern. Zum Hauptgang gab es Seeteufelmedaillons und Garnelen auf Blattspinat sowie eine Limonensoße. Als Beilagen wurden frisches Gemüse sowie in Butter geschwenkte Kartoffeln gereicht. Der Fisch war kross gebraten und die Kartoffeln vergingen regelrecht auf der Zunge. Süßer Abschluss war eine Passionsfrucht-Crème-brûlée mit Holunder, Karamelleis und Früchten. Das Ganze übrigens für 33 Euro. Ein fantastisches Preis-Leistungs-Verhältnis, das nicht auf das ›Küchenchefmenü‹ beschränkt ist. Doch nicht nur auf Fisch versteht sich Häringer. Auch Hausmannskost wie Rinderzunge, Leberle, Schnitzel, Rumpsteak oder einen Hackbraten hat er im Angebot. Dabei kommt für ihn das Fleisch selbstverständlich nur aus heimischen Betrieben. Gemüse und Obst gibt es den Jahreszeiten entsprechend und auf genveränderte Produkte wird gänzlich verzichtet. Den Abend versüßt hat uns auch die junge Dame aus dem Service, die ihre Aufgabe freundlich, unaufgeregt und zuvorkommend erledigte.

Die Weinkarte ist nicht gerade üppig, dafür sind die Tropfen sehr bewusst ausgewählt. Huber, Bercher, Johner, Laible, Moosmann – einige sehr gute Winzer sind darauf zu finden, auch Franzosen, Italiener, Spanier und Südafrikaner werden offeriert. Dennoch könnte insgesamt die Auswahl etwas größer sein. Das Gasthaus ist übrigens unterteilt in einen eher etwas altertümlichen Teil mit Kachelofen und Stammtisch sowie einen modernen Raum mit mediterranem Design.

Gasthaus Rössle
79215 Elzach, Hauptstr. 19,
Tel: 07682-212, Fax: 07682-924398,
www.roessleelzach.de
Geöffnet: Do-Mo 10-14 Uhr/17-24 Uhr.
Di, Mi Ruhetag.

Gesamtnote:	8,7 von 10 Punkten
Küche:	9 Punkte
Service:	8 Punkte
Ambiente:	8 Punkte
Weinangebot:	8 Punkte
Preis/Leistung:	10 Punkte

Elzach-Oberbrechtal

Schäcks Adler

»Es gibt ihn tatsächlich, den Ort im Schwarzwald, wo sich alle Träume erfüllen, die der Wanderer hatte, als er die dunklen Täler und schwarzen Wälder nach einer Adresse absuchte, die ihm eine gute Unterkunft, eine gemütliche Gaststube und eine erstklassige Küche bieten würde. Dieser Ort existiert wirklich, und dort findet man eines der wenigen Gasthäuser, welche das immer wieder kursierende Gerücht vom regionalen Gastronomiewunder wahr werden lassen.« Diese Zeilen schrieb der bekannte Gastronomiekritiker Wolfram Siebeck im Magazin der »Zeit« am 29. November 2007. Wir wissen nicht, was Siebeck heute über »Schäcks Adler« in Oberprechtal zu Papier bringen würde. Wir vermuten allerdings, dass sich an seiner Einschätzung nicht viel geändert hätte. Unserer Ansicht nach ist die Küche sogar noch einen Tick kreativer geworden. Aber immer der Reihe nach: Wer im Adler einen Tisch bestellt und die Hausherrin Sandra Schäck am Telefon hat, der kann bereits erahnen, dass Gastfreundschaft im Adler nicht nur eine leere Worthülse ist. Wer dann das im 16. Jahrhundert erstmals erwähnte Gebäude betritt, der fühlt sich in eine andere Zeit versetzt. Uralte Eichenbalken, ein Holzboden, der bei jedem Schritt knarrt, ein grüner Kachelofen, eine kleine Kommode, ein Klavier, eine alte Uhr, eine Ecke mit einer Christusfigur und liebevoll mit Blumen gedeckte Holztische bestimmen das Ambiente des alten Schwarzwaldhauses.

Zum Oberprechtaler Wohlfühlpaket gehören obendrein ein außerordentlich freundlicher und kompetenter Service. Besonders hervorzuheben ist die Herzlichkeit der Hausherrin. Doch was wäre dies alles, könnte die Küche nicht dieses Niveau halten? Dass sie es kann, dafür ist

Schäcks Adler
79215 Elzach-Oberbrechtal,
Waldkircher Str. 2,
Tel: 07682-1291, Fax: 07682-925308,
www.schaecks-adler.de
Geöffnet: Mi-So 11:30-14 Uhr/
ab 17:30 Uhr. Mo, Di Ruhetag.

Gesamtnote:	9,2 von 10 Punkten
Küche:	9 Punkte
Service:	9 Punkte
Ambiente:	10 Punkte
Weinangebot:	9 Punkte
Preis/Leistung:	9 Punkte

Christoph Schäck verantwortlich. Und wie! Ob das Potpourri von Edelfischen mit Zander, Gambas, Rotbarbe und Roulade von der Elzforelle mit Blattspinat und Risotto, ob zarte Filetspitzen in Klingelbergerrahmsoße mit hausgemachten Pommes Dauphin, ob das herrlich zarte Rehragout, das Zitronensorbet mit Chili, Zitronengras und Ingwer oder das Apfelküchle mit Vanilleeis – keiner unserer Wünsche blieb offen.

Vor allem was Christoph Schäck mit frischen Elzforellen auf den Teller zaubert, verdient höchsten Respekt. Zu guten Speisen gehören gute Weine. Das »Schäck« bietet Tropfen aus ganz Baden, aus anderen deutschen Anbaugebieten sowie aus Frankreich, Spanien und Italien an. Sie rundeten einen äußerst gelungenen Abend ab.

Elzach-Yach

Landgasthaus zum Adler

Landgasthaus zum Adler
79215 Elzach-Yach, Dorfstr. 48,
Tel: 07682-8594, Fax: 07682-924606,
www.adler-yach.de
Geöffnet: Mo, Do-Sa ab 16 Uhr.
So, Feiertag ab 9 Uhr. Di, Mi Ruhetag.

Gesamtnote:	8,0 von 10 Punkten
Küche:	8 Punkte
Service:	9 Punkte
Ambiente:	7 Punkte
Weinangebot:	7 Punkte
Preis/Leistung:	9 Punkte

Im »Landgasthaus zum Adler« im kleinen Elzacher Ortsteil Yach wird mit Herzblut gekocht und gewirtschaftet. Das erkennt der Gast schnell: Wie ein Wirbelwind fliegt Christian Gießler, der Chef des Hauses, durch das Lokal. Er berät die Gäste bei der Auswahl von Speisen und Getränken, er serviert und hat immer einen lockeren Spruch auf Lager. Den ersten Humorbeleg findet man schon am Aushang der Speisekarte beim Eingang: »Fischer Frisch auf Anfrage«, heißt es da.

Der »Adler« ist Gießler'sches Familienerbe. Seit mehr als 180 Jahren thront der Landgasthof schräg gegenüber der Kirche von Yach. Das Dörfchen darf sich rühmen, der einzige Ort in Deutschland zu sein, der das Ypsilon als Anfangsbuchstaben trägt. Im Dialekt gleichwohl wird aus Yach dann Eich, das nur über eine Straße von Elzach aus zu erreichen ist. Rund um das reizvoll gelegene Dorf unterhalb des Rohrhardsberges finden sich Mountainbikestrecken und auch herrliche Wanderwege. Nicht umsonst findet sich am »Adler« auch die rote Raute, das Erkennungszeichen des Schwarzwaldvereins.

Die Bezeichnung »Landgasthaus« passt zu dem Lokal. Ein wuchtiger Stammtisch findet sich nahe der Theke. Im »Adler« mischt sich das Publikum: Bei unserem Besuch speisten Handwerker im Blaumann nach getaner Arbeit, zwei Damensportgruppen im Walking-Dress orderten die Salatkarte rauf und runter bis zur »Salatplatte Adlerhorst«. Beim Lesen der Speisekarte wirkt manches ein bisschen aus der Zeit gefallen: Das »Restaurationsbrot bunt umlegt« klingt nach Nostalgie, auch der gute alte Toast Hawaii hat sich in Yach gehalten. Auf größere Experimente und Chichi jeder Art wird im »Adler« verzichtet. Aber das sind Nebensächlichkeiten. »Adlerwirts Vesperteller« hat zu Recht viele Fans. Es gibt schließlich Schwarzwälder Spezialitäten aus eigener Schlachtung. Hungrig muss keiner den »Adler« verlassen. Die Portionen sind mehr als ordentlich, der verlangte Preis äußerst fair. Leberle sauer mit Brot wird für 6,80 Euro aufgetischt. Der Wurstsalat, auch dieser bunt umlegt, verlässt für 5,80 Euro die Küche.

Der »Adler« wird nach wie vor kein Ziel für Vegetarier werden. Wir probierten ein ausgezeichnetes Cordon bleu mit Muster-Brägele und einem knackigen Salat. Außerdem wagten wir einen Abstecher in die südländische Küche. Das Saltimbocca mit Ratatouille und Reis war herzhaft und doch verhältnismäßig leicht. Alles in allem ist und bleibt der »Adler« in Yach eine empfehlenswerte Adresse. Die Weinkarte ist ordentlich bestückt, eine besondere Empfehlung verdient auch das hier frisch gezapfte Bier der Elzacher Löwenbrauerei.

Emmendingen-Maleck

Parkhotel Krone Maleck

Die »Krone« in Maleck bietet nach wie vor eine barocke Gemütlichkeit, die heutzutage ja fast nicht mehr anzutreffen ist. Mit ihren eleganten, schweren Möbeln und opulenten Accessoires wähnt man sich eher in der französischen Gastronomie der 70er Jahre als in der heutzutage üblichen modern-minimalistischen Einrichtung. Unterstrichen wird dieser Eindruck noch vom bezaubernden Blick in den herrlich gestalteten Garten, der wohl eher einem Park gleichkommt, mit seinem Teich und als Zuckerl den flanierenden Flamingos. An diesem angenehmen, schattigen Ort nimmt man an heißen Tagen gerne Platz.

Heike und Heiko Bergner, die sich in den letzten Jahren sehr gut etablieren konnten, bieten eine solide badische Küche mit mediterranem Einschlag. Neben der klassischen Restaurantkarte gibt es auch eine gelungene ›Garten‹- bzw. ›Kronenstube‹-Karte, die im rustikalen ›Kronenstüble‹ serviert wird, sowie ein Mittagsmenü und jeden Dienstag ein ›Schlemmermenü‹.

Die Qualität der Produkte wird nach wie vor mit Bedacht ausgewählt, bei der Zubereitung hingegen wäre manchmal weniger mehr. So könnte der Steinbutt noch vorzüglicher sein, wenn er zwei Minuten kürzer in der Pfanne gewesen wäre. Ebenso war die ansonsten gute Gänseleber etwas überbraten. Der zarte Kalbsrücken allerdings war à point und das höchst feine Sommergemüse knackig und frisch. Der tadellose Flammenkuchen, den man gerne als Vorspeise bestellt, ist hausgemacht und nicht wie sonst üblich aus der Tiefkühlabteilung.

Parkhotel Krone Maleck
79312 Emmendingen-Maleck,
Brandelweg 1,
Tel: 07641-9309690, Fax: 07641-52576,
www.kronemaleck.de
Geöffnet: Di-So 12-22 Uhr (Küchenschluss). Mo 18-22 Uhr (Küchenschluss).

Gesamtnote:	7,8 von 10 Punkten
Küche:	9 Punkte
Service:	8 Punkte
Ambiente:	7 Punkte
Weinangebot:	7 Punkte
Preis/Leistung:	7 Punkte

Froh sind wir über den Rückgang der Üppigkeit der Gerichte – die Speisen können nun mit Genuss gegessen werden.

Der Service ist angenehm und freundlich. Es wäre allerdings wünschenswert, wenn die Weinkarte mit den Speisekarten an den Tisch käme. Die Weinauswahl ist gut, aber ausbaufähig.

Emmendingen

Vielharmonie

Für hohe kulinarische Genüsse ist die große Kreisstadt Emmendingen sicher nicht bekannt. Viele Jahre suchen wir schon ein zuverlässiges und bodenständiges Gasthaus ohne die sonst weitverbreitete Convenience-Küche. Das Restaurant »Vielharmonie« ist ein wahrer Lichtblick. Seit einigen Jahren betreibt die Familie Arendse dieses Lokal mit viel Engagement und angenehmer Gastlichkeit.
Der Gastraum mit dem kräftigen Farbanstrich erinnert ein wenig an die Gasthäuser unserer Nachbarn im Elsass. Sehr freundlich und zuvorkommend werden wir von Frau Arendse empfangen und an einen der weiß gedeckten Tische geführt.
Der erste Blick in die Speisekarte zeigt uns sofort, dass neben Rumpsteak, Maishähnchenbrust oder Schweinefilet hier Fisch in verschiedenen Variationen großgeschrieben wird. Ebenfalls erfreut es uns, dass Küchenchef Arendse verschiedene Salate ohne die sonst so üblichen Putenstreifen anbietet. Die Speisekarte finden wir sehr abwechslungsreich und animierend zusammengestellt. Auch vegetarische Köstlichkeiten fehlen in der Karte nicht.
Die hausgemachten Steinpilzravioli in Salbeibutter haben einen wunderbaren Schmelz und sind sehr gut abgeschmeckt. Die üppige Quantität und die tadellose Qualität sind für 6,50 Euro unschlagbar. Der Rucolasalat mit vier gebratenen Gambas, punktgenau gegart, wird mit einem feinen Dressing und gehobelten Parmesanspänen serviert. Auch hier passt das Preis-Genuss-Verhältnis. Der Seeteufel, von bester Qualität und Frische, die Beilagen, Belugalinsen und La Ratte Kartoffeln, sind deftig und sehr gut gewürzt. Auch hier sind die Mengen mehr als ausreichend. Das glasig pochierte Lachsfilet mit Pfifferlingen, Butternudeln und Kräuterrahmsoße könnte hingegen etwas mehr Pfiff haben. Trotz der großen Portionen wagen wir noch einen Blick in die Dessertkarte. Neben einigen Klassikern wie Vanilleeis mit Schokoladensoße oder Sorbetvariationen entscheiden wir uns für Crème brûlée mit perfekter Konsistenz und köstlich abgeschmeckt. Leider war die Zuckerkruste schon erkaltet. Das hausgemachte Zitroneneis begeistert uns. Einige italienische Eisdielen wären mit der Kopie dieses Rezeptes gut beraten.
Die Weinkarte ist überschaubar und erweiterbar, aber gut sortiert. Bekannte Weingüter aus der Region und einige Positionen aus Europa. Alles sehr kundenfreundlich kalkuliert.
Der freundliche und unaufdringliche Service, die bodenständige und handwerklich gekonnte Küchenleistung hinterlassen bei uns ein Wohlgefühl, so dass wir gerne wieder einmal nach Emmendingen kommen, um zu speisen.

Vielharmonie
79312 Emmendingen, Karl-Friedrich-Str. 3,
Tel: 07641-937493, Fax: 07641-936403,
www.vielharmonie-emmendingen.de
Geöffnet: Di-Fr, So 11:30-14:30 Uhr/
ab 17:30 Uhr. Sa ab 17:30 Uhr.
Mo Ruhetag.

Gesamtnote:	9,0 von 10 Punkten
Küche:	9 Punkte
Service:	10 Punkte
Ambiente:	8 Punkte
Weinangebot:	8 Punkte
Preis/Leistung:	10 Punkte

Emmendingen

Vinoteca

Bei der »Vinoteca«, dem beliebten italienischen Restaurant in der Emmendinger Innenstadt, ist der Name Programm. Und das nicht nur wegen der stattlichen Anzahl von Weinen, die im Angebot sind – vorwiegend italienische, aber nicht nur. Vor allem die Art und Weise, wie sie dem Gast präsentiert werden, ist nicht nur ungewöhnlich, sondern obendrein sehr kundenfreundlich. Die Frage nach der Weinkarte wird nämlich schlicht damit beschieden, dass es keine gibt, man stattdessen in etwa die Richtung des Weinwunsches angeben möge, und dann werde man sich gerne darum kümmern. Dieses ›sich kümmern‹ sieht dann so aus: Die freundliche Bedienung kommt mit mehreren Flaschen an den Tisch, schenkt aus jeder ein Probeschlückchen ein, und so wird man auf sehr angenehme Art ziemlich schnell fündig. Das ist vor allem für all jene von großem Charme, die mit der verwirrenden Namensvielfalt aus der italienischen Weinwelt auf seitenlangen Weinkarten ohnehin nicht viel anfangen können und deshalb doch immer wieder nur beim altbekannten Chianti oder Soave hängen bleiben. So aber machten wir die Bekanntschaft mit einem köstlichen Erbaluce aus dem Piemont. Die Küche liefert dazu die ganze Palette italienischer Standards, die durchweg solide zubereitet sind. Das beginnt bei den Antipasti mit gut abgeschmecktem Vitello tonnato oder einem mit Zitrone und Olivenöl schön gewürzten Carpaccio vom Rind. Bei den Pastagerichten waren die Pappardelle mit Steinpilzen und auch die Spaghetti vongole so, wie man es im Italienurlaub liebt: Die Nudeln ›al dente‹ gekocht, und alles, was darunter gemischt wird, kurz und knackig zubereitet. Beim Hauptgericht hat uns das Angebot von der kleinen

Vinoteca
79312 Emmendingen, Markgrafenstr. 33,
Tel: 07641-574398,
www.vinoteca-emmendingen.de
Geöffnet: Mo-Fr 11:20-14:30 Uhr/
18-24 Uhr. Sa 18-24 Uhr. So Ruhetag.

Gesamtnote:	8,5 von 10 Punkten
Küche:	8 Punkte
Service:	9 Punkte
Ambiente:	8 Punkte
Weinangebot:	10 Punkte
Preis/Leistung:	8 Punkte

Schiefertafel neugierig gemacht: Rinderfilet »Bruschetta«. Das waren zwei nicht zu dick geschnittene Fleischscheiben von sehr zarter Qualität und genau richtig mit noch leicht blutigem Kern gebraten. Darauf hat Küchenchef Antonello Medoro das gehäuft, was sonst in Italien als Belag für geröstete Brotscheiben dient, nämlich klein gewürfelte Tomaten, die mit Knoblauch und Kräutern angemacht werden. Keine schlechte Idee, nur hätten wir bei der Qualität der Tomaten hier doch deutlich mehr erwartet. Das Restaurant ist innen schnörkellos und schick eingerichtet, im Sommer locken die Tische auf dem Gehsteig unter der weit ausladenden Markise. Der Service unter Maria Lateraza ist sehr freundlich.

Emmendingen-Wasser

Gasthof Zum Ochsen

Die vielen Kartoffelsalatliebhaber wissen es schon längst, der im »Ochsen« in Wasser bei Emmendingen zubereitete Erdäpfelsalat gehört zu den besten, die man in der Region essen kann – dies seit Jahrzehnten. Überhaupt wird Konstanz großgeschrieben in diesem so wunderbar altmodischen Gasthof »Zum Ochsen«, den das Ehepaar Barbara und Manfred Limberger seit über 30 Jahren betreiben. Äußerlich eher unscheinbar, innen strikt im Stil einer Wirtschaft aus den 50ern und 60ern gehalten, wird hier in der vierten Generation unbeirrt, Tag für Tag, beste badische Hausmannskost serviert. Die vielen Stammgäste kommen auch, weil sie genau wissen, wie es im »Ochsen« schmeckt, nämlich immer gut, und dass sich die umfangreiche Speisekarte einfach nicht verändert. Berühmt ist der »Ochsen« für seine Innereien. Ob Leberle oder Nierle, sauer oder geröstet, oder ob Sulz, badische Kutteln, sauer, geröstet oder mit einer Rieslingsoße, diese badischen Spezialitäten werden liebevoll zubereitet und schmecken wie früher bei der Mutter daheim. Wo gibt es noch Russische Eier auf der Vesperkarte, die natürlich auch Wurstsalat, Ochsenmaulsalat und Rindfleischsalat bietet. Wer sich schon beim gemischten Salat so viel Mühe gibt wie die Limbergers, deren Mutter Brunhilde auch noch täglich in der Küche steht, der nimmt seine autodidaktische Kochkunst zum Wohle der Gäste richtig ernst. Natürlich gibt es panierte Schnitzel vom Schwein auch in den Varianten Zigeuner und Jäger, ein perfektes, weil dünnes und in der Pfanne gebratenes Wiener Schnitzel vom Kalb, Cordon bleu vom Schwein oder Kalb, Paprikagulasch mit hausgemachten Spätzle, Kalbssteak mit Pfifferlingen oder Rumpsteak mit Kräuterbutter und Röstzwiebeln oder an einer Pfeffersoße. Die Portionen sind immer reichlich und von einer geradezu unglaublichen geschmacklichen Konstanz und obendrein sehr preiswert. Das frisch gezapfte Bier ist hier als gepflegtes Pils und auch noch in der Variante, als Export, erhältlich, die Weinkarte macht Fortschritte, hat aber durchaus noch viel Luft nach oben. Ein trockener, leichter badischer Roséwein passt beispielsweise wunderbar zu deftiger badischer Kost. Im Sommer kann man auch ein paar wenige Plätze draußen belegen, die jetzt nicht gerade lauschig, aber sonnig sind.

Gasthof Zum Ochsen
79312 Emmendingen-Wasser, Basler Str. 32,
Tel: 07641-8902, Fax: 07641-52135,
www.home.regioseiten.com/ochsen-wasser
Geöffnet: Di-So 11:30-14 Uhr/17-21:30 Uhr (Küchenschluss). Mo Ruhetag.

Gesamtnote:	9,0 von 10 Punkten
Küche:	10 Punkte
Service:	9 Punkte
Ambiente:	8 Punkte
Weinangebot:	7 Punkte
Preis/Leistung:	10 Punkte

Endingen

Merkles Restaurant Rebstock

Merkles Restaurant Rebstock
79346 Endingen, Hauptstr. 2,
Tel: 07642-7900, Fax: 07642-924797,
www.merkles-restaurant.de
Geöffnet: Di-Sa 12-14 Uhr/18-24 Uhr.
So 12-14 Uhr. Mo Ruhetag.

Gesamtnote:	8,7 von 10 Punkten
Küche:	8,5 Punkte
Service:	9 Punkte
Ambiente:	8 Punkte
Weinangebot:	9 Punkte
Preis/Leistung:	9 Punkte

Es gibt Köche, die haben Glück und dürfen sich in ein gemachtes Nest setzen. Und es gibt welche, die sich alles hart erarbeiten müssen. Auf Thomas Merkle vom »Rebstock« in Endingen trifft beides zu. Seine Eltern führten viele Jahre den »Rebstock« als gutbürgerliches Gasthaus und legten so den Grundstein für die Karriere des Sohnes. Dieser wiederum sammelte in dieser Zeit in vielen renommierten Restaurants im In- und Ausland wichtige Erfahrungen. Sein Ziel war es, schon früh selbst Akzente zu setzen, kreativ zu sein, einen eigenen Stil zu entwickeln und irgendwann einmal nach den Sternen zu greifen. Dies ist ihm in den vergangenen Jahren eindrucksvoll gelungen. Und so war es nur eine Frage der Zeit, bis der erhoffte ›Michelin-Stern‹ vom Himmel fiel. Im November 2010 war es so weit. Viele Stammgäste meinten, er hätte die Auszeichnung schon viel früher verdient.

Geändert hat sich in der Küche seither eigentlich nicht sehr viel. Was ein Lob sein soll. Denn der Koch geht weiter unbeirrt seinen Weg. Lediglich der Einfluss der asiatischen und orientalischen Küche hat zugenommen.

Ein Glück für die Gäste ist, dass Merkle – nicht nur als Mensch, sondern auch in der Küche – bodenständig geblieben ist. Und regional dazu. Erhält er im engeren Umkreis hochwertige Zutaten, verwendet er diese ganz bewusst. Dabei wird auch auf Nachhaltigkeit viel Wert gelegt. »Nur was nachhaltig erzeugt worden ist, kann qualitativ so gut sein, dass es meinen Ansprüchen genügt«, sagt er.

Und so empfehlen wir zunächst einmal die eher regionalen Gerichte. Zu Merkles Klassikern gehört der geschmorte Ochsenschwanz, der mit einer gebratenen Gänseleberscheibe, Spätburgundersoße, glasiertem Gemüse und Kräuterschupfnudeln serviert wird. Ebenso köstlich munden die Schweinebäckchen mit Kartoffelsalat und Radieslevinaigrette und der Kalbskopf mit Graupen und Pfifferlingen. Internationaler wird es zum Beispiel bei verschiedenen Variationen von der Jakobsmuschel mit exotischen Aromen und Sobanudeln. Asien lässt auch beim Rochenflügel mit geräucherten Mandeln, Pak Choi und Curry grüßen.

Für die Getränke und den Service ist Merkles Frau Simone zuständig, die mit hohem Sachverstand eine üppige Weinkarte zusammengestellt hat, auf der neben edlen Tropfen der Region auch das Ausland nicht zu kurz kommt. Schön, dass rund 25 Weine offen ausgeschenkt werden. Der Service ist freundlich, kompetent und erfreulich unaufgeregt.

Endingen-Kiechlingsbergen

Dutters Stube

Wer das am Kaiserstuhl gelegene Kiechlinsbergen anfährt, der tut dies meist, um sich in »Dutters Stube« kulinarisch verwöhnen zu lassen. Schon von außen vermittelt das an der Straße zum ›Texas Pass‹ liegende 1589 erbaute Fachwerkhaus einen imposanten Eindruck. Wer will, kann sich auf eine kleine kulinarische Entdeckungsreise durch das mehrstöckige Gebäude begeben. Ebenerdig geht es, durch die Hanglage des Hauses bedingt, zunächst in den historischen und gemütlichen Gewölbekeller. Dort haben Franziska und Arthur Dutter eine Dorfwirtschaft eingerichtet, in der es einfache badische Spezialitäten und dazu ein Kaiserstühler Viertele gibt. Das Bauernbrot wird selbst gebacken, Fleisch und Wurst werden von einer ortsansässigen Metzgerei, Salate und Gemüse von der Familie Binder aus Forchheim bezogen. Zu der Dorfwirtschaft gehört eine kleine Gartenterrasse, eine größere Laube für laue Sommerabende ist derweil in Planung.

Über die Region hinaus bekannt ist der traditionelle Zwiebelkuchen, der immer noch nach einem alten Hausrezept hergestellt wird. Im Oktober gibt es diese Spezialität am Donnerstag und Freitag aus Platzgründen im zweiten Stock im Stubensaal.

Zwischen Dorfwirtschaft und Saal befindet sich das eigentliche Restaurant. Angeboten werden hier in der Regel ein vier- oder fünfgängiges Menü für 40 bis 50 Euro sowie einige Vorspeisen, Hauptgerichte und Desserts. Die Auswahl ist überschaubar, dafür sind die Zutaten zu jeder Saison frisch. Wir bestellten zunächst eine von Arthur Dutter selbst hergestellten Gänseleberterrinen, die jedem französischen Koch zur Ehre gereicht hätte. Die folgende Meerrettich-Kartoffel-Rahmsuppe verband die Aromen beider Gemüsesorten vortrefflich. Auch an dem Heilbutt und der Landentenbrust gab es nichts auszusetzen. Den süßen Abschluss bildete ein Williams-Christ-Eisbömble auf Vanilleschaum.

Für den Service und die Weinauswahl ist Franziska Dutter zuständig. Beides erledigt sie freundlich, mit Geschick und Können. Der Gast kann unter mehr als 100 Weinen aus der Region, aus Deutschland und dem Ausland wählen und sich dabei getrost auf die Empfehlung der Hausherrin verlassen – denn sie ist eine ausgezeichnete Weinkennerin.

Dutters Stube
79346 Endingen-Kiechlingsbergen,
Winterstr. 28,
Tel: 07642-1786, Fax: 07642-4286,
www.dutters-stube.de
Geöffnet: Mi-Fr ab 18 Uhr. Sa, So 12-14 Uhr/ab 18 Uhr. Mo, Di Ruhetag.

Gesamtnote:	8,0 von 10 Punkten
Küche:	8 Punkte
Service:	8 Punkte
Ambiente:	8 Punkte
Weinangebot:	8 Punkte
Preis/Leistung:	8 Punkte

Endingen

Schindler's Ratsstube

Mitten in der historischen und aufwändig sanierten Altstadt des Kaiserstuhlstädtchens Endingen liegt »Schindler's Ratsstube«, die schon seit mehreren Jahrzehnten eine gute Adresse für gepflegte Gastlichkeit ist. Dafür verantwortlich sind Emi und Max Schindler, denen das Wohl ihrer Gäste eine sprichwörtliche Herzensangelegenheit ist. So verwundert es nicht, dass vor allem eine große Zahl an Stammgästen dem Haus seit vielen Jahren die Treue hält und sämtliche Familienfeiern über Generationen hinweg in »Schindler's Ratsstube« gefeiert werden.

Emi und Max Schindler haben das Restaurant so eingerichtet, als wäre es ihr eigenes Wohnzimmer: helle Farben, hübsche Vorhänge und Bilder, bequeme Stühle, frische Blumengestecke auf den Tischen. »Schindler's Ratsstube« strahlt eine Behaglichkeit aus, die über Jahre gewachsen ist. Wenn man die beiden Wirtsleute nach einem anstrengenden Tag noch für einige Minuten im Restaurant sitzen und mit den Besuchern plaudern sieht, dann hat man wirklich den Eindruck, dass auch sie sich hier wie zu Hause fühlen. Man kennt sich eben und wechselt oft einige persönlichere Worte.

Was wäre aber ein schönes Ambiente, wenn die Kochkunst nicht stimmen würde. Max Schindler und sein Team beherrschen auch dieses Metier. Der vorweg gereichte Salat war knackig und ohne viel Schnickschnack zubereitet. Der Spargel kam auf den Punkt aus dem Kochtopf und der dazu servierte Schinken hatte die nötige Würze. Einzig und allein das Kalbssteak hätte etwas zarter sein können, dafür waren die Morchelrahmsoße und die Spätzle vom Feinsten. Auch das Gemüse hatte den nötigen Biss und war ansprechend auf dem Teller garniert. Das Dessert bestand passend zur Erntezeit aus einer Beerenvariation und stellte einen gelungenen Abschluss des Menüs dar.

Schindler's Ratsstube
79346 Endingen, Marktplatz 10,
Tel: 07642-3458, Fax: 07642-923273,
www.schindlers-ratsstube.de
Geöffnet: Di-Sa 10-24 Uhr. So 10-14 Uhr.
Mo Ruhetag.

Gesamtnote:	9,0 von 10 Punkten
Küche:	9 Punkte
Service:	9 Punkte
Ambiente:	9 Punkte
Weinangebot:	9 Punkte
Preis/Leistung:	9 Punkte

Max Schindler legt Wert auf regionale Gerichte. Es werden unter anderem Schnecken im Bürelaibli, Rinderfilet vom badischen Weiderind, Filet vom Flusszander im Riesling oder geschmorte Kalbsbäckle angeboten.

Die Weinkarte ist mit vielen guten badischen und einigen ausländischen Tropfen bestückt. Angenehm aufgefallen ist uns, dass viele Weine offen ausgeschenkt werden. So kann der Gast zu den einzelnen Gängen verschiedene Weine genießen, ohne gleich mehrere Flaschen bestellen zu müssen. Insgesamt war der Service freundlich und zuvorkommend, ohne aufdringlich zu sein.

Ettenheim
Gasthaus Adler

Gasthaus Adler
77955 Ettenheim, Friedrichstr. 44,
Tel: 07822-3590, Fax: 07822-448340.
Geöffnet: Mo, Do, Fr, So 11:30-14:30 Uhr/ ab 17 Uhr. Mi, Sa ab 17 Uhr. Di Ruhetag.

Gesamtnote:	9,3 von 10 Punkten
Küche:	10 Punkte
Service:	9 Punkte
Ambiente:	9 Punkte
Weinangebot:	9 Punkte
Preis/Leistung:	9 Punkte

Marion und Donato Tauriello sind ein Wirtepaar wie aus dem Bilderbuch. Mit ungezwungener Herzlichkeit werden Gäste wie Familienmitglieder begrüßt. Der »Adler« in Ettenheim ist längst eine Institution, ein »Edelitaliener«, wie es viele Gäste liebevoll formulieren. Und so kauft der Chef mehrmals die Woche selbst ein, am liebsten bei örtlichen Erzeugern, Fische und Krustentiere gerne auch im Elsass. Die Küche ist italienisch geprägt, aber mit starken badischen Einflüssen durchsetzt, man weiß halt, was die eigene Kundschaft gerne isst. Neben der umfangreichen Karte mit gemischten Antipasti »della Casa« und Pasta Klassikern wie Spaghetti »à la Chef« mit getrockneten Tomaten, Frühlingszwiebeln, Knoblauch, Chilis und Rinderfiletstreifen oder Tagliatelle »San Daniele« mit frischen Waldpilzen und Parmaschinken-Ravioli mit frischen schwarzen Piemont-Trüffeln und Hauptgängen wie in Grauburgunder geschmorte Kalbsbäckle oder pochiertes Lachsfilet in Limettensoße sind es die stets wechselnden Tagesempfehlungen, auf die seine Gäste hören. Wir haben mit einem feinen Fischteller mit kleinen Hummerschwänzen, gegrillten Calamares, einem Stückchen gegrillten Schwertfisch und einem Langustino begonnen. Dazu gab es feines Olivenöl und etwas frischen Zitronensaft, fertig war eine sehr gelungene Vorspeise. Dann folgten frische Tagliatelle mit gleichentags gelieferten frischen, dünn geschnittenen Steinpilzen an einer wunderbar leichten Soße und frischen Kräutern. Als Hauptgang genossen wir ein Stück im Salatblatt pochierten Seeteufel mit feinen Ravioli und ein wunderbar auf den Punkt gegartes Rinderfilet mit toskanischem Gemüse. Tauriello stellt gerne ganz individuelle Menüs zusammen, die hervorragenden Nachspeisen müssen auch gelobt werden. Im Sommer sitzt man draußen, ein an sich lauschiges Plätzchen, hier könnte man mit ein paar wenigen Pflanzenkübeln und etwas mehr Dekoration die Atmosphäre noch weiter steigern. Die sehr ansprechend eingerichteten Gasträume werden stets liebevoll eingedeckt. Die Weinkarte ist mit badischen und, natürlich, italienischen Gewächsen gut bestückt, sie spiegelt die Vorlieben des Patrons wider. Die zivilen Preise des »Adler« sind natürlich auch hervorzuheben.

Ettenheim

Weber-Weingut-Restaurant

Aus einer der ersten Straußwirtschaften im süddeutschen Raum, die Margot und Werner Weber 1978 auf ihrem Aussiedlerhof eröffneten, ist in knapp 30 Jahren ein Restaurant geworden, das sich seinen Wurzeln verpflichtet fühlt, aber nur noch wenig mit einer Straußwirtschaft zu tun hat. Werner Weber ist mit seinem Küferhemd, dem Schlapphut und dem weißen Rauschebart zwar immer noch der unübersehbare Patron und die Galionsfigur des Betriebes, jedoch haben die drei Kinder mittlerweile im Weingut ihre eigenen Akzente gesetzt.

Das gilt auch für das Restaurant, in dem Tochter Stefanie als gelernte Küchenmeisterin 2004 das Zepter am Herd übernahm und die Speisekarte stringent weiterentwickelte, bis hin zu einem Restaurant, das der Philosophie nach gutbürgerlich ist, tatsächlich aber an der Schwelle zur nächsthöheren Stufe steht. Dabei kocht Stefanie konsequent badisch und vor allem regional. Das zieht nach sich, dass die Karte, entsprechend der saisonalen Produkte, alle paar Wochen neu geschrieben wird.

Zum Winterklassiker Feldsalat gibt es eine schmackhafte, klare Ochsenschwanzsuppe mit einer mit Ochsenschwanzfleisch gefüllten Ravioli. Als Hauptgang wird ein zarter Rinderschmorbraten mit Gemüse und selbst gemachten Spätzle gereicht. Darüber hinaus bietet die Karte: Sauerbraten, Rehragout, Rumpsteak und hausgemachte Flammenkuchen, unnötigerweise aber auch Jacobsmuscheln und Garnelen.

Stefanie Weber setzt bei der Zubereitung wie bei den Beilagen ihre eigenen spannenden und manchmal überraschenden Akzente: Lammragout mit Erdnuss-Lauchsoße

Weber-Weingut-Restaurant
77955 Ettenheim, Im Offental 1,
Tel: 07822-89480, Fax: 07822-894812,
www.weingut-weber.de
Geöffnet: Mi-So 11:30-14 Uhr/17-22 Uhr.
Mo, Di Ruhetag.

Gesamtnote:	8,5 von 10 Punkten
Küche:	9 Punkte
Service:	9 Punkte
Ambiente:	9 Punkte
Weinangebot:	7 Punkte
Preis/Leistung:	8 Punkte

oder Ragout vom Kalb und gebratene Garnelen mit Kohlrabigemüse und Nudeln. Ein Menü wird natürlich auch offeriert, für 36 Euro gibt es zum Beispiel: Feldsalat mit Bio-Ziegenfrischkäse und Parmaschinken, Badisches Nudelsüpple, Rinderrückensteak mit Rotwein-Zwiebelsoße, Gemüse und Kartoffel-Kürbis-Gratin und eine Mousse von dunkler Schokolade an marinierten Mandarinen und Eisigem.

Dass das Weinangebot nur mit 7 Punkten bewertet wird, liegt weniger an der Qualität der Weine, als vielmehr daran, dass es eben nur »Webers« Weine gibt – das mag für den Gastgeber nachvollziehbar sein, für den Gast ist es jedoch schade.

Ettenheim-Münchweier

Metzgereigasthof Rebstock

Metzgereigasthof Rebstock
77955 Ettenheim-Münchweier,
Hauptstr. 65,
Tel: 07822-1338, Fax: 07822-30274,
www.rebstock-muenchweier.de
Geöffnet: Di-So, Feiertag 8-22 Uhr.
Mo Ruhetag.

Gesamtnote:	8,2 von 10 Punkten
Küche:	8 Punkte
Service:	8 Punkte
Ambiente:	8 Punkte
Weinangebot:	8 Punkte
Preis/Leistung:	9 Punkte

Der »Rebstock« in Münchweier ist ein Landgasthof, wie er früher in der Region noch häufiger anzutreffen war. Das Haus befindet sich seit rund 150 Jahren in Familienbesitz und verfügt über eine eigene Metzgerei, die Fleisch- und Wurstwaren noch nach alter Väter Sitte herstellt. Insofern dominieren auf der Speisekarte des Gasthauses natürlich auch die Fleischgerichte. Das Fleisch stammt aus artgerechter Haltung, wird von regionalen Bauern bezogen und garantiert so eine hervorragende Qualität.

Münchweier ist ein Stadtteil von Ettenheim und liegt etwas abseits. Dennoch ist der kleine Ort gut über die Autobahn zu erreichen. Wer durch Münchweier fährt, dem fällt sofort der »Rebstock« auf, der im Jahr 2004 komplett neu aufgebaut wurde und über einen eigenen Biergarten verfügt.

Auf der Speisekarte sind vor allem typisch badische Gerichte und Spezialitäten aus der eigenen Landmetzgerei zu finden. Was in der Metzgerei frisch hergestellt wird, landet später veredelt beim Gast auf dem Teller. Dabei handelt es sich meist um Schnitzel und Steaks. Schnitzel gibt es in zahlreichen Variationen: nach Wiener, Jäger oder Zigeuner Art, natur, überbacken oder als Hawaii. Sogar ein Schnitzel Williams Christ oder ein Kalb-Jäger-Schnitzel sind auf der Karte zu finden. Ein Rump-, Holzfäller- oder Filetsteak sowie Zunge in Burgundersoße runden das Angebot ab. Doch auch Wild und Fisch finden sich auf der Speisekarte.

Vorneweg genehmigen wir uns einen knackigen Salat vom Salatbuffet. Hier konnten wir immerhin aus sechs verschiedenen hausgemachten Salaten wählen. Die Leberknödel in der Leberknödelsuppe stammten ebenfalls aus eigener Herstellung und mundeten dementsprechend. Was dem Rehbraten an Zartheit fehlte, machten die Spätzle wieder wett. Die gefüllte Kalbsbrust entsprach unseren Erwartungen und die dazu georderten Pommes frites waren extrem knusprig. Die Portionen waren so üppig, dass sie auch einen größeren Hunger hätten stillen können.

Der Service war ländlich gemütlich, aber nicht unfreundlich. Abseits der großen Zentren ticken die Uhren in der Gastronomie manchmal noch etwas anders, was nicht unbedingt ein Nachteil sein muss. Auch Kinder sind in der Gaststätte stets willkommen. Dies zeigt auch der Piratenteller, bei dem die Kinder gratis einen Teller und Besteck bekommen und den Eltern »abjagen müssen, was geht«.

Auf der Weinkarte werden vor allem Tropfen der heimischen Winzergenossenschaft »Münchweier-Schmieheim-Wallburg« sowie des guten Weingutes »Lothar Schwörer« aus Schmieheim angeboten.

Feldberg-Altglashütten

Haus Sommerberg

Dass im »Haus Sommerberg« eine gehobene Küche geboten wird, das ist allseits bekannt. Jürgen und Birgit Gauwitz haben seit der Übernahme im Jahr 1996 das Haus auf ein konstant hohes Niveau geführt. Die Philosophie von Jürgen Gauwitz durchdringt die Speisekarte des Restaurants: Gauwitz und sein langjähriger Partner Robert Kunath verarbeiten fast ausschließlich regionale Produkte – viele davon aus Bio-Anbau – mit großem Enthusiasmus und einer gehörigen Portion Spaß zu badisch-internationalen Kreationen. Schmackhaft muss es sein, leicht und gut bekömmlich, heißt es auf der Homepage. Beispiele gefällig? Kross gebratenes Bachsaiblingsfilet aus dem Urseetal auf feinem Blattspinat, Sauerampfersoße mit Forellenkaviar und kleinen Kartoffeln für 25 Euro, Nüsschen vom Sommerreh mit frischen Pfifferlingen und Wildsoße, glasierten Kaiserstühler Kirschen, Kohlrabi und Butterspätzle für 26 Euro oder Entrecote vom heimischen Limousinrind mit Bergpfeffersoße und Knusperspeck, dazu gibt es buntes Wurzelgemüse und Kartoffelkrapfen für insgesamt 27 Euro. Im kleinen Menü unter dem Titel ›Der Natur auf der Spur‹ (35 Euro, mit Suppe 40 Euro) erwartet uns nach dem Rote-Bete-Gelee mit Shrimps als Amuse-Gueule ein toller Salat mit gebackenen Forellenknusperle, ein sechs Stunden geschmortes Lamm und ein mit Tannenhonig glasierter Kalbstafelspitz – alles zart, wenn auch vielleicht eine Spur zu trocken – und schließlich ein sehr feines Himbeerparfait und ein deftiger und geschmacksintensiver Kirschplotzer mit Sauerkirschsorbet und Minzpesto. Das ›Feinschmeckermenü‹ mit sechs Gängen kostet übrigens 78 Euro.

Haus Sommerberg
79868 Feldberg-Altglashütten,
Am Sommerberg 14,
Tel: 07655-1411, Fax: 07655-1640,
www.sommerberg.com
Geöffnet: Di, Mi 18-23 Uhr.
Do-So 11:30-15 Uhr/18-23 Uhr.
Mo Ruhetag.

Gesamtnote:	8,7 von 10 Punkten
Küche:	9 Punkte
Service:	9 Punkte
Ambiente:	7 Punkte
Weinangebot:	9 Punkte
Preis/Leistung:	9 Punkte

An der Küche gibt es nichts zu meckern, immer noch keinen rechten Gefallen finden wir an der pastellfarbenen Farbgebung und der ›Kunst‹ an den Wänden des »Haus Sommerberg«. Noch immer gibt es auf der reichhaltigen Weinkarte nur wenige offene Weine, aber die Chefin öffnet auf Nachfrage fast alle Flaschen, um sie auch glasweise anzubieten. Das »Haus Sommerberg« ist ein fester Teil der gehobenen Küche im südlichen Schwarzwald und wir hoffen, es möge so bleiben.

Feldberg

Hotel Adler Bärental

Circa 45 Autominuten von Freiburg entfernt, mitten in den Bergen des Hochschwarzwaldes, unweit des höchstgelegenen Bahnhofs Deutschlands (967 m ü.M.) befindet sich der »Adler«. Ein stattliches Schwarzwaldhaus, das seit 1978 unter der Obhut von Familie Wimmer steht. Hier soll badisch ambitionierte, kreative Frischküche in gemütlichem Schwarzwaldambiente die Gaumen der Gäste verwöhnen. Ausspannen und die Idylle genießen kann man ebenfalls in 16 individuell eingerichteten Zimmern in verschiedenen Preiskategorien. Diverse kombinierte Arrangements, kulinarische Aktionen, Themenabende sowie regelmäßige Brunchangebote mit verschiedenen Schwerpunkten laden darüber hinaus zu einem längeren Aufenthalt im »Adler Bärental« ein.

Der »Adler« ist Mitglied bei den »Naturparkwirten Südschwarzwald« und somit verwundert es nicht, dass die Küche unter der leidenschaftlichen Leitung von Frau Wimmer ihren Schwerpunkt auf regionale, saisonale Produkte und Transparenz legt. Die einzelnen Produzenten und Lieferanten werden im Einzelnen auf der Speisekarte aufgeführt und verdeutlichen auf diese Weise die regionale Herkunft der Zutaten. Die Karte an sich ist überschaubar, jedoch fällt uns die Entscheidung nicht leicht, zu abwechslungsreich und ansprechend klingen die einzelnen Gerichte.

Neben einer Auswahl verschiedener Vor- und Hauptspeisen werden auch zwei Menüs angeboten, das ›Regio-Menü‹ ist eines davon. An Vegetarier wird auch gedacht: Für sie gibt es hausgemachte Kürbisgnocchi mit gerösteten Kürbiskernen und geschmolzenem Ziegenfrischkäse oder, selbstverständlich ebenfalls selbst gemachte, Schlutzkrapfen, gefüllt mit Frischkäse und Spinat, Salbeibutter und Parmesanspänen.

Unsere Entscheidung fällt saisonal auf Wild, zum einen als Rehbratwurst mit Püree, sehr zu empfehlen, sowie ›klassisch‹ auf Filetspitzen vom Reh mit Spätzle und Rahmwirsing. Alles war sehr schmackhaft zubereitet und rund abgewürzt, so auch die vorwegbestellte Heusuppe, eine Cremesuppe mit Wurzelgemüse und verschiedenen Kräutern, Gewürzen und Heublumen. Das abschließende Dessert ließ ebenfalls keine Wünsche offen.

Die Weinkarte, im badischen Bereich sehr differenziert, bietet darüber hinaus eine beachtliche Anzahl von italienischen, spanischen, französischen sowie Übersee-weinen an. Der freundliche Service trug ebenfalls zu unserem runden Schwarzwaldabend bei.

Hotel Adler Bärental
79868 Feldberg, Feldbergstr. 4,
Tel: 07655-933933, Fax: 07655-930521,
www.adler-feldberg.de
Geöffnet: Mi-Mo 12-21 Uhr
(Küchenschluss). Di Ruhetag.

Gesamtnote:	8,7 von 10 Punkten
Küche:	9 Punkte
Service:	8 Punkte
Ambiente:	8 Punkte
Weinangebot:	9 Punkte
Preis/Leistung:	9 Punkte

Fischingen

Fünfschilling

»Fünfschilling« ist eigentlich nur ein Familienname. Im Dreiländereck jedoch beschreibt er ein echtes Phänomen: Aus einem ganz gewöhnlichen Gemüsebetrieb wurde unter dieser Marke innerhalb eines halben Jahrzehnts eine Art Produktions-, Handels- und Gastronomiekombinat. Doch trotz des rasanten Wachstums, das den einstigen Hof samt Straußе in fast schon industrielle Dimensionen katapultierte, hat der Gesamtzusammenhang »Fünfschilling« die ganz eigene Note bewahrt. Mehr noch: Ohne Übertreibung lässt sich sagen, dass »Fünfschilling«-Design und »Fünfschilling«-Lifestyle in der Region stilbildend wirken. Stefan Fünfschilling, ein umtriebiger Mittdreißiger, der den 50-Hektar-Hof von seinem Vater übernommen hat, spricht von Landwirtschaft als »dynamischer Unternehmung« und empfindet das Metier, entgegen landläufiger Wahrnehmung, als »jung, modern, beweglich und technisch auf dem neusten Stand«. Im Neubau glitzert ein goldener Fußboden, der Toilettentrakt ist knallrot gestrichen, der große Speisesaal ist in kräftigem Tannengrün gehalten und ein Nebenraum in schrillem Pink. Dazu individuell gestaltetes Dekor und eigenwilliges Mobiliar, dazwischen Antiquitäten oder Design-Klassiker von Vitra. Eine Bauernwirtschaft sieht eigentlich anders aus, und in welchem anderen Bauernladen schweben kometengroße, goldene Leuchter unter dem 20 Meter hohen Sichtbetongewölbe? Über das Anwesen wuseln Legionen junger Leute im »Fünfschilling«-Trikot, darunter Schüler im ersten Ferienjob oder Problemfälle, die sonst keine Chance bekommen. All das schafft eine ganz eigene Mischung aus Durcheinander und Herzlichkeit. Und noch etwas ist außergewöhnlich: Nirgendwo sonst in der Region kommen sich außerhalb des Arbeitslebens so viele Deutsche, Schweizer und Franzosen auf einem Fleck so nah. Bei »Fünfschilling« sitzt das Dreiland miteinander am Tisch – symbolisch und ganz wörtlich. Natürlich geht es bei »Fünfschilling« nicht nur um Atmosphäre, sondern auch um Essen und Trinken. Eine sichere Bank sind die klassischen Straußen-Gerichte: Brägele mit Ziger (Frischkäse), frischeste Salate, krosse Waie und Flammkuchen, Gemüsegerichte sowie in der Saison Metzgete, Spargel, Erdbeeren, fruchtige Desserts und Kuchen je nach Angebot. Dazu trinkt man stets frisch gepressten Saft oder einen der fruchtigen und zuweilen auch experimentierfreudig ausgebauten Weine aus der eigenen Küferei – und alles zu sagenhaft günstigen Preisen. Aber Obacht: Wer den asiatischen oder mediterranen Anwandlungen der Küche folgt, muss sich eines gewissen Risikos bewusst sein.

Fünfschilling
79592 Fischingen, Binzener Str. 1,
Tel: 07628-9423670, Fax: 07628-94236799,
www.fuenfschilling.de
Geöffnet: Mo-Sa 8-24 Uhr. So Ruhetag.

Gesamtnote:	8,7 von 10 Punkten
Küche:	8 Punkte
Service:	7 Punkte
Ambiente:	10 Punkte
Weinangebot:	9 Punkte
Preis/Leistung:	10 Punkte

Freiamt

Hotel Ludinmühle

Hotel Ludinmühle
79348 Freiamt, Brettental 31,
Tel: 07645-91190, Fax: 07645-911999,
www.ludinmuehle.de
Geöffnet: täglich 12-14 Uhr/18-21:30 Uhr.

Gesamtnote:	8,8 von 10 Punkten
Küche:	9 Punkte
Service:	9 Punkte
Ambiente:	9 Punkte
Weinangebot:	9 Punkte
Preis/Leistung:	8 Punkte

Saftiges Grün, wohin das Auge auch schweift, das Plätschern des nahen Baches beruhigt die Seele. Kein Lärm, kein Verkehr, ab und zu ist das Muhen einer Kuh zu hören. Im Brettental verweilen heißt, Idylle pur zu genießen und dabei den Alltag zurückzulassen. Dazu eine ambitionierte Küche und ein gut gefüllter Weinkeller: Wer in der »Ludinmühle« in Freiamt einkehrt, der setzt sich der Gefahr aus, schnell zum Wiederholungstäter zu werden.
Dabei denken viele, wenn von der »Ludinmühle« die Rede ist, zunächst nicht an die hervorragende Küche. Denn das Haus ist weit über Baden hinaus vor allem als Urlaubs- und Wellnesshotel bekannt. Die Familien Bühler und Zimmermann haben das Haus in den vergangenen Jahrzehnten immer wieder gekonnt erweitert und modernisiert. Dabei haben sie es geschafft, das ursprüngliche Ambiente zu erhalten. Die »Ludinmühle« ist heute immer noch ein romantischer Rückzugsort und ein Platz kultivierter Gastlichkeit.
Dass viele Hotelbesucher zu Stammgästen geworden sind, hängt natürlich auch mit der Leistung der Küchenbrigade zusammen. Gekocht wird regional mit einer Prise Weltoffenheit und Kreativität. Die Heimat wird so zum Geschmackserlebnis. Auf den Herd kommt, was die Jahreszeit hergibt und frisch ist. Wild aus der eigenen Jagd gehört zu den Klassikern des Hauses, vieles kommt aus dem Schwarzwald und dem nahen Elsass.
Wer in dem Restaurant einkehrt, kann in der Ofen-, Mühlen- oder Schwarzwaldstube sowie im Wintergarten mit Blick ins Grüne Platz nehmen. Das Ambiente ist angenehm, dazu trägt besonders der überaus freundliche und teilweise sogar herzliche Service seinen Teil bei. Zur Vorspeise gab es sechs verschiedene Brotsorten und zum Kaffee allerlei leckeres Gebäck. Dazwischen genossen wir eine kräftige Cremesuppe vom Hokkaidokürbis, eine große Auswahl an knackigen Salaten, ein überaus zartes Rehgeschnetzeltes mit frischen Waldpilzen und hausgemachten Spätzle sowie eine Barbarie-Entenbrust auf Cassissoße mit Lauchzwiebeln und eine hervorragende Maiscrêpe. Lediglich die Konsistenz der Crème brûlée ließ etwas zu wünschen übrig.
Die Weinkarte glänzt mit über 150 Tropfen aus Deutschland, Frankreich, Österreich, Italien, Spanien und Übersee. Mit namhaften Winzern aus der Region wird zum Teil eng kooperiert. Sehr erfreulich ist dass 25 Weine offen ausgeschenkt werden

Freiamt

Gasthaus Zur Krone

Das im beschaulichen Freiamt gelegene »Gasthaus Zur Krone« ist schon lange weit über die Grenzen bekannt. Solides, gekonntes Handwerk der Familie Kern ist seit Jahren der Grund dafür, dass die Anhängerschaft stetig wächst. Dazu trägt sicherlich auch bei, dass das Ehepaar Silvia und Manfred Kern mehrmals jährlich zu saisonalen Höhepunkten einladen. Der Klassiker schlechthin ist die brillant gekochte Gans im November. Außergewöhnlich in dieser verträumten Region sind die Hummertage im Februar.

Der knarrende, gewienerte Holzboden sowie der ohne Schnickschnack eingerichtete Gastraum laden genauso wie die kleine Terrasse mit idyllischem Flair ein, sich zu setzen und die übersichtliche, aber sehr animierende Speisekarte zu studieren. Auf den weiß eingedeckten Tischen wird ein herrlich frischer Ziegenkäse mit einer fein abgeschmeckten Balsamico-Vinaigrette serviert. Ein sehr guter Start. Ebenso leicht und frisch präsentiert sich das Lachscarpaccio mit einem Hauch von Limetten-Olivenöl. Das saftige, auf den Punkt gebratene Kalbssteak mit knackigem Gemüse ist ebenso delikat wie die handgeschabten Spätzle im separaten Pfännchen. Auch der Lammrücken mit Kräuterkruste beweist, dass Herr Kern sein Handwerk versteht. Leider war das Rehragout für unseren Geschmack völlig verschmort, es kann sich hier nur um einen Ausrutscher handeln! Trotz dieses kleinen Versehens motiviert die sonst leichte und frische Küche zu einer gratinierten Apfeltarte mit herrlich dünnem Teig, auch die lauwarmen Zwetschgen mit hervorragendem und cremigem Burgunderrahmeis waren tadellos. Ein kleiner Tipp: feinster, Freiämter Honig mit frischer Landbutter und gutem Bauernbrot. Bei allen Gerichten erkennt man die Auswahl an hochwertigen Produkten.

Der beherzte Service von Frau Kern und ihren Helferinnen ist sehr aufmerksam und ländlich charmant. Erwähnenswert und kundenfreundlich kalkuliert ist die badisch orientierte Weinkarte mit vielen bekannten Weingütern. Ergänzt wird diese mit einigen wenigen internationalen Positionen, die mit Sorgfalt ausgesucht sind. Die perfekte Trinktemperatur der Weine und ein sehr guter Weinservice sind uns besonders aufgefallen.

Wie erwartet ist das »Gasthaus Zur Krone« ein beispielhafter Landgasthof auf hohem Niveau ohne Schwarzwaldkitsch.

Gasthaus Zur Krone
79348 Freiamt, Mußbach 6,
Tel: 07645-227, Fax: 07645-916196,
www.krone-freiamt.de
Geöffnet: Mo, Di, Do, Fr ab 17 Uhr.
Sa, So 12-14 Uhr/ab 17:30 Uhr.
Mi Ruhetag.

Gesamtnote:	8,7 von 10 Punkten
Küche:	9 Punkte
Service:	9 Punkte
Ambiente:	9 Punkte
Weinangebot:	8 Punkte
Preis/Leistung:	8 Punkte

Freiamt-Reichenbach

Forellenstüble

Seit drei Generationen betreibt die Familie Böcherer das seit Jahren gut besuchte Kleinod. Artur Obert, der Großvater des heutigen Patron Siegfried Böcherer, eröffnete das kleine Lokal 1970 aus dem Anglerhobby heraus. 1983 übergab er den Betrieb seiner Tochter Lisa, 2005 übernahm deren Sohn Siegfried das »Forellenstüble«. Wie schon vor Jahren werden Jungfische in einer Größe von ca. 15-20 cm gekauft und dann in Zuchtteichen bis zum Schlachtgewicht herangezogen. Die Aufzuchtbecken werden vom Frischwasser des Brettenbachs durchströmt.

An der Rezeptur hat sich seit jeher nichts geändert. Das Motto des Familienbetriebs lautet: Das Rezept hat sich bewährt – warum Gutes verändern?

Und in der Tat genießt das Haus weit über die Grenzen hinaus einen so ausgezeichneten Ruf, dass die wenigen Sitzplätze nur mit Vorreservierung zu haben sind. Die Speisekarte ist schlank. Man hat die Wahl zwischen Forelle blau oder Müllerin in den Größen 250 bis 550 Gramm, auf Anfrage auch noch größer. Dazu Salat in drei Größen sowie Salz- oder Bratkartoffeln. Seit einigen Jahren können auch die Fischverächter zwischen zweierlei Suppen, Schweineschnitzel, Wurstsalat, Rühr-, Speck- oder Spiegeleier wählen. Das schnickschnackfreie Speiseangebot suggeriert sofort die entsprechende Grundhaltung der Küche.

Die fangfrisch servierte Forelle blau, in einem Rieslingsud gedünstet, besitzt ein wunderbar saftiges Fleisch. Der Küchenchef Siegfried Böcherer kennt den richtigen Garpunkt genau und bringt den köstlichen Fisch puristisch auf den Teller. Die Salzkartoffeln mit zerlassener Butter sind dazu der ideale Begleiter. Die Forelle Müllerin wird gut gewürzt und in reichlich

Forellenstüble
79348 Freiamt-Reichenbach, Im Vorhof 6,
Tel: 07645-345, Fax: 07645-916931,
www.forellenstueble.de
Geöffnet: Mi-Sa 11:30-13:30 Uhr/
17:30-21 Uhr. So, Feiertag 11:30-
14:30 Uhr/17-21 Uhr. Mo, Di Ruhetag.

Gesamtnote:	8,3 von 10 Punkten
Küche:	10 Punkte
Service:	9 Punkte
Ambiente:	7 Punkte
Weinangebot:	6 Punkte
Preis/Leistung:	8 Punkte

Pflanzenfett knusprig gebraten. Bodenständige Bratkartoffeln und die flüssige Butter passen hier ebenfalls bestens. Nicht unerwähnt sollte der frische, knackige Salat bleiben. Die Frische und das schnörkellose Essig-Öl-Dressing lassen den Salatteller in seiner Schlichtheit zu einem Klassiker werden. Die Dessertkarte mit Vanilleeis (vermutlich »Mövenpick«) und diversen heißen Beeren hat wie die Fleischauswahl eher Alibifunktion. Die Weinkarte ist weiterhin ausbaufähig.

Das Ambiente der alten Stube vermittelt ein schlichtes Bild von der ›guten alten Zeit‹, kommt dabei jedoch ohne Schwarzwaldkitsch aus. Der freundliche, angenehm ländliche Service der Chefin Silke Böcherer sowie ihrer Schwägerin Gerda hinterlassen ein behagliches Wohlgefühl. Es freut uns immer wieder aufs Neue, dass das Bewährte erhalten bleibt.

Freiamt

Gasthaus Zum Gscheid

Kürzlich gab es große Aufregung im »Gscheid«, dem herrlich gelegenen Gasthaus auf der Anhöhe hinter Siegelau in Richtung Freiamt. Ein Hubschrauber landete auf der gegenüberliegenden Wiese, ein strahlender Johann Lafer stieg aus und machte es sich in der wunderbaren Gartenwirtschaft bequem. Deutschlands omnipräsenter Medienstar unter den Fernsehköchen ließ sich seinen Bibiliskäs und sein Wiener Schnitzel mit Kartoffelsalat sichtlich schmecken. Im »Gscheid« geht es eigentlich immer rund, die kleine, von Patronin Regina Eschle herrlich stilvoll eingerichtete und dekorierte Gaststube ist meist ausgebucht. Ohne Vorbestellung sollte man den Besuch dieser urbadischen Wirtschaft nicht planen. Das vielerorts von der Speisekarte verschwundene Schwein spielt in der deftig, guten Küche von Jürgen Eschle eine Hauptrolle. Da er auch Schweine großzieht und somit weiß, dass sie artgerecht und ohne Chemie gefüttert werden sollen, schwört er auf die zarten Filets, Koteletts und Schnitzel seiner Schweine. Der bereits erwähnte Bibiliskäs ist hier längst Kult, die fein gehackten Zwiebeln und den Schnittlauch mischt man je nach Gusto selbst unter. Berühmt sind auch die übergroßen Mixteller, es gibt einen ausgezeichneten Ochsenmaulsalat mit Bibiliskäs und Brägele oder Schweineschnitzel mit Bibiliskäs und Feldsalat und weitere Kombinationen. Alles wird aus frischen Grundprodukten aus der Region hausgemacht, behutsam auf den Punkt gewürzt und mit Liebe zum Detail angerichtet. Allein der gemischte Salat ist schon ein besonderer Genuss und erinnert an Omas beste Küche. Natürlich muss der Wurstsalat erwähnt werden oder die selbst gemachten groben Bratwürste.

Gasthaus Zum Gscheid
79348 Freiamt, Gscheidstr. 16,
Tel: 07645-335.
Geöffnet: Di-Sa 14-21 Uhr (Küchenschluss). So 10-21 Uhr (Küchenschluss).
Mo Ruhetag.

Gesamtnote:	8,8 von 10 Punkten
Küche:	9 Punkte
Service:	10 Punkte
Ambiente:	10 Punkte
Weinangebot:	6 Punkte
Preis/Leistung:	9 Punkte

Manche kommen auch nur wegen des ausgezeichneten Kartoffelsalates, der immer noch nach einem alten Rezept der verstorbenen Seniorchefin Berta Wölfle zubereitet wird, dazu passen bestens die exakt gebratenen Wiener Schnitzel. Drei Mal im Jahr macht der Patron eine klassische Schlachtplatte, dann ist ›Land unter‹ im »Gscheid«. Dann muss man auch zu untypischen Zeiten reservieren, wenn man diesen uralemannischen Festschmaus erleben möchte. Das »Gscheid« hat außer montags jeden Mittag ab zwei Uhr geöffnet, es gibt natürlich hausgemachten Kuchen, Vesper und eine Abendkarte. Am Sonntag ist schon um zehn Uhr geöffnet. Unser einziger Wehmutstropfen ist die zu kleine und qualitativ viel zu wenig differenzierte Weinkarte.

Freiburg
Wolfshöhle

In der »Wolfshöhle« hat sich einiges getan, nicht nur hat der Verpächter mit viel Stil das Innere der altehrwürdigen Wolfshöhle in der Konviktstraße einladend und zurückhaltend modern renoviert, mit holzgetäfelten Wänden, Dielenböden, altem Kachelofen, zeitgenössischer Kunst und bequemen Ledersitzen. Er hat auch den stets beste Laune versprühenden Shooting-Star der südbadischen Kochszene, Sascha Weiß, den ehemaligen Patron der »Krone in Bingen«, als neuen Koch und Betreiber gewinnen können. Sascha Weiß und seine frisch angetraute Frau Manuela sind ein Glücksfall für Freiburg.

Er läuft in der »Wolfshöhle« zur Hochform auf. Seine ›kreative Frischküche‹, irgendwo zwischen badischen, deutschen, französischen und italienischen Einflüssen ist vor allem eins: innovativ und zwanglos. Weiß kocht was ihm und seiner Frau schmecken würde. Qualität ist dabei oberstes Credo. Immer nur drei Bestandteile werden pro Gericht verwendet, also Castelfranco-Rote Beete-Meerrettich, Saibling-Ziegenkäse-Gurke, Foie Gras-Grüne Tomaten-Macadamia, Hummer-Erbsen-Shiitake bei den Vorspeisen. Je nach Tagesangebot und Lust des Meisters können diese Zusammensetzungen an verschiedenen Tagen ganz unterschiedlich angerichtet sein. Weiß kann Fisch zubereiten, das wissen viele: Gambas-Venere Reis-Saubohnen, Dorade-Grüner Spargel-Soße Choron, Loup De Mer-Muscheln-Gnocchi oder Steinbutt-Calamaretti-Zucchini-Tomaten. Perfekt auf den Punkt gegart, ohne Schnickschnack und ohne überflüssige Beilagen, in genau richtigen Portionen und herrlich schmackhaft kommen diese Saisonfische auf den Tisch. Auch die Fleischgänge, wie Zweierlei Perlhuhn-Kohlrabi-Karotte-Pfifferlinge, Kalbsfilet-Sommergemüse-Römische Nocken, Lammschulter-Aubergine-Pommes Risollee oder Rehrücken-Schlutzkrapfen-Spitzkohl bringen schlicht Genuss ohne Reue und lassen keine Wünsche an die Küchenkunst offen. Auch die Dessertkarte wechselt alle paar Monate, da nachhaltiges Einkaufen bester verfügbarer Grundprodukte aus der Region dem Patron eine Verpflichtung ist. Manuela Weiß leitet den ausgezeichneten Service und kennt ihre umfangreiche, sehr gut und interessant sortierten Weine bestens. Im Sommer kann man auf der Konviktstraße urbanes Flair im Freien genießen und sich freuen, dass in der Innenstadt Freiburgs wieder einmal ein Restaurant mit hohem Anspruch unterwegs ist und diesem auch täglich gerecht wird.

Wolfshöhle
79098 Freiburg, Konviktstr. 8,
Tel: 0761-30303,
www.wolfshoehle-freiburg.de
Geöffnet: Di-Sa 12-14 Uhr/18-22 Uhr.
Mo 18-22 Uhr. So Ruhetag.

Gesamtnote:	8,8 von 10 Punkten
Küche:	8,5 Punkte
Service:	9 Punkte
Ambiente:	9 Punkte
Weinangebot:	9 Punkte
Preis/Leistung:	9 Punkte

Freiburg
Colombi

Gourmetrestaurant Zirbel- und Falkenstube im Colombi Hotel
79098 Freiburg, Rotteckring 16,
Tel: 0761-21060, Fax: 0761-31410,
www.colombi.de
Geöffnet: täglich 12-15 Uhr/19-24 Uhr.

Gesamtnote:	9,0 von 10 Punkten
Küche:	9 Punkte
Service:	9 Punkte
Ambiente:	9 Punkte
Weinangebot:	9 Punkte
Preis/Leistung:	9 Punkte

Da muss man dem »Gault & Millau« einfach Recht geben, wenn es einen ›Oscar‹ für das Lebenswerk unter Köchen gäbe, wäre der erste Anwärter sicher Alfred Klink. Die lebende Kochlegende, seit 1980 Küchenchef der »Zirbel- und Falkenstube« und der »Banquette- und Catering-Küchen« im »Colombi« Hotel, hat nicht nur unzählige Köche, darunter viele mit ›Michelin-Sternen‹, aus der Region und aus ganz Deutschland ausgebildet, Klink hat den modernen, mediterranen und vor allem leichten Kochstil maßgeblich mitentwickelt. Für ihn ist Kochen Kunst und immer dann nahe an der Perfektion, wenn die Gerichte einfach und gradlinig angeboten werden. Er hat sich nie modischen Trends oder der zeitgeistigen Molekular-Jubelarie unterworfen und hat sich doch stets weitergebildet.

Beste regionale Grundprodukte, die saisonal verfügbar sind, auf höchstem Niveau zubereitet, das war und ist seine zeitlose Küchenphilosophie. Wie er Zeit und Inspiration neben zahllosen Verpflichtungen im Hotelbetrieb für seine eigene Hochküche findet, bleibt sein Geheimnis. Eine Ikone unter den besten Köchen Deutschlands ist er längst, der Chef einer 30-köpfigen Küchenbrigade, der im öffentlichen Auftreten noch immer sehr zurückhaltend und bescheiden wirkt. Als Vorspeise bietet Klink unter anderem Kalbsbries, Kalbskopf und Tatar mit mariniertem Wurzelgemüse und Kapern-Schnittlauchvinaigrette, bretonischen Hummer mit Kokosmilch, Papayarelish, Hummersalat und Avocado, Dreierlei vom Tunfisch mit Ingwer-Limonenmarinade, grünem Apfel und Wasabisorbet oder Filet und Confit vom Kaninchen mit Steinpilzen, Petersilienwurzel und Parmesan oder glacierten Bärenkrebsschwanz mit Macadamianuss, Limette, Krustentierjus und Blumenkohl an. Als Fischgänge werden Seeteuffelmedaillon mit konfierten Schalotten, Taggiasca Oliven, Gewürztomaten und Kaperngnocchi oder ein geangelter bretonischer Wolfsbarsch, kross gebraten, mit Knoblauch, Mandeln und Zitrusaromen, provenzalischem Gemüse und Safranrisotto für zwei Personen gereicht. Der Chef liebt auch Innereien, so ist das Ragout von Kalbsnieren in Cassis-Senfkörnersoße mit Spitzkohl und Röstzwiebelpüree gesetzt, aber auch das US-Rinderfilet mit Olivenkruste auf Barolosoße und glacierten Artischocken-Kartoffelgemüse munden perfekt.

Die Nachspeisen gehören für viele Stammgäste zum Besten, was in der Region an Patiserie geboten wird. Der stets zuvorkommende Service ist ohne jeden Tadel, die Weinkarte bietet viele badische und internationale Hochgewächse. Das unermüdlich arbeitende Inhaberehepaar Waltraud und Roland Burtsche erfindet das »Colombi« Hotel und die neuen Betriebe buchstäblich jeden Tag neu! Chapeau!

Freiburg

Basho-An im Tsubaki

Während der Drucklegung dieses Restaurantführers zieht das »Basho-An« um, vom Predigertor in die Merianstr. 10. Das Lokal wird sich etwas verkleinern, aber der Geschäftsführer Manabu Daimon verspricht, dass sich an der Vielfalt der angebotenen Gerichte nichts ändern wird. Wir hoffen es sehr! Das »Basho-An« hat sich in den letzten Jahren zu einem der besten und vor allem kompromisslos authentischsten japanischen Restaurants Deutschlands entwickelt!

Hier in Freiburg wird, ohne jede Verbeugung vor dem deutschen Geschmack, diese feine, äußerst gesunde und sich auf das wesentliche konzentrierende Hochküche geradezu zelebriert. Ob die Nigiri, Makimono – oder Chirashi-Sushi oder Sashimi, die extrem frischen rohen Fisch- oder Krustentierteile werden mit etwas Wasabi auf Sushireis gelegt oder ohne Reis genossen. Vor allem die unterschiedlichen Seetangrollen mit Fisch und Gemüse, Makimono Hosomaki sind ob ihrer besonderen Qualität zu einer echten Spezialität des Hauses geworden.

Daneben steht die noch differenziertere Washoku-Küche mit ihren gebackenen, frittierten, gegrillten oder gedämpften Köstlichkeiten. Auch hier wird größter Wert auf beste Grundprodukte gelegt und man wechselt die Karte nach saisonaler Verfügbarkeit. Probieren sie Sake Tataki – hauchdünne Scheiben vom rohen Lachs an einer speziellen Soße, Gyu Tataki – hauchdünne Scheiben vom rohen Rindfleisch mit einer besonderen Soße oder Sunomono Moriawese – Meeresfrüchte und Gurken in japanischem Reisessig eingelegt oder Tako Karaage – gebackener Oktopus, Nasudengaku – gegrillte Aubergine in Miso-Soße oder Tempura

Basho-An in Tsubaki
79098 Freiburg, Am Predigertor 1,
Tel: 0761-2853405, Fax: 0761-2853406,
www.bashoan.com
Geöffnet: täglich 12-14 Uhr/18-23 Uhr.
So 18-23 Uhr. Mo Ruhetag.

Gesamtnote:	8,5 von 10 Punkten
Küche:	9 Punkte
Service:	9 Punkte
Ambiente:	9 Punkte
Weinangebot:	7 Punkte
Preis/Leistung:	8 Punkte

Moriawese – Steingarnelen und Gemüse der Saison in knusprigem Teig frittiert, Gindara Saikyouyaki – in Miso-Mantel gegrilltes Kabeljaufilet oder Tori Teriyaki – Hähnchenfleisch vom Grill mit Teriyaki-Soße. Mittags gibt es sehr preiswerte und inzwischen auch bei den Freiburgern sehr beliebte Lunchboxen.

Die Weinkarte ist etwas ausgebaut worden, badischer Wein schmeckt übrigens ausgezeichnet zu japanischem Essen und der Service um Tetsuya Skiba war vorbildlich, allerdings verlässt er jetzt Freiburg in Richtung Düsseldorf. Bleibt zum Schluss der innig vorgetragene Wunsch, dass dieser Ort der ursprünglichen japanischen Küche Freiburg in dieser Form erhalten bleiben möge.

Freiburg

Drexlers. Wein & Essen

Drexlers. Wein & Essen
79098 Freiburg, Rosastr. 9,
Tel: 0761-5957203, Fax: 0761-5957204,
www.drexlers-restaurant.de
Geöffnet: täglich 11:30-14:30 Uhr/18-24 Uhr. Sa 18-24 Uhr. So, Feiertag Ruhetag.

Gesamtnote:	9,0 von 10 Punkten
Küche:	9 Punkte
Service:	8 Punkte
Ambiente:	9 Punkte
Weinangebot:	10 Punkte
Preis/Leistung:	9 Punkte

Aus dem Stand seit 2007 bis heute ist das »Drexlers« immer rappelvoll, mittags, wie abends geht ohne Reservierungen meist gar nichts. Das urbane Flair, das an die so beliebten Höfe-Gastronomien in Berlin erinnert, mit den großen Fenstern, der hohen Decke im relativ überschaubaren Gastraum, das stilvoll klare Design, der helle Holzboden mit seinen dunklen blanken Holztischen, der langen Bank, die prall gefüllten Weinschränke an der Rückseite – das Ambiente ist so schnörkellos wie einladend.

Im »Drexlers« stehen die Küche und der Wein im Vordergrund. Mitinhaber und Chefkoch Mario Fuchs hat sich eine große Fangemeinde erkocht. Beste, immer frische, regionale Zutaten, eine kräftige Prise Italien und Frankreich, gradlinig feine Kochkunst, die ihre Wurzeln im Badischen hat und auch noch durch hohe Verträglichkeit besticht, so in etwa kann man das Geheimnis seines Erfolges beschreiben. Der Meister und seine kleine Küchenbrigade sind konstant und mit einer solchen Begeisterung für ihre Gäste unterwegs, so dass die Anzahl von Stammkunden stetig steigt. Mittags ist eher die Geschäftswelt zu Gast, abends überwiegt ein jüngeres Publikum, das sich etwas gönnen will.

Täglich wechseln zwei Hauptgänge und ein Fisch nach Tagesangebot: Vom Spargelflan mit Kressepesto, Tomaten, Parmesanspäne, Penne alla Salsiccia mit Tomaten, Rosmarin und Parmesan, Rehsugo mit Pilzrisotto und grünem Spargel, Ziegenkäsetarte mit Ratatouille und Basilikum bis zum edlen gereiften Stück Rindfleisch, den exzellent selbst gemachten Spaghetti Puttanesca oder verschiedenen Salatangeboten kann man hier alles finden. Fuchs hat auch ein besonderes Faible für frische, leichte Eiscremes und Desserts. Die mit 500 Positionen bestückte Weinkarte als auch die 25 offenen Weine sind schon längst Legende in Freiburg. Große wie noch weitgehend unentdeckte Tropfen aus Baden, Deutschland, Frankreich, Italien und der ganzen Welt zu höchst interessanten Preisen sind das zweite Standbein des »Drexlers«, hiefür ist Ralph Schmidt, der Inhaber der renommierten Weinhandlung »Drexler«, verantwortlich, er ist neben Mario Fuchs auch Inhaber des Restaurants. Glückliche Stadt, die solche Lokalitäten mit kompromisslosem Qualitätsanspruch zu sehr erschwinglichen Preisen in ihrer Mitte weiß!

Freiburg-Herdern

Restaurant Eichhalde

Matthias Dahlinger und seine Frau Karola Isele, die so erfahrenen wie innovationsfreudigen Betreiber des Feinschmeckerrestaurants Eichhalde in Freiburg-Herdern haben sich entschlossen neue Wege zu gehen. Während der EM in Polen und der Ukraine hat es angefangen mit den »Eichhalde-Mini's«, den vielfältigen Geschmackserlebnissen in kleinen Portionen. Seit längerem beobachten die beiden einen Trend zu mehreren Vorspeisen und kleinen Portionen bei Hauptgängen. Dies sowohl bei älteren Gästen, denen die großen Portionen einfach zu viel sind, aber auch bei jüngeren, die einfach mehr probieren wollen. Das ist jetzt Programm und Dahlinger wäre nicht Dahlinger, wenn er seiner Kochlinie, weltoffen und heimatverbunden, also badische und deutsche Küche mit orientalischen und asiatischen Einflüssen nach Belieben zu kombinieren, nicht konsequent treu bliebe. Und so kann der Gast zwischen Gebackene Sardinen mit Aiolisauce und Fenchelsalat, Hausgemachte Lammbratwürstle mit Rosmarinsenf und Bohnen-Tomatensalat, Tunfischsashimi mit Daikonrettich und Sesammarinade, Gänseleberpraline mit Balsamicokirschen und Schokoladenbrioche, Kalte Hummer-Melonensuppe mit Minze, Aprikosen-Lavendelrisotto mit gebratenem Tiger Prawn, Serviettenknödel mit Pfifferlingsragout und Panchetta, Ziegenkäseravioli mit Thymian-Honig und gebratenen Birnen, Kartoffelstrudel mit Schnittlauchschmand und Nordeseekrabben, Lammkotelette mit Chorizo gebraten und dreierlei Auberginen, Seeteufel Saltimbocca mit grünem Spargel und Estragon-Sabayon, Heidelbeer-Tiramisu mit Moccaeis oder Gratinierte Zitronentarte mit Himbeersorbet wählen. Saisonal werden immer wieder einzelne Gerichte, die alle zwischen 5 und 10 Euro kosten, ausgetauscht. Und so wird ein 6-Gang Menü zu 39 Euro und 10 Gänge zu 65 Euro angeboten. Mit welcher Freude der Meister in seiner kleinen Küche am werkeln ist, kann man vom ersten, bis zum letzten Teller schmecken.

Weiterhin gibt es täglich mittags und abends Empfehlungen und auch eine Standardkarte in ›Normalgröße‹. Chefin Isele ist, wie immer, für die herzliche und familiäre Atmosphäre des Hauses und den tadellosen Service zuständig. Die sehr gut sortierte Weinkarte ist zu loben. Das Haus wurde von außen frisch renoviert und auch innen soll dringend notwendiger, frischer Dekorationswind Einzug halten. Die »Eichhalde« in Herdern ist immer einen Besuch wert.

Restaurant Eichhalde
79104 Freiburg, Stadtstr. 91,
Tel: 0761-54817, Fax: 0761-54386,
www.restaurant-eichhalde.de
Geöffnet: Mi-So 12-14 Uhr/18-22 Uhr.
Mo, Di Ruhetag.

Gesamtnote:	9,2 von 10 Punkten
Küche:	10 Punkte
Service:	9 Punkte
Ambiente:	8 Punkte
Weinangebot:	9 Punkte
Preis/Leistung:	9 Punkte

Freiburg

Enoteca

Längst ist er selbst ein Urgestein der Freiburger Gastronomielandschaft, Manfred Schmitz, der Patron der »Eno« in Freiburg. Seit fast 30 Jahren ist das italienische Restaurant in Freiburgs Oberer Altstadt ein Garant für Qualität, Beständigkeit, beste Grundprodukte und gehobene Kochkunst. Schmitz sei etwas altersmilde geworden, meint der zu hintergründigem Humor, feinem Spott und schlichter Freude über die Skurrilitäten des Alltags neigende Chef über sich selbst. Wenn er will, kann er sich immer noch – völlig zu Recht – über Chemie im Essen, billiges, von der »Stiftung Warentest« für gut befundenes Olivenöl, Schickimicki-Esser oder Fastfood aus der Kühltheke aufregen. Nachzulesen in der Zeitschrift »Baden.«.

Für Schmitz ist der Einkauf bester Grundprodukte überhaupt die Voraussetzung für eine feine, gehobene und dennoch einfache italienische Küche. Natürlich machen Küchenchef Thomas Scheer und seine Brigade alles selbst, legt man größten Wert auf die eigenen Pastagerichte und kommt das Kalb- und Rindfleisch vom einschlägig bekannten Metzger Dirr in Endingen. Der feinst gehobelte San Daniele Schinken, der Burrida, ein deftiger ligurischer Fischeintopf, die klassische Minestrone mit Frühlingsgemüse oder Vitello Tonnato sind von der Vorspeisenkarte nicht wegzudenken. Aber auch saisonale Gerichte wie Spargel-Spitzen mit roh mariniertem Kalbsfilet und Brunnenkresse-Pesto oder kleine Tintenfischlein, Seppioline, in Tomaten-Ragout mit frittierten Bohnen-Klößchen. Die Pastagerichte sind allesamt Visitenkarten des Hauses, ob Spaghetti mit Kaninchen-Ragout, Pancetta und Löwenzahn, Fonduta-Ravioli mit Schalotten-Salbei-Confit und Pinienkernen oder Krustentier-Tortelloni mit Ragout von weißem und grünem Spargel. Die Fischplatte mit gegrillten Fischen nach Tagesangebot ist genauso gesetzt, wie das Entrecote mit toskanischem Gemüse und Rosmarinkartoffeln.

Neben den verschiedenen Tagesangeboten wechselt auch die große Karte saisonal. Natürlich muss Schmitz' Liebe zum Wein erwähnt werden. Seine kleine Auswahl aus Baden, Pfalz und Rheingau sowie seine umfangreiche Karte mit weißen und roten italienischen Empfehlungen spiegeln konsequent die eigenen Vorlieben wider. Der Service agiert umsichtig und zuvorkommend. Die »Eno« ist rundherum immer eine Empfehlung.

Enoteca
79098 Freiburg, Gerberau 21,
Tel: 0761-3899130, Fax: 0761-280581,
www.enoteca-freiburg.de
Geöffnet: täglich 12-14 Uhr/19-24 Uhr.
So, Feiertag Ruhetag.

Gesamtnote:	9,0 von 10 Punkten
Küche:	9 Punkte
Service:	9 Punkte
Ambiente:	9 Punkte
Weinangebot:	9 Punkte
Preis/Leistung:	9 Punkte

Freiburg-Lehen

Gasthaus Hirschen

im Clarion Hotel Hirschen

Gasthaus Hirschen
im Clarion Hotel Hirschen
79110 Freiburg, Breisgauer Str. 47,
Tel: 0761-8977690, Fax: 0761-87994,
www.clarion-hotel-freiburg.de
Geöffnet: täglich 12-14 Uhr/ab 18 Uhr.

Gesamtnote:	9,0 von 10 Punkten
Küche:	9 Punkte
Service:	9 Punkte
Ambiente:	10 Punkte
Weinangebot:	9 Punkte
Preis/Leistung:	8 Punkte

Beste regionale Grundprodukte frisch auf den Tisch, die gehobene klassisch badische Küche mit Einflüssen aus Frankreich und Italien angereichert – so lässt sich die Küchenphilosophie der Patrons Cornelius und Werner Baumgartner und ihres Küchenchefs Christian Laberer beschreiben. Das Vorzeigegasthaus »Hirschen« in Lehen zieht seit Jahren seine kulinarischen Kreise auf konstant hohem Niveau und ist ein Hort gediegener Gastlichkeit. Der wunderbare alte Gastraum ist stilvoll erhalten und strahlt mittags wie abends mit einladender, nie hektischer Betriebsamkeit. Christian Laberer und sein großes Team haben sich einen ausgezeichneten Ruf erkocht. Die ganze Bandbreite von Kalbs- oder Rinderleber sauer, Fleischküchle vom Grill mit Rahmsoße und jungem Gemüse, französischer Fischsuppe mit Lachsklößchen und Edelfischeinlage bis hin zum wunderbar abgehangenen Côte de Bœuf, einem ganzen bretonischen Hummer aus dem Wurzelsud mit einer Beurre blanc und frischem Blattspinat oder der Variation von frischen Edelfischen mit Seeteufel, Lachs und Heilbutt an einer Champagnersoße im Ofen überbacken mit gebratenen Steinchampignons und hausgemachten Nudeln beherrscht die Küchenbrigade des »Hirschen« geradezu perfekt.

Die ständig wechselnde Karte ist strikt saisonal ausgerichtet, so gibt es in der Pilzzeit ein badisches Pilzpfännle mit Schwarzwälder Steinpilzen, Pfifferlingen und lokal gezogenen Steinchampignons – zubereitet wie in alten Zeiten – aber auch eine Consommé von Schwarzwälder Steinpilzen mit Steinpilzmaultäschle. Ein richtiger Kult ist im »Hirschen« um das Kalbsbries entstanden, das Laberer ausgezeichnet zubereitet. Im Sommer hat das fast vergessene, geschmacklich so einzigartige Beefsteak-Tatar wieder auf die Karte gefunden und sich schon zum würzig frischen ›Hirschenklassiker‹ gemausert.

Die Weinkarte des Hauses ist traditionell sehr umfangreich, besticht durch badische und andere deutsche wie französische Weißweine und natürlich durch eine Sorten- und Jahrgangstiefe bei französischen Rotweinen.

Der Service ist im »Hirschen« immer nur zu loben und das große und unermüdliche Engagement der Brüder Baumgartner färbt sich wohltuend auf den Geist des ganzen Hauses ab. Natürlich sind der Gartenbereich und die neue Außenterrasse im Sommer immer noch ein Star unter Freiburgs gehobenen Gartengastronomieangeboten.

Freiburg-Günterstal

Hotel-Restaurant Kühler Krug

Wenn es ein Restaurant gibt, das zu seinem Stadtteil wie angegossen passt, dann ist es der »Kühle Krug« in Günterstal. Die Bevölkerung ist dort um einiges älter und konservativer und vermutlich auch etwas wohlhabender als im städtischen Schnitt. Wer hier ein Restaurant erfolgreich betreiben will, tut deshalb gut daran, hohe Produktqualität ohne allzu viele Experimente auf den Tisch zu bringen. Georg Fehrenbach trifft dies mit seiner »klassischen regionalen Küche moderner Art«, wie er sie selbst definiert, ziemlich punktgenau.

Das Haus hat einen guten Ruf für seine Fischküche, und das haben wir durchweg bestätigt gesehen. Die Fischsuppe war beherzt gewürzt und mit feinen Gemüsestreifen und schönen Fischstücken gut komponiert. Wenn es zur leicht geknofelten Rouille geröstetes Brot statt schlapper Baguettescheiben gegeben hätte, wären wir noch mehr angetan gewesen. Der gebratene kanadische Wildlachs war von bester Qualität, die Garzeiten stimmten und das Graupenrisotto zeigte sich als eine durchaus nicht alltägliche, aber sehr stimmige Beilage: Die im Vergleich zum Reis herzhafteren Graupen passten zum kräftigen Lachsaroma ganz prima.

Bei den Fleischgerichten bewegt sich die Küche ganz auf der sicheren, klassischen Schiene: Sehr schön zarte und rosa gebratene Kalbsnierchen in Pommery-Senfsoße mit Brokkoliröschen und Kräuterreis oder kleine Schnitzel vom Kalbsrücken mit Frühlingslauch und Steinpilzrisotto. Über Mittag werden für 11,50 Euro täglich wechselnde Gerichte aus dem badischen Repertoire angeboten wie hausgemachte Fleischküchle, Kalbskutteln oder Hechtklößchen.

Hotel-Restaurant Kühler Krug
79100 Freiburg, Torplatz 1,
Tel: 0761-29103, Fax: 0761-29782,
www.kuehlerkrug.de
Geöffnet: Do-Di 11-24 Uhr. Mi Ruhetag.

Gesamtnote:	7,3 Punkte
Küche:	7 Punkte
Service:	8 Punkte
Ambiente:	6 Punkte
Weinangebot:	8 Punkte
Preis/Leistung:	8 Punkte

Wenn wir uns trotz dieser soliden, guten Küche nur um einen Punkt nach oben bewegen, dann deshalb, weil etliche Kleinigkeiten, die mit geringstem Aufwand verbessert werden könnten, nicht stimmten. Der Gruß aus der Küche war ein Stück Zwiebelkuchen, das in seiner Rustikalität jeder Ferme Auberge zur Ehre gereicht hätte, aber kein Gaumenöffner für ein Fischgericht ist. Im Brotkorb lag nur 08/15-Baguette. Und dass der Kartoffelsalat bei allem verständlichen Bemühen um badische Schlunzigkeit eher ein Kartoffelbrei war, schmeckte uns nicht.

Die Weinkarte ist mit über 80 Positionen, davon die Hälfte aus Baden, sehr gut bestückt. Der Service agiert schnell und freundlich. Und das Ambiente ist so, wie man es hier erwartet: gemütlich, altdeutsch, unaufgeregt.

Freiburg

Osteria

Osteria
79098 Freiburg, Grünwälderstr. 2,
Tel: 0761-32054, www.osteria-freiburg.de
Geöffnet: Mo 9-18 Uhr. Di-Sa 9-24 Uhr.
So, Feiertag Ruhetag.

Gesamtnote:	8,8 von 10 Punkten
Küche:	9 Punkte
Service:	9 Punkte
Ambiente:	9 Punkte
Weinangebot:	9 Punkte
Preis/Leistung:	8 Punkt

Direkt neben der Markthalle in der Grünwälderstraße wurde im Frühjahr 2011 die »Osteria« in den ehemaligen Druckereiräumen der Freiburger Zeitung unter der Leitung von Frau Tina Schwarzkopf und Herrn Thomas Holtz eröffnet. Sie hat Hotelfachfrau, Köchin und Sommelière in den besten Häusern der Region gelernt. Die hohen Gewölbe wurden in ein schickes und trendiges Restaurant mit offener Küchenzeile umgewandelt.
Mittags dürfen mitgebrachte Speisen aus der Markthalle verzehrt werden, ein eigener Mittagstisch wird seit diesem Sommer jedoch ebenfalls angeboten.
In dem mit allerlei Bordeauxkisten und Klimaschränken ausgestatteten Restaurant wird deutlich, dass Weine eine große Rolle spielen. Dieser Umstand schlägt sich ebenfalls in der umfangreichen Weinkarte nieder. Dagegen ist die stichwortartig verfasste Speisekarte, gereicht auf einem Bordeauxkisten-Brett, mit drei Vorspeisen, drei Hauptgängen, zwei Desserts und Käse eher klein gehalten.
Die deftige Ententerrine mit schwarzen Nüssen, handwerklich sauber zubereitet und der karibische Eintopf mit Kokos und Tomatengemüse schmeckten genauso gut wie das winzige in einer Tüte eingepackte Brot mit Joghurt-Dip. Eine wirkliche Überraschung war das Meeresfrüchte-Risotto, das auf der Karte schlicht erschien, jedoch mit dem geschmorten Fenchel und den Tintenfischen wunderbar schmeckte. Die hausgemachten, mit Spinat gefüllten Tortellini waren ebenfalls ausgezeichnet. Der dritte Hauptgang war ein Filetsteak.
Zum Dessert ein Käseteller mit perfekt gereiften, französischen Sorten, der eine oder andere Schwarzwälder Käse würde dazu ganz gut passen. Ein geeister Nougat-Spitz mit Espuma sowie die dreierlei Sorbets wurden fein zubereitet serviert.
Die sehr gut sortierte Weinkarte bietet eine schön zusammengestellte Auswahl an Aperitifs als auch an offenen Weinen von den Weingütern »Heger«, »Johner« und »Keller«. Da hätten auch noch ein, zwei Markgräfler Tropfen dazwischen Platz gehabt.
Die angebotenen Rotweine aus allen bekannten Gebieten Europas und die große Auswahl an hochwertigen Gewächsen aus dem Bordelais sind anständig kalkuliert.
Der engagierte Service ist perfekt, eine wirklich rundum gelungene Wiedereröffnung des Traditionslokales »Osteria«.

Freiburg-Herdern

Schlossberg-restaurant Dattler

Schlossbergrestaurant Dattler
79104 Freiburg, Am Schlossberg 1,
Tel: 0761-1371700, Fax: 0761-13717010,
www.dattler.de
Geöffnet: Mi-Mo 9-24 Uhr. Di Ruhetag.

Gesamtnote:	7,7 von 10 Punkten
Küche:	8 Punkte
Service:	7 Punkte
Ambiente:	7 Punkte
Weinangebot:	8 Punkte
Preis/Leistung:	8 Punkte

Schon allein die Anreise macht einen Besuch im »Schlossbergrestaurant Dattler« zu einem Erlebnis: Die »Schlossberg-Bahn« fährt täglich von 9 bis 22 Uhr auf den Schlossberg, die letzte Talfahrt geht nach Betriebsschluss des »Dattler«. Das ist ideal für einen Ausflug ins kulinarische Paradies über den Dächern Freiburgs.
Wer früh reserviert und einen Fensterplatz im »Dattler« ergattert, kann beim Essen über die ganze Stadt, den Kaiserstuhl bis hin zu den Vogesen blicken. Die Inneneinrichtung wirkt leider etwas altmodisch bis bieder und könnte dringend einen neuen Anstrich gebrauchen. Aber die Karte bietet exzellente Küche für jeden Geschmack: Gutbürgerliche, klassische Gerichte wechseln sich ab mit Neuigkeiten aus der französischen Haute Cuisine. Das »Dattler« bietet neben Mittag- und Abend-Menüs auch die Möglichkeit, über den Dächern der Stadt zu frühstücken, und am Nachmittag werden die Gäste zu Kaffee und Kuchen, für den die hauseigene Konditorei legendär ist, empfangen.
Das Abendmenü kostet um die 50 Euro, Hauptgerichte gibt es ab 24 Euro. Liebhaber badischer Klassiker wie Schneckensuppe, Schweinefilet im Rahmtöpfle und dem Schwarzwaldbecher kommen hier auf ihre Kosten. Im »Dattler« können Sie nach Herzenslust schlemmen, bekommen Sie doch ordentliche Portionen und einwandfrei zubereitete Speisen serviert. Auch den König der Fleischsorten zelebriert man hier klassisch: Das Chateaubriand Rinderfilet für zwei Personen wird direkt am Platz tranchiert. Wer neue Gaumenfreuden entdecken will, findet hier ebenfalls sein Glück: Wir entscheiden uns für das Hummerschaumsüppchen mit Hechtklößchen gefolgt von pochierten Edelfischen in Safran-Gemüsesahne mit Blattspinat und Nüdele. Außerdem probieren wir die butterzarte Barbarie-Ente an Rotweinjus mit frischem Gemüse vom Freiburger Münstermarkt und ein wunderbar cremiges Kartoffelgratin. Vegetarier freuen sich über hausgemachte Steinpilztortellini auf gebratenem Lauch und Auberginen-Caviar im Knuspermantel an Babyartischocken. So schmecken Italien und Orient im Breisgau.
Ein großes Angebot bietet auch die Weinkarte. Hier dominieren vor allem badische Tropfen, bei den internationalen Weinen sind die Franzosen am stärksten vertreten. Beim Dessert zeigt sich das »Dattler« nur wenig experimentell: rote Grütze mit Vanillesoße, Eis mit heißen Himbeeren, Bananensplit. Doch ein paar Nachspeise-Neulinge peppen die Dessertkarte etwas auf, etwa die Crème brûlée mit Joghurt-Limonensorbet und marinierten Orangenfilets.

Freiburg

Casa Española

Casa Española
79098 Freiburg, Adelhauser Str. 9,
Tel:0761/2023040, Fax: 0761-2023041,
www.casaespanola.de
Geöffnet: Mo-Sa 11-1 Uhr.
So, Feiertag Ruhetag.

Gesamtnote:	8,8 von 10 Punkten
Küche:	9 Punkte
Service:	9 Punkte
Ambiente:	8 Punkte
Weinangebot:	8 Punkte
Preis/Leistung:	10 Punkte

In der stark frequentierten Freiburger Altstadt wimmelt es nur so von gastronomischen Angeboten. Es gibt Event-Küche unter Kübelpalmen und kaum eine Schiefertafel vor den Lokalen, die nicht den in Freiburgs Gassen allgegenwärtigen Flammenkuchen in allen möglichen und unmöglichen Variationen anpreist. Aufs mediterrane Flair wird großer Wert gelegt. Gut, dass es in Freiburg eine Anlaufstelle gibt, wo es durchaus südländisch zugeht. Aber Vorsicht: Die »Casa Española« ist eine Institution und viel, viel älter als dieser Breisgaumetropolen-Modebegriff.

Gegründet wurde die »Casa« nämlich schon 1962 in der Münzgasse. Das Erzbistum Freiburg wollte damals der immer größer werdenden Schar an spanischen Gastarbeitern in der badischen Fremde ein Stück Heimat schaffen. Als in den ausgehenden 1970er Jahren nach dem politischen Umbruch in Spanien die spanische Kolonie wieder in Freiburg kleiner wurde, eroberten die Freiburger die »Casa Española«. Sie sammelten sogar Unterschriften, als das Lokal wegen Neubauplänen des Bistums vor dem Aus stand.

1998 ist die »Casa Española« in die Adelhauser Straße umgezogen und hat am neuen Standort nichts von ihrem Charme und ihrer Beliebtheit eingebüßt. Die »Casa« ist und bleibt ein Freiburger Kommunikationszentrum. Mit Benedikt Garrido, dem Sohn der ursprünglichen »Casa«-Wirte, und Thomas Kleis führen zwei Vollblutgastronomen das Haus. Convenience-Produkte haben in der Küche keine Chance, hier wird frische spanische Hausmannskost serviert – und das alles zu günstigen Preisen, wie man sie in Freiburg kaum noch findet.

Die »Casa« ist zweigeteilt: Unten findet sich der Restaurantpart, oben der meist vollbesetzte Theken- und Barbereich. Das Personal um Chefober und Hobbyspanier Nicki behält die Übersicht und es bleibt immer Zeit für einen lockeren Spruch. Beliebt sind auch die wechselnden Mittagessen von der handgeschriebenen Speisekarte. Empfehlenswert sind die Tapas: etwa Paprikawurst, das getrocknete Schweinefilet oder auch der Manchego-Käse, Serrano-Schinken oder auch die frittierten Kartoffeln mit Knoblauchmayonnaise. All das ist in Spanien selbst kaum besser zu bekommen. Vorzüglich was Zubereitung und die Qualität der Grundprodukte anbelangt, schmeckte die gebratene Lammhüfte mit Zucchini, Patatas und Salat (14,50 Euro), ebenso der rote Tunfisch maurische Art mit Spinat und Kichererbsen, Patatas und Salat (17,90 Euro). Dazu werden beste spanische Weine offeriert.

Und ja: Auch nach 50 Jahren kehren hier immer noch spanische Gastarbeiter ein. Kurz nachdem Ezequiel Calvente, der erste Spanier in Diensten des SC Freiburg, im Breisgau angekommen war, ist er natürlich in der »Casa« zu Gast gewesen.

Freiburg-Herdern

Chada Thai

Araya Leber ist schon heute eine Ikone der thailändischen Gastronomie in Baden. Zusammen mit Ihrem Mann Klaus Leber und Ihrem Sohn hat sie mit Ihrem Lokal »Chada Thai« in Malterdingen kulinarische Geschichte geschrieben, das Lokal galt als das beste Thai Restaurant der Gegend. Nun hat man sich entschlossen, wohl auch wegen der vielen Freiburger Kunden in Malterdingen, die ehemalige Orangerie in Freiburgs Stadtteil Herdern zu übernehmen. Der Ansturm in den ersten Tagen war gewaltig, viele »Herdemer« kamen persönlich vorbei, um den neuen Nachbarn zu testen. Wie in Malterdingen erwartet den Gast eine 30-seitige Speisekarte, eine Vielfalt, die ihresgleichen sucht. In gelben Curry und Kokosmilch marinierte Hähnchenspieße, aus rotem Curry und Garnelen zubereitete Frikadellen, knusprige Garnelen, Blätterteigbällchen gefüllt mit Garnelen und Hähnchenbrustfilet oder knuspriges Gemüse und Tofuwürfel sind die sehr beliebten Vorspeisen. Natürlich sind die Suppen wie Hähnchensuppe mit Kokosmilch, Zitronengras-Suppe mit Fisch, Ochsenschwanzsuppe nach thailändischer Art oder Glasnudelsuppe mit Tofu ein Renner. Die Thailändischen »Tapas« sind würzig-scharfe Zwischengerichte, die kalt genossen werden. Und dann kommen die Rind-, Schwein-, Lamm- und Hähnchenbrust-Gerichte, die mal süß-sauer oder mit roter Curry-Kokosmilch-Soße, mal einfach mit Knoblauch und Pfeffer, immer aber mit knackigem Wok-Gemüse serviert werden. Die berühmten Entenbrustfilets, die gebratenen oder gedünsteten Fischfilets, die unterschiedlich zubereiteten Garnelen und Meeresfrüchte komplimentieren die Karte. Dazu gibt es

Chada Thai
Richard Wagner Str. 24, 79104 Freiburg,
Tel: 0761-88157905
www.chadathai.de
Geöffnet: Di, Mi, Do, Fr, So 11.30 -14 Uhr/17.30-24 Uhr. Sa 17.30-24 Uhr.
Mo Ruhetag.

Gesamtnote:	8,0 von 10 Punkten
Küche:	7 Punkte
Service:	8 Punkte
Ambiente:	9 Punkte
Weinangebot:	8 Punkte
Preis/Leistung:	9 Punkte

ein reichhaltiges vegetarisches Angebot. Leider scheint die Finesse der alten Tage in Malterdingen etwas verloren gegangen zu sein, was früher ein feingliedrig delikater Kick war, kommt heute etwas rustikaler daher. Noch immer ist alles frisch zubereitet und sind die Soßen von hoher, wenn auch etwas mächtiger Qualität. Das Lokal in Freiburg ist von Klaus Leber sehr ansprechend und mit einer schönen Gartenterasse gestaltet worden. Der Service hatte ob der enormen Fülle etwas zu kämpfen, die angebotenen badischen Weine sind gut ausgesucht. Wir wünschen dem Chada Thai viel Erfolg, da gute, authentische ausländische Küche in Freiburg Mangelware ist.

Freiburg-Oberau

CHEzFINE

Etwas versteckt liegt Josefine Jegals kleines Restaurant, umso direkter ist ihre Speisekarte: Selleriesuppe, Walnussravioli, Entenbrust oder Spitzkohlpäckchen. Beim Käsedessert wird es noch schnörkelloser: ›Brie, Rotkohlcreme, Pumpernickel‹ wählen die, denen der Frenchtoast (aus hausgemachtem Brioche) mit Bratapfel-Eis zu süß klingt. Ihre puristische Linie verfolgt die junge Köchin, deren Spitzname dem Restaurant seinen Namen verdankt, von der Speisekarte bis zum Ambiente. Im dem etwas kühlen Kellergewölbe bieten gerade einmal acht Tische 40 Plätze. Weiß getünchte Wände und eher karge Dekoration sollen dem Hauptakteur des Abends nicht die Schau stehlen: dem Essen selbst. Die übersichtliche Speisekarte erlaubt es Fine Jegal, ausschließlich regional und saisonal zu kochen. Sie kredenzt ein Wochenmenü, das aus fünf Komponenten besteht und je nach Hunger variiert werden kann. Drei Gänge kosten um die 30 Euro. Auch bei ihren Servicekräften setzt Jegal auf freundliche Nonchalance – unaufdringlich, aber aufmerksam. Klein aber fein ist auch die Weinkarte, die hauptsächlich aus ausgewählten Weinen von Jegals Maître Franz Keller besteht. Jegal hat in Kellers legendärem »Schwarzen Adler« in Vogtsburg gelernt und verbindet die badisch-französische Küche nun mit ihrer ganz persönlichen Note. Sie kocht ›von Grund auf vegetarisch‹ (hier bestellt man das Fleisch ›dazu‹) und erschließt damit in der gehobenen Freiburger Restaurant-Landschaft echtes Neuland. Für alle, die auf Fleisch und Fisch auf dem Teller lieber verzichten, gibt es hier mehr als nur Beilagen. Außerdem bietet die ›Jedentag‹-Karte Gerichte für kleinere Geldbeutel, und auch Klassiker-Liebhaber kommen auf ihre Kosten: In Jegals Küche werden nicht nur Schwarzwurzel-Juliennes gehobelt und Apfelchips kandiert, sondern auch stattliche Wiener Schnitzel geklopft. Jegals Kochkunst ist nicht besonders experimentell, aber einwandfrei zubereitet: Der Linsen-Basilikum-Salat mit fein-fruchtiger Currynote passt hervorragend zu Franz Kellers Riesling-Sekt als Aperitif und öffnet die Geschmacksknospen für Walnussravioli im Zitronenschaum. Die perfekt gebratene Ente krönt ein Glühweinjus mit feinem Zimt- und Nelkenaroma und die kleinen Pommes d'amandes, luftige Kartoffelbällchen mit Mandelblättchen umhüllt, sehen aus wie Weihnachtsplätzchen – schmecken aber das ganze Jahr über.

CHEzFINE
79102 Freiburg, Kartäuserstr. 54/56,
Tel: 0761-38845988
www.chezfine.de
Geöffnet: Mi-So 18-24 Uhr.

Gesamtnote:	8,8 von 10 Punkten
Küche:	10 Punkte
Service:	9 Punkte
Ambiente:	8 Punkte
Weinangebot:	8 Punkte
Preis/Leistung:	8 Punkte

Freiburg-Günterstal

Gasthaus Kybfelsen

Gasthaus Kybfelsen
79100 Freiburg, Schauinslandstr. 49,
Tel: 0761-21119926,
www.kybfelsen-freiburg.de
Geöffnet: Mo-Fr 17-24 Uhr. Sa, So, Feiertag 12-24 Uhr.

Gesamtnote:	7,7 von 10 Punkten
Küche:	8 Punkte
Service:	7 Punkte
Ambiente:	8 Punkte
Weinangebot:	7 Punkte
Preis/Leistung:	8 Punkte

Am Fuße des Schauinsland liegt das Restaurant »Kybfelsen«, eines der ältesten Ausflugslokale Freiburgs und die ideale Adresse für Gourmets und Naturliebhaber. Wer einfache Wandersmannskost erwartet, irrt sich, denn seit dem Sommer 2011 haben Gerhard Spiecker und Norbert Bender das Familienlokal ordentlich umgekrempelt. Trotz des neuen Schwungs und der neuen Ideen wird hier Tradition weiterhin großgeschrieben. Im »Kybfelsen« kommt gutbürgerliche Küche mit subtiler Raffinesse auf den Teller, ohne dabei zwanghaft innovativ zu wirken. Die klare Linie spiegelt sich bereits im Ambiente wider, so setzen im minimalistisch-modernen Speiseraum traditionelle Dekostücke wie Kuckucksuhren und Hirschgeweihe Akzente. Auf der Tageskarte halten sich Innovation und Tradition ebenfalls die Waage: Sauerbraten mit Serviettenknödel, Ochsenfleisch an Meerrettichsoße und Cordon bleu vertragen sich hier hervorragend mit einem cremigen Süsskartoffelsüppchen mit Ingwer und Kokosmilch als Vorspeise. Wer es besonders schaumig mag, entscheidet sich für ein Erbsencappuccino, begleitet von Seezungen-Ravioli und Balsamico-Essenz. Wir genießen zum Hauptgang einen zartrosa gegarten Kalbsrücken in einer Kartoffelkruste an Portweinjus. Dazu gibt es lila Karotten, blaue Kartoffelchips und hausgemachte Spätzle. Besonders gut hat uns das Eglifilet an Noilly Prat – Krustentierschaum – geschmeckt, das mit einem feinwürzigen Erbsenrisotto serviert wurde. Das familienfreundliche Restaurant ist edel und bodenständig zugleich, das unterstreichen die großzügigen Portionen und der ungezwungene Service. Ein Hauptgang kostet hier zwischen 15 und 24 Euro, die Vesperkarte beginnt bei 6 Euro. Ein kleines kulinarisches ›B-Moll‹ ist, dass man für Vegetarier lediglich ein einziges Gericht vorgesehen hat. Wem bei Reisbällchen auf Currygemüse nicht das Wasser im Mund zusammenläuft, muss sich mit der Dessertkarte begnügen.

Beim Nachtisch bleibt man im »Kybfelsen« übrigens klassisch, denn der perfekte Begleiter einer echten Pannacotta bleibt eben das Waldbeerencoulis.

Freiburg

Lichtblick

Aus der ehemaligen Kneipe »Zur Pfeife« in Freiburgs idyllischen Vorzeigegässchen Konviktstraße ist vor einiger Zeit ein Restaurant geworden, das einen höheren kulinarischen Anspruch hegt als nur eine schnelle Durchlaufstelle für hungrige Touristen zu sein. Der Innenraum ist recht nüchtern gehalten, wenn man aber einen von den Tischen im Freien ergattert, dann stellt sich im Handumdrehen ein echtes ›Freiburg-Feeling‹ ein.

Zum Auftakt gab es eine Fischsuppe mit Garnele, Muscheln und Fisch. Das war von der gut abgeschmeckten Brühe über das in ganz feine Streifen geschnittene Gemüse bis hin zur topfrischen und richtig gegarten Einlage ein Magenöffner ohne Fehl und Tadel. Und auch bei den punktgenau gebratenen Jacobsmuscheln mit fein säuerlich abgeschmecktem Linsensalat gab es nur zufriedene Gesichter.

Bei den Hauptspeisen meldete dann allerdings die verwöhnte Zunge den einen oder anderen Verbesserungsvorschlag. So wäre beim Lammragout mit Pappardelle eine deutlichere Handschrift des Kochs zu wünschen gewesen, also ein wesentlich beherzterer Einsatz diverser Gewürze, angefangen beim Salz. So kam das Ragout einfach etwas leblos daher, wobei es an der Qualität der Zutaten nichts auszusetzen gab. Ebenso beim Salat »Land und Meer« waren Fisch und Garnele von bester Qualität, wogegen das kleine Steak schlicht trocken war. Einen Salat ohne ›Land‹ und nur mit ›Meer‹ wäre da besser gewesen, zumal insgesamt der Eindruck entstand, dass die Zubereitung von Fisch der Küche mehr liegt. Das zeigt auch das nicht alltägliche Angebot einer ganzen und fehlerfrei gebratenen Seezunge. Über Mittag werden abwechslungsreiche Teller zwischen 9 Euro und 13 Euro angeboten,

Lichtblick
79098 Freiburg, Konviktstr. 41,
Tel: 0761-29280940,
www.lichtblick-freiburg.de
Geöffnet: täglich 11:30-15 Uhr/18-23 Uhr.
Fr, Sa 11:30-23Uhr. So Ruhetag.

Gesamtnote:	7,3 von 10 Punkten
Küche:	7 Punkte
Service:	8 Punkte
Ambiente:	7 Punkte
Weinangebot:	7 Punkte
Preis/Leistung:	8 Punkte

unter anderem: Kartoffelsoufflé mit Gemüsestroh, Gurkenperlen und Pecorinosoße.

Die Weinkarte, übrigens nett aufgemacht mit Kurzporträts der Winzer, hinterließ einen zwiespältigen Eindruck. Zum einen ein gutes und umfangreiches Angebot an offenen Weinen (zum Beispiel »Bercher«, »Heger«). Bei den Flaschen fragt man sich allerdings, ob 99 Prozent der Gäste nicht mehr davon hätten, wenn ihnen anstatt etlicher Bouteillen von »Gaja« und aus dem Bordeaux in der 200-Euro-Liga nicht einfach eine deutlich ausgebaute Auswahl an vernünftig kalkulierten Weißen und Roten präsentiert würde.

Freiburg

Markgräfler Hof

Markgräfler Hof
79098 Freiburg, Gerberau 22,
Tel: 0761-32540, Fax: 0761-2964949,
www.markgraeflerhof.de
Geöffnet: Di-Sa 12-14 Uhr/18-22 Uhr.
So 18-22 Uhr. Mo Ruhetag.

Gesamtnote:	8,5 von 10 Punkten
Küche:	9 Punkte
Service:	8 Punkte
Ambiente:	9 Punkte
Weinangebot:	9 Punkte
Preis/Leistung:	7 Punkte

Barbara Kempchen ist so etwas wie das ›Stehaufmännchen‹ unter den Freiburger Gastronominnen. Auch nach dem plötzlichen Tod von Partner und Küchenchef Peter Rendler hat sie es geschafft, das kleine, feine Traditionsrestaurant in der Freiburger Altstadt auf Kurs zu halten. Dabei hat ihr ganz wesentlich die Küchenmannschaft geholfen, die an Bord geblieben ist, um ganz im Sinne des bisherigen Chefs eine Kochkultur zu pflegen, die sich zum einen der badisch-österreichischen Tradition verpflichtet fühlt und gleichzeitig die Leichtigkeit der italienischen Küche in die Gerichte einfließen lässt.

Nach wie vor sitzt man bestens aufgehoben in dem gemütlichen, gepflegten Gastraum. Für die moderne Kunst, die den Raum schmückt, ist weitgehend der Künstler und Freund des Hauses, Raymond Waydelich aus Hindisheim im Elsass, verantwortlich. So lässt man es sich gut gehen mit einem pikant angemachten und von der Säure her genau abgestimmten Kalbskopfsalat oder mit gebratenen Spargelspitzen mit Olivenöl und Parmesan als Vorspeise.

Die Suche nach ausgezeichneten Produkten aus der Umgebung wird großgeschrieben, und da wird man mittlerweile sogar bei Weinbergschnecken fündig: Die hiesige Schneckenzucht aus Freiburg liefert erstklassige Ware. Ziegenfrischkäse vom »Ringlihof« mit Salatbouquet, Carpaccio vom Schwarzwälder Weiderind und eine Tafelspitzbrühe mit feinen Flädle, die ihrem Namen alle Ehre macht, runden das umfangreiche Angebot an Vorspeisen und kleinen Zwischengängen ab.

Bei den Hauptgerichten hat uns die butterzarte Lammkeule vom Plattenhof bei St. Peter, ganz traditionell mit grünen Bohnen serviert, ebenso gut gefallen wie die feinen Saltimbocca-Kalbsschnitzelchen mit Tomatensoße und Tagliatelle. Alleine der Klassiker des Hauses, Kalbsnieren in Senfsoße mit Spätzle vom Brett, lockt uns mit schöner Regelmäßigkeit in das Restaurant.

Bei den Fischgerichten scheint uns die Karte dagegen noch etwas ausbaufähig. Bei unserem letzten Besuch hatte man die Wahl zwischen Kap-Seehecht oder Zander. Es müssen ja nicht gleich Garnelen sein. Eine taufrische Forelle mit zerlassener Butter würde dem Haus bestens stehen. Die Weinkarte ist unverändert gut aufgestellt mit badischen und internationalen Angeboten. Die Preise haben jedoch merkbar angezogen.

Freiburg

Hotel Oberkirchs Weinstuben

Mehr mittendrin geht in Freiburg nicht: Seit 75 Jahren hält »Oberkirchs Weinstuben«, die gute Stube der Stadt, die ›Pole-Position‹ am Freiburger Münsterplatz. Direkt neben dem »Historischen Kaufhaus« liegt das Traditionshaus, um das sich viele Geschichten und Legenden ranken. In der Freiburger Bombennacht im November 1944 soll Karl Oberkirch mangels Löschwassers die bedrohlichen Brandnester mit Wein gelöscht und so das Haus gerettet haben. Das Restaurant nebst Hotel ist immer noch in Familienbesitz, auch wenn die »Weinstuben« – kleiner Anachronismus – mittlerweile als Hauptpächter von der »Rothaus-Brauerei« verwaltet wird. Im Haus hat seit Jahren Doris Hunn das Sagen, die das »Oberkirch« mit Engagement und Umsicht führt. Original erhalten ist die prächtige holzgetäfelte Gaststube mit Kachelofen – so ein stilvolles Ambiente kann kaum ein Lokal in der Region vorweisen. Das »Oberkirch« ging in den vergangenen Jahren durch Höhen und Tiefen.

Häufig mischen sich hier Touristen unter die viele Stammgäste, die teils seit Jahrzehnten kommen, um den einzigartigen Flair des »Oberkirchs Weinstuben« zu genießen. Bei unserem Besuch an einem lauen Frühsommerabend zieht es uns auf die Freiterrasse am Münsterplatz. Man hört Badisch, Hochdeutsch, aber auch viel Französisch und Schwyzerdütsch.

Der Service ist umsichtig, freundlich, flink und behält die Übersicht, trotz großen Andrangs. Die Weinauswahl ist imposant, viele Weine gibt es im offenen Ausschank zu durchaus fairen Preisen.

Die Karte enthält wöchentlich wechselnde Menüs, aber auch badische Klassiker wie gekochtes Ochsenfleisch in Meerrettichsoße, Dampfkartoffeln und Salat oder Kalbszüngle in Estragonrahmsoße. Es gibt auf der übersichtlichen Karte eine Reihe von Fleisch- und Fischgerichten, Hauptgerichte kosten um die 20 Euro. Wir kamen zur Pfifferlingszeit und fanden etliche Pilzgerichte auf der Karte vor. Sehr fein war dann auch der gebratene Lachs mit sautierten Pfifferlingen, Petersilienkartoffeln und knackig-frischem Salat. Das zarte Kalbsrahmschnitzel kam mit frischen Champignons und sehr feinen, handgeschabten Spätzle. Ebenfalls richtig gelungen war das Dessert, eine Buttermilch-Pannacotta mit roter Grütze. Alles sehr solide, klassisch gekocht und gebraten im »Oberkirch«. Bleibt noch anzumerken, dass das Lokal jeden Tag Mittagsgerichte für günstige 12,50 Euro inklusive Tagessuppe serviert – ein gern genutztes Angebot.

Hotel Oberkirchs Weinstuben
79098 Freiburg, Münsterplatz 22,
Tel: 0761-2026868, Fax: 0761-2026869,
www.hotel-oberkirch.de
Geöffnet: Mo-Sa 7-24 Uhr. So Ruhetag.

Gesamtnote:	8,7 von 10 Punkten
Küche:	8 Punkte
Service:	9 Punkte
Ambiente:	10 Punkte
Weinangebot:	9 Punkte
Preis/Leistung:	8 Punkte

Freiburg-Kappel

Gasthaus Zum Kreuz

Das traditionsreiche »Kreuz« im Osten Freiburgs, im Kappler Tal, wird nun schon seit 1898 in der vierten Generation von der Familie Hug geleitet. 1755 gebaut, diente das Haus als Gemeindestube und war von Anfang an mit Tavernenrecht versehen. Seit 1995 führt Michael Hug mit viel Engagement als jüngster Sohn von sechs Kindern, zurückgekehrt nach seinen Wanderjahren als Koch, die ihn unter anderem auch nach Dubai und Melbourne führten, nun Regie.

Die sehr schöne und gemütliche Schwarzwälder Bauernstube, ausgestattet mit Kachelofen, niedriger Holzdecke und Dielenboden, stilecht und nicht überdekoriert, ist das Herzstück des Hauses, an das sich ein im helleren Holz gehaltenes Nebenzimmer anschließt. Natürlich darf hier der Herrgottswinkel nicht fehlen.

Die Gäste erwartet eine täglich wechselnde, grundsolide, frische Küche, deren breites Spektrum für jeden Geschmack etwas bereithält. Das Angebot reicht von deftiger Vesper, der fangfrischen Forelle über sämtliche traditionell badische Standards und saisonale Gerichte, wie zum Beispiel heimisches Wild, vielseitige Salate, edle Fischgerichte, bis hin zu Krustentieren. Die Karte wird durch vier Menüs ergänzt, unter ihnen befindet sich ein Feinschmecker- und Seniorenmenü. Samstags gibt es meist badisches Suppenfleisch und Nudelsuppe, diese wird wie bei Muttern im Suppentopf serviert. Zudem gibt es Überraschungsmenüs mit fünf oder sieben Gängen. Alles kommt frisch, wohlschmeckend und herzhaft auf den Tisch. Die Portionen sind immer großzügig bemessen und werden, wie früher häufig üblich, auf Platten in Tischnähe warmgehalten und von dem freundlichen und

Gasthaus Zum Kreuz
79117 Freiburg, Großtalstr. 28,
Tel: 0761-620550, Fax: 0761-6205540,
www.gasthaus-kreuz-kappel.de
Geöffnet: Mi-So 11:30-22:30 Uhr. Mo, Di Ruhetag.

Gesamtnote:	8,8 von 10 Punkten
Küche:	9 Punkte
Service:	9 Punkte
Ambiente:	9 Punkte
Weinangebot:	8 Punkte
Preis/Leistung:	9 Punkte

flinken Service versiert vor- und nachgelegt. Und so ist es selbstverständlich für den Chef, dass er nach dem Essen seine Runde durch das Lokal macht, um die Gäste zu fragen, ob alles in Ordnung war und ob es geschmeckt hat. Dabei spürt man, dass Michael Hug der persönliche Kontakt zu den zahlreichen Stammkunden sehr wichtig ist und wenn es die Zeit zulässt, hält er auch gerne mal einen Plausch.

Die Weinkarte dominieren badische Gewächse, es sind aber auch einige Tropfen aus dem Ausland vertreten. Im Sommer lädt die großzügige Gartenterrasse unter dem sehr schönen Lindenbaum zum Verweilen ein. Speziell dann, wenn in der Stadt die Hitze steht, ist das Klima in Kappel immer etwas frischer und behaglicher. Im angrenzenden ›Drei-Sterne‹-Komfort-Gästehaus bietet sich die Möglichkeit, zu nächtigen, wenn der Abend auf der Terrasse mal etwas länger wird.

Freiburg-Lehen

Gasthaus Zum Löwen

Das Gasthaus »Zum Löwen« ist in Lehen nicht zu verfehlen. Es liegt an der Breisgauer Straße und ist ein Bild von einem Gasthof. An der Kopfseite des Hauses findet sich die Metzgerei, die der Bruder der Inhaber betreibt. An der Frontseite führt der große Treppenaufgang zu den Gasträumen. Der »Löwen« atmet Tradition, er wird bereits in dritter Generation von der Familie Disch geführt. Wer durch die herrlichen Gasträume geht, spürt die Liebe zum Detail und die Anstrengung, dem Gast den Aufenthalt so behaglich wie möglich zu machen. Zu der kühleren Jahreszeit lockt der Gastraum mit dem großen grünen Kachelofen. Im Sommer steht ein lauschiger, von Weinreben dicht umwachsener Freisitz auf der Terrasse parat. An einem sommerlichen Abend wähnt man sich dort fast noch weiter im Süden. Behaglichkeit ist ein Wort, das gut zum »Löwen« passt. Seit Jahren gehört das Haus zu den zuverlässigen gastronomischen Adressen in Freiburg.

Die Speisekarte ist übersichtlich und befriedigt doch viele Wünsche. Zu loben ist das Vesperangebot an herzhaften badischen Spezialitäten, wie es zu einem richtigen Gasthaus mit Metzgerei-Anschluss gehört. Es findet sich ein »Speckvesper« ebenso wie ein gekochtes Schweineripple, Ochsenmaulsalat oder saurer Kalbskopf. Das alles zu Preisen von 5 bis 8 Euro.

Der Gast merkt schnell: In der Küche des »Löwen« wird handwerklich sauber und beständig gut gekocht. Wir probierten eine Maultaschensuppe. Die erkennbar selbst gemachten Maultaschen kamen in einer kräftigen Brühe. Schön säuerlich angemacht war der kleine Salat zum Hauptgang. Der Seeteufel mit Tomaten und Zitronenkartoffeln (18 Euro) war ohne Fehl und Tadel, gleiches gilt für die Schweinebäckle (14 Euro), die mit feiner Soße, einem Berg von Berglinsen und feinen, hausgemachten Spätzle gereicht wurden. Zum Dessert entschieden wir uns für heiße Himbeeren mit Vanilleeis. Der Service in dem Gasthaus ist freundlich, flink, professionell und steht dem Gast jederzeit mit Rat und Tat zur Seite.

Eine große Weinkarte mit vielen erlesenen Gewächsen aus der Region rundet das hervorragende und stimmige Angebot ab. So bleibt zu hoffen, dass auch die vierte Generation der Familie Disch dem »Löwen« die Treue hält.

Gasthaus Zum Löwen
79110 Freiburg, Breisgauer Str. 62,
Tel: 0761-82216, Fax: 0761-84405,
www.zum-loewen-freiburg-lehen.de
Geöffnet: Mi-So 16-24 Uhr.
Mo, Di Ruhetag.

Gesamtnote:	8,5 von 10 Punkten
Küche:	9 Punkte
Service:	8 Punkte
Ambiente:	8 Punkte
Weinangebot:	9 Punkte
Preis/Leistung:	8 Punkte

Freiburg

Zum Roten Bären

Der Gasthof »Zum Roten Bären« in Freiburgs malerischer Oberer Altstadt atmet mit jedem Stein Geschichte – immerhin gilt er als Deutschlands ältestes Gasthaus. Die Institution konnte jüngst ihren sage und schreibe 700. Geburtstag feiern. Die Liste der Wirte lässt sich lückenlos seit dem Mittelalter belegen.

Natürlich lebt man die Tradition im Haus, das am Testabend sehr gut besucht ist: Die Gasträume sind gutbürgerlich gediegen – manch einer mag sagen: etwas altbacken. Im Haus achtet man auf eine gewisse Form: Das Servicepersonal zieht die Speisen auf dem Tisch unter einer silbernen Cloche mit einem darauf thronenden Bären hervor. Passend dazu gibt es Plätzchen in Bärenform, die später zum Kaffee gereicht werden.

Wir probieren die Festtagssuppe mit Flädle, Maultaschen und Markklößchen. Der Suppe fehlt es insgesamt ein wenig an Pep. Die Begleitung ordert einen Salat vom Freiburger Markt, dann als Hauptgang Kalbsschnitzel mit Brägele für 21,50 Euro. Der Kellner bietet an, den eigentlich vorgesehenen Beilagensalat gegen Gemüse auszutauschen. Doch irgendwie hat er wohl vergessen, den Wechsel der Küche zu melden, denn das Gemüse kommt nicht an. Dafür hat der Marktsalat eine fein abgestimmte Vinaigrette, ist aber als Vorspeise fast zu viel. Die Schnitzel sind zwei ordentlich große Stücke, schön flach geklopft und knusprig braun ausgebacken. Die Panade ist würzig und nicht zu dick. Die Brägele schmecken solide, gut zu Fleisch und Beilage passen die dunkle Soße und die Preiselbeeren. Die Medaillons vom Rind, Kalb und Schwein mit dreierlei Soße sind perfekt gebraten. Die Soßen entpuppen sich aber lediglich als Topping. Am Nebentisch, wo das gleiche Gericht bestellt wurde, wird auch gleich Soße nachgeordert. Wir haben zum Glück noch etwas Soße vom Schnitzelgericht übrig. Die Spätzle sind handgeschabt und wurden in Butter geschwenkt. Das Gericht ist gut, aber nichts Außergewöhnliches und mit 21,80 Euro dann doch nicht so ganz billig. Überzeugend ist das Finale mit einer Crème brûlée mit knusprig-geflammtem Zucker samt Orangenlikörsoße und Schokoladeneis.

Zum Roten Bären
79098 Freiburg, Oberlinden 12,
Tel: 0761-387870, Fax: 0761-3878717,
www.roter-baeren.de
Geöffnet: täglich 12-14 Uhr/18:30-23 Uhr.

Gesamtnote:	7,3 von 10 Punkten
Küche:	7 Punkte
Service:	7 Punkte
Ambiente:	8 Punkte
Weinangebot:	8 Punkte
Preis/Leistung:	7 Punkte

Freiburg-Brühl-Beurbarung

Die Kantina

»Zeitlose Substanz neu beleben« – unter diesem Leitsatz lässt sich die seit einigen Jahren voranschreitende Neuerschließung des alten Güterbahnhofgeländes wohl zusammenfassen. Unter ähnliche Vorzeichen wollten denn auch die Macher der »Kantina« ihr gastronomisches Konzept gestellt haben. Verortet in der namensgebenden Kantine des alten Bahnhofs erhält man hier umgeben von industrieromantischem Charme eine Küche serviert, die sich auf das Wesentliche konzentriert und dabei nie langweilig zu werden droht. Dass Charlotte Kleitsch, Sebastian Jurisch und Zlatko Osmanhodzic die Liebe zum schnörkellosen Detail pflegen, vermittelt schon das schlichte Interieur. Harmonisch fügt sich dunkles Holzmobiliar in die alte Bausubstanz ein, hier und da abgerundet durch freigelegte Rudimente echten Jugendstils. Auf der Karte setzt sich der atmosphärische Eindruck nahtlos fort. Wer hinter der Wortschöpfung »Happas« alten Wein in neuen Schläuchen vermutet, wird schnell eines Besseren belehrt: Altgedient sind hier lediglich die sorgfältig ausgewählten Rohstoffe und der offenbar nicht weniger beflissene Umgang damit. Hausgemachtes findet sich vom Brotaufstrich (stets als »Kleinigkeit vorab« zu saftig-frischem Backwerk gereicht) über die Nudeln bis hin zum Eissorbet. Die erwähnten »Happas«, sämtlich zwischen 3 und 6 Euro angesiedelt, funktionieren je nach Bedarf als Vorspeise, als Beilage zu den Hauptgerichten und gleichwohl als Snack für den kleinen Hunger – modulare statt molekulare Küche! Bei derart viel unprätentiösem Aufwand bedarf es kaum mehr der Erwähnung, dass sämtliche Speisen auch kulinarisch höheren Ansprüchen genügen, sprich: dass sich hier einfach (und) gut essen lässt. Für die butterweich geschmorten Schweinebäckle bräuchte man weder Messer noch Zähne, ordinäre Käseknöpfle mit Röstzwiebeln bewegen sich nahe der Perfektion. Als regelmäßiger Gast nimmt man mit Freude wahr, dass die Karte behutsam und regelmäßig variiert wird, und dies nicht nur im Bereich des Saisonangebots. Auch die Hauptkarte erhält in mittelfristigen Abständen eine dezente Neuakzentuierung – ein weiteres Beispiel dafür, dass man in der »Kantina« den Wert von Kleinigkeiten schätzt und weiß, dass diese nicht selten den entscheidenden Unterschied machen.

Ein solides, wenn auch wenig aufregendes weintechnisches Rückgrat bilden letztlich die üblichen Verlässlichen der Region, flankiert von zwei, drei ausländischen Rotweinen. Abschließend bleibt noch zu sagen: Schade, dass das sonntägliche Brunchbuffet der »Kantina« aus dem Angebot verschwunden ist – es hat in Freiburg seinesgleichen gesucht.

Die Kantina
79106 Freiburg, Kantinenstr. 120,
Tel: 0761-76666881, Fax: 0761-76666882,
www.die-kantina.de
Geöffnet: Mo-Fr, So ab 11:30 Uhr.
Sa ab 17 Uhr.

Gesamtnote:	9,0 von 10 Punkten
Küche:	9 Punkte
Service:	9 Punkte
Ambiente:	9 Punkte
Weinangebot:	8 Punkte
Preis/Leistung:	10 Punkte

Freiburg

D.O.C. – Osteria Toscana

Essen wie bei ›Cucina della mamma‹ gibt es auch in Freiburg, manche behaupten, es sei dort sogar besser als in einer einfachen toskanischen Trattoria. Im »D.O.C.« in der Gerberau zelebrieren seit 2005 der stets beschwingte Chef Tobia Iannicelli und seine Frau Babett einfache, frische, bestens zubereitete und herrlich schmackhafte italienische Hausmannskost. Mittags gibt es eine kleine Karte mit einem täglich wechselnden Pastagericht und Iannicellis Klassiker: ein klassisches mit Brühe und Wein gerührtes Risotto, dazu Parmaschinken, Auberginen, Pilze und Artischocken.

Verschiedene vegetarische Antipasti, der obligatorische Salami- und Schinkenteller, ein Vitello Tonato und ein Insalata Caprese runden das Mittagsangebot ab. Abends wird in der mit nur 35 Plätzen ausgestatteten »Osteria« dann richtig aufgekocht. Angefangen mit den selbst gemachten Crostini Misto, belegt mit Kirschtomaten, Olivenpesto, pikanter Pilz-Trüffel-Pate, Paprika-Artischocken und hauchdünn geschnittener Lardo oder einem Tunfischsalat mit weißen Canelli-Bohnen und roten Zwiebeln oder Bresaola, dem feingeschnittenen luftgetrockneten Rindfleisch mit Rucola und Parmesanspänen. Auch abends wird die Pasta immer selbst gemacht, wie Fettuccine mit Lammragout oder Ravioli mit Steinpilzfüllung in Salbeibutter. Zum Hauptgang gibt es meist einen in Wein geschmorten Braten und danach kommen die bei den vielen Stammgästen sehr beliebten Süßspeisen seiner Frau Babett. Mittags kann man nicht reservieren, dafür aber abends und das sollte genutzt werden, da wir das »D.O.C.« noch nie leer erlebt haben. Hinter der einsehbaren Küche und auf Wandregalen stehen Weiß-, Rosé- und Rotweine aus Italien. Hier gibt es keine Hochgewächse, aber sehr ordentliche Begleiter zum guten Essen. Natürlich muss man noch auf das sehr ansprechende Preis-Leistungs-Verhältnis hinweisen. Iannicelli beweist seit Jahren, dass es frische, gute, einfache und vor allem authentische Küche aus Italien für den kleineren Geldbeutel geben kann. Schade, dass so viele italienische Restaurants, nicht nur in Freiburg, mit ihren Convenience-Angeboten und Massenprodukten zu billigsten Preisen andere Wege gehen und damit sogar richtig Erfolg haben.

D.O.C. – Osteria Toscana
79098 Freiburg, Gerberau 9,
Tel: 0761-382414, Fax: 0761-382414,
www.doc-gerberau.de
Geöffnet: Di-Sa 12-23 Uhr.
Mo 12-14 Uhr. So, Feiertag Ruhetag.

Gesamtnote:	9,3 von 10 Punkten
Küche:	10 Punkte
Service:	9 Punkte
Ambiente:	9 Punkte
Weinangebot:	9 Punkte
Preis/Leistung:	9 Punkte

Freiburg

Hausbrauerei Feierling

Hausbrauerei Feierling
79098 Freiburg, Gerberau 46,
Tel: 0761-243480, Fax: 0761-25688,
www.feierling.de
Geöffnet: So-Do 11-24 Uhr.
Fr, Sa 11-1 Uhr.

Gesamtnote:	8,0 von 10 Punkten
Küche:	7 Punkte
Service:	8 Punkte
Ambiente:	8 Punkte
Bierangebot:	9 Punkte
Preis/Leistung:	9 Punkte

Die »Brauerei Feierling« ist in Freiburg eine richtige Institution. Wer die Stadt besucht, kommt um sie nicht herum, und auch außerhalb des Breisgaus genießt das naturtrübe Feierling-Bier hohes Ansehen. Vor allem an warmen Tagen ist der Ort das ideale Ausflugsziel: Von Mai bis Spätherbst schenkt die Freiburger Traditionsbrauerei gegenüber ihrem Haupthaus am Augustinerplatz ihr legendäres Bier aus – und schafft so den zentralsten Biergarten der Stadt. Ergattert man im Sommer einen Sitzplatz im Schatten der alten Kastanien, verlässt man ihn so schnell nicht mehr. Bei gutem Wetter sind die schattigen Plätze heiß begehrt. Ab Mai finden im Feierling-Biergarten außerdem regelmäßig Frühschoppenkonzerte regionaler Musikvereine statt. Eine Übersicht der Veranstaltungen findet sich auf der Internet-Seite der Brauerei. Serviert wird das naturtrübe »Inselhopf«, eine Eigenkreation von Martina Feierling. Süß und süffig ist es vor allem für Nicht-Biertrinker ein Genuss, während Liebhaber herberer Sorten weniger auf ihre Kosten kommen. Zum Bier im Kastanienschatten passt am besten ein zünftiges Vesper wie Weißwürste mit süßem Senf, Presssack mit Vinaigrette oder der berühmte Elsässer Wurstsalat mit Käse. Vegetarier wählen zwischen würzigem Radi mit Butterbrot, Bibeleskäs, Obatzer oder einem knackigen Gartensalat. Der kommt mit feinwürziger Vinaigrette, Fetakäse, Rettichstreifen und Oliven auf den Tisch und schmeckt nicht nur an Sommertagen. Bei größerem Hunger sollte man im Gasthaus ein Rumpsteak vom Elztäler Rind mit Kräuterbutter und Brägele für rund 13 Euro bestellen oder das legendäre »Inselschnitzel« probieren. Für mehr Abwechslung sorgen die Gerichte der wechselnden Wochenkarte, sie kosten zwischen 7 und 10 Euro. Auch in den Wintermonaten ist das »Feierling« einer der stilechtesten und gemütlichsten Orte der Stadt: Die im Anwesen »Zur Insel« gegründete Brauerei Julius Feierling wird einerseits vom Gewerbekanal und andererseits vom Freiburger Stadtbächle umspült – und kam so zu ihrem Namen. Von November bis Februar gesellt sich das dunkle Weizenbier »Brunhilde« zur Bierauswahl, die in der wohligen Bierstubenatmosphäre des großen Gastraumes am besten schmeckt. Auch größere Gruppen finden in der rustikalen Gaststätte Platz, die sich auf drei Etagen um zwei alte kupferne Braukessel windet. Regelmäßig bietet Braumeister Peter Egelseer die Möglichkeit, die Anlagen der Brauerei zu besichtigen, um zu erfahren, wie aus Hopfen, Malz und Quellwasser Bier gebraut wird. Gruppen bis 15 Personen sollten sich rechtzeitig anmelden.

Freiburg-Wiehre

Gaststätte im Wiehrebahnhof

So ganz verstanden haben das die Wiehremer ja nie, dass ausgerechnet »ihr« »Wiehrebahnhof«, eine der schönsten Gaststätten weit und breit, in den vergangenen Jahren von einem Schwächeanfall zum nächsten getorkelt ist. Etliche Gastronomen haben sich hier vergeblich versucht. Und so hat in dieser Zeit hier nur eine Küche ein zuverlässig hohes Niveau gehalten: die Gerüchteküche. Einmal soll die angeblich völlig überhöhte Pacht, dann wieder eine elend veraltete Küchenausstattung schuld am Misserfolg gewesen sein.
Nun aber kann man, kurz vor Redaktionsschluss dieses Führers, doch wieder berechtigte Hoffnung schöpfen. Rüdiger Grabowski, der sehr erfolgreiche Betreiber des »Manna« am Freiburger Augustinerplatz, hat sich des Patienten angenommen und gleich vom Start weg gezeigt, dass er weiß, wie so etwas geht. Die Gaststube wurde ganz behutsam entstaubt, ohne ihre wunderschöne Substanz im geringsten anzutasten. Und der Freisitz ist nun rustikal, plastikfrei, mit großen Sonnenschirmen und einer angenehmen abendlichen Beleuchtung passend möbliert. Während die Höllentalbahn langsam Fahrt in Richtung Schwarzwald aufnimmt, sitzt man hier, in dieser speziellen, aber überhaupt nicht ungemütlichen Bahnsteigatmosphäre ganz entspannt beim gut gekühlten Gutedel und einem ausgezeichneten Pot-au-feu. Dieser hatte echt französisches Format: sauber gekochte Brühe, reichlich gutes Rindfleisch, verschiedene Gemüse, eine Scheibe Lyoner Wurst, ein echter Markknochen mit Inhalt und alles mit frisch geraspeltem Meerrettich gewürzt. Chapeau!

Gaststätte im Wiehrebahnhof
79102 Freiburg, Gerwigplatz 20,
Tel: 0761-1376266, Fax: 0761-1376266,
www.wiehre-bahnhof.com
Geöffnet: Mo-Fr 11-24 Uhr. Sa 17-24 Uhr. So 10-24 Uhr.

Gesamtnote:	8,8 von 10 Punkten
Küche:	9 Punkte
Service:	9 Punkte
Ambiente:	10 Punkte
Weinangebot:	7 Punkte
Preis/Leistung:	9 Punkte

Überhaupt hatten wir den Eindruck, dass die neuen Pächter sichtlich Freude daran haben, ihr nicht ganz, aber doch eher vegetarisch ausgerichtetes »Manna«-Programm hier um eine deftigere Variante ergänzen zu können. Das Schweineschnitzel »Wiener Art« war tadellos gebraten, saftig und mit der klassischen Wiener Krönung versehen: Zitronenscheibe nebst gerollter Sardelle und Kapern. Auf solche Details achtet nur, wer Freude am Kochberuf hat. Dazu gab es geschmackvollen Kartoffelsalat. Immer am Freitagabend ist ein ganzes, knusprig gebratenes Mistkratzerle im Angebot. Und sonntags lockt ein klassischer Sonntagsbraten mit Spätzle, Knödel und Gemüse. Mittagsteller zwischen 8 und 12 Euro.
Die Weinkarte ist ausbaufähig, der Service freundlich und aufmerksam.

Freiburg-Wiehre

Restaurant Kartoffelhaus

Wer in Freiburg Erdäpfel liebt, der kommt am »Kartoffelhaus« nicht vorbei. Hier werden schon seit Jahren allerlei Gerichte rund um Geschwellte, Brägele, Gratin, Pommes frites und Co. gekocht und gebraten. Dabei wird versucht, auch manch seltene Kartoffelsorte wie La Ratte oder die blaue Vitelotte ins Blickfeld zu rücken. Sehr vorbildlich transparent ist, wie das »Kartoffelhaus« auf der Karte seine Lieferanten vorstellt und seine Einkaufsphilosophie erklärt. Es gibt immer wieder saisonale Aktionen und auch der Verarbeitung von Wildkräutern begegnet das Haus mit Leidenschaft.

Nun, das »Kartoffelhaus« ist in Freiburg hochpopulär und hat seit Jahren eine treue Fangemeinde – was man schon daran sieht, dass im Lokal eigentlich an keinem Abend ein Tisch frei bleibt. Wir schauten in der kälteren Jahreszeit vorbei und orderten – etwas Warmes braucht bekanntlich der Mensch – erst einmal Suppe. Richtig lecker, weil nicht zu dick und nicht zu dünn, war die Kartoffelsuppe mit Speck. Die Begleitung wandte sich der exotischeren Kürbiskokossuppe mit Chillifäden und geröstetem Sesam zu. Diese Terrine konnte ebenfalls überzeugen, auch wenn sie eine Idee heißer hätte sein können. Dafür schmeckte sie schön abgerundet, erst süß, dann nussig und scharf im Abgang. Den Salat überzog eine leichte Vinaigrette, frisch mit Kressehäubchen. Frisch und ausgesprochen lecker mundete das helle und dunkle Brot, Letzteres mit Walnüssen. Gelungen war auch der sehr würzige Kartoffelauflauf mit Lammhack, grünen Bohnen und Schafskäse, leider gingen im Gesamtwerk die Bohnen ein wenig verloren. Das Gericht war allerdings sehr mächtig. Vielleicht hätte es die

Restaurant Kartoffelhaus
79100 Freiburg, Basler Str. 10,
Tel: 0761-72001, Fax: 0761-72002,
www.daskartoffelhaus.de
Geöffnet: täglich 11:30-24 Uhr.

Gesamtnote:	8,3 von 10 Punkten
Küche:	8 Punkte
Service:	10 Punkte
Ambiente:	7 Punkte
Weinangebot:	8 Punkte
Preis/Leistung:	9 Punkte

Bechamelsoße zur Tomatensoße hinzu gar nicht gebraucht. Als weiteres Hauptgericht bestellten wir die Schweinemedaillons mit Thymian und Wintergemüse, das knackig auf dem Teller lag. Rosenkohl, Champignons, Karotten, dazu eine feine Note Thymian und ein Hauch Ingwer – das gefällt zum perfekt gebratenen Fleisch. Dem ansonsten vorbildlichen Kartoffelgratin mussten wir eine zusätzliche Prise Salz spendieren.

Im »Kartoffelhaus« sitzt man gemütlich, trotz Trubel im vollen Haus. Der Service ist freundlich, gewitzt und aufmerksam, immer zur Stelle, wenn man ihn braucht. Das »Kartoffelhaus« bietet auch eine zusätzliche Karte mit gluten- und laktosefreien Speisen an, darüber hinaus werden auch vegane Gerichte serviert.

Freiburg-Wiehre

Restaurant Korfu

Um es gleich und ohne Umschweife auf den Punkt zu bringen: Wer in deutschen Landen gern griechisch essen geht, kommt am »Korfu« nicht vorbei. Evangelos Tsikas' Restaurant direkt gegenüber der Johanneskirche ist entsprechend – und trotz der fast erschreckend unauffälligen äußeren Anmutung – das Gegenteil eines Geheimtipps. Zu überzeugend ist das, was man serviert bekommt, als dass es sich nicht längst herumgesprochen hätte: Die Fleisch- und Fischgerichte, allesamt zu Preisen zwischen 9 und 18 Euro angesetzt, sind eine proteinlastige Wucht! Vom überragend guten Gyros (eine echte Referenz!) über saftiges Souvlaki bis zu Kalamaria mit Seezunge vom Grill verwöhnt die Küche auf solideste Machart, auf Überraschungen und Effekthascherei wird ganz gezielt verzichtet. Wenn überhaupt, so überrascht zum einen die Größe der Portionen – selbst ausgewiesen gute Esser werden den obligatorisch gereichten Ouzo am Ende des Tages schätzen –, zum anderen die variierende Auswahl an sehr guten vegetarischen Gerichten, die durchaus eine gesonderte Hervorhebung verdient, zumal in griechischen Restaurants beileibe nicht die Regel. Wer sich trotz der opulenten Hauptgänge auf eine Variation an Vorspeisen eingelassen hat, wird weder von Klassikern wie Dolmadakia noch vom wahlweise mit Spinat oder Schafskäse gefüllten Blätterteiggebäck enttäuscht. Nichts wirkt überwürzt, stets schmeckt man die gewissenhaft frische Zubereitung heraus. Das teils etwas überfrachtete Ambiente tut der Freude hier keinerlei Abbruch. Die Auswahl an offenen Weinen ist mit 26 Posten erstaunlich umfangreich und lädt, verbunden mit dem angebotenen Spektrum an griechischen Flaschenweinen, ein, den persönlichen und wo-

Restaurant Korfu
79100 Freiburg, Basler Str. 4,
Tel: 0761-702646, Fax: 0761-5580006,
www.restaurant-korfu.de
Geöffnet: Mo, Mi, Do, Fr, So 11:45-14 Uhr/17:30-24 Uhr. Sa 17:30-24 Uhr.
Di Ruhetag.

Gesamtnote:	8,2 von 10 Punkten
Küche:	8 Punkte
Service:	9 Punkte
Ambiente:	7 Punkte
Weinangebot:	8 Punkte
Preis/Leistung:	9 Punkte

möglich auf ägäischem Terrain nicht unbedingt lückenlosen Horizont zu erweitern. Zu früherer Tageszeit wartet der Mittagstisch mit einem gelungen Derivat der Abendkarte auf – Tellergerichte zwischen 6 und 13 Euro inklusive Tagessuppe werden auch in der kleineren Form jedem rustikalen Anspruch gerecht. Grundsätzlich gilt: Spontanbesuche im »Korfu« sind wie bei jedem offenen Geheimtipp ein kleines Vabanquespiel, im Sommer entspannt sich die Lage gegebenenfalls durch die zahlreichen zusätzlichen Tische im Hof. Eine Reservierung vorab – in diesem Klassement nicht unbedingt üblich – empfiehlt sich selbst unter der Woche stets.

Freiburg-Haslach

Pizzeria Pinocchio

Pizzeria Pinocchio
79115 Freiburg, Julius-Brecht-Str. 3,
Tel: 0761-445617.
Geöffnet: Di-So 17-24 Uhr. Mo Ruhetag.

Gesamtnote:	8,0 von 10 Punkten
Küche:	8 Punkte
Service:	6 Punkte
Ambiente:	8 Punkte
Weinangebot:	8 Punkte
Preis/Leistung:	10 Punkte

Die »Pizzeria Pinocchio« versteckt sich in einem Wohngebiet im Freiburger Stadtteil Haslach – im Erdgeschoss eines Wohnblocks und somit an einer Stelle, an der man eigentlich kein Lokal erwarten würde. Das Restaurant hat knapp ein Dutzend Tische, die fast immer mit hungrigen Essern voll belegt sind. Viele kommen hier aus dem Quartier oder aber auch aus Freiburgs großer italienischer Gemeinde. Viele Landsleute schwören offenbar auf Enzo Guidas Lokal, benannt nach der beliebten Kinderfigur mit langer Lügennase. Vor der Theke stehen einige Hocker, auf denen bevorzugt italienisch geredet wird. Bene! Man ist in Haslach und fühlt sich aber wie im Urlaub in Italia.

Bei unserem Besuch feierte an einer langen Tischreihe eine italienische Gesellschaft mit Papa, Mama, Onkel und Tante und vielen Bambini ein fröhliches Familienfest. Da nimmt der Service gerne Anteil und kommt bei uns mit dem Abräumen des Geschirrs der Vorgänger in Verzug, macht das dann aber mit einem Augenzwinkern und Freundlichkeit wieder wett. Schauen wir aufs Essen: Die Tomatensuppe schmeckt nach selbst gemacht, hätte jedoch noch ein bisschen Pfeffer und Salz vertragen können. Der Salat ist tadellos, knackig und frisch. Die in der Karte als Tagesgericht annoncierten Ravioli mit Spinat-Ricotta in Tomatensoße sind, das schmeckt man, ebenfalls hausgemacht und tadellos. Kleines Manko: Die Portion fällt nicht gerade üppig aus. Das kann man von der viel gepriesenen Pizza des Hauses nicht behaupten. Ganz im Gegenteil. Der riesige ovale Teigfladen ragt an beiden Seiten über den Tellerrand hinaus. Die Pizza wurde im Ofen auf dem Stein richtig schön kross gebacken. Der Boden ist dünn, der Teig schlägt Blasen, wie es sich für eine richtige Pizza gehört. Keine Frage, hier steht ein Könner an Herd und Pizzaofen. Wir orderten unsere Pizza mit Parmaschinken und Rucola – wobei die Qualität des verwendeten Schinkens durchaus zu loben ist. Zum Nachtisch gab es einen kräftigen Espresso und solides Tiramisu. Die Preise sind ausgesprochen fair. Alle Speisen gibt es auch zum Mitnehmen – ein gern genutztes Angebot, wie man im Laufe des Abends mitbekommt. Wer ohne Voranmeldung nach Haslach kommt, hat in der Regel Pech und bekommt von denen, die so schlau waren zu reservieren, pinocchiomäßig eine lange Nase gezeigt.

Freiburg
Primo Market

Einmal die Woche, meist am Montag, fährt Fabrizio Bonacci nach Mailand auf den Großmarkt, je nach Bedarf auch nach Como, Varese oder Lecco, und kauft ein. Frisches italienisches Gemüse, vor allem herrlich schmeckende Tomaten in großer Auswahl, frisches Obst, frisches Brot, italienische Salami und Schinken, Hart- und Weichkäse, beste Olivenöle und Weinessige, Weine und anderes mehr, das er dann in seinem geräumigen italienischen Spezialitätengeschäft »Primo Market« in der Bernhardstraße in Freiburg verkauft. Seit einigen Jahren betreibt Bonacci auch ein kleines, inzwischen täglich bestens besuchtes Bistro mit einer sehr ansprechenden Mittagsküche, die mitten unter den Gästen offen zubereitet wird. Die derzeitige Köchin Antonietta Cirillo kommt aus Pompeij und liebt Pasta. Neben dem neu erworbenen Pizzaofen, der von den Gästen geradezu gefordert wurde, und der erstklassigen Wurst-, Schinken- und Käsetheke kann der Mittagsgast nun zwischen Pizzen und oft täglich wechselnden und natürlich der Saison angepassten Gerichten wählen. Hier eine Tagesauswahl: Alici Fritte con Insalata, Insalata di Polpo, Frittura di Pesce con Insalata, Zuppa de Pesce, Paccheri al Ragu D'Angello, Pollo al Forno con Patate Novelle, Penne alla Siciliana, Fettuccine ai Porcini Freschi e Galletti Freschi, Fegato alla Veneziana con Pappardelle Burro e Salvia, Calamarata Amalfitana, Coniglio alla Genovese con Patate Novelle, Orata alla Griglia con Insalata, Orcchiette Salsiccia Rucola oder Gnocchi alla Sorrentina. Wir verzichten hier auf die Übersetzung, um den original italienischen Charme dieser Ladenküche zu unterstreichen. Alle Gerichte kosten zwischen 8 und 14 Euro, sind alle reichlich portioniert und schmecken, wie ein-

Primo Market
79098 Freiburg, Bernhardstr. 6,
Tel: 0761-2922441, Fax: 0761-2922442.
Geöffnet: Mo-Fr 9-19:30 Uhr.
Sa 9-16 Uhr. So Ruhetag.

Gesamtnote:	8,2 von 10 Punkten
Küche:	9 Punkte
Service:	8 Punkte
Ambiente:	6 Punkte
Weinangebot:	7 Punkte
Preis/Leistung:	10 Punkte

faches, selbst gemachtes, frisches italienisches Essen schmecken kann, wenn es mit Liebe zubereitet wird. Die Atmosphäre ist rustikal spärlich, aber die gute Laune der Gäste ist mehr als ansteckend und Bonacci und sein Team sind mit ganzem Herzen bei der Arbeit. Natürlich kann man auch ganz ordentlichen Wein trinken und alle Speisen kann man sich zum Mitnehmen einpacken lassen. So gut kann ein »einfacher Italiener« schmecken, der nicht vorgefertigte, billige Massenware auf seitenlangen Speisekarten, wie so oft in Freiburg, an die einheimische Kundschaft und die oft nichts ahnenden Touristen verhökert!

Freiburg-Wiehre

Soom poong

Soom poong
79100 Freiburg, Merzhauser Str. 14,
Tel: 0761-59045945,
www.soom-poong.de
Geöffnet: Mo, Mi, Do 12-14:30 Uhr/18-22 Uhr. Fr 12-14:30 Uhr/18-24 Uhr. Sa 14-24 Uhr. So 16-23 Uhr.

Gesamtnote:	8,7 von 10 Punkten
Küche:	10 Punkte
Service:	8 Punkte
Ambiente:	7 Punkte
Weinangebot:	7 Punkte
Preis/Leistung:	10 Punkte

»Man sieht nur, was man weiß.« Die Worte unseres Dichterfürsten dürfen wohl auch dort trefflich angebracht sein, wo man hinter der Fassade eines massiven Betonbunkers nicht unbedingt eine kulinarisch wertvolle Einkehrmöglichkeit vermutet. Etwas versteckt im Parterre des mehrteiligen Wohnblockkomplexes an der Merzhauser Straße gilt das »Soom poong« noch als kleiner Geheimtipp, wenngleich dies angesichts der gebotenen Qualität und Originalität ganz sicher nicht mehr allzu lang der Fall sein dürfte. Die laotisch-vietnamesische Kunst von Frau Buscema ist die mitunter lästige Parkplatzsuche in einer der benachbarten Nebenstraßen in jeder Hinsicht wert. Vor gut zweieinhalb Jahren hat sie gemeinsam mit ihrem Mann den lang gehegten Wunsch in die Tat umgesetzt, der Küche ihrer Heimat einen Platz in Freiburgs Gastronomie einzuräumen. Und das mit durchaus beeindruckendem Erfolg. Es empfiehlt sich unbedingt, aus der Palette an Vorspeisen und Fingerfood eine kleine Auswahl zusammenzustellen und, sollte man mindestens zu zweit sein, in bewährter Tapas-Manier zu genießen. Zu den kalt servierten gefüllten Reisblättern gibt es frei Haus eine Einführung zum richtigen ›Handling‹. Ernst zu nehmen sind ferner die Hinweise auf verschiedene Schärfegrade: Als »scharf« ausgezeichnete Gerichte sind tatsächlich scharf – zumindest für den mitteleuropäischen Durchschnittsgaumen. Selbst als »leicht scharf« ausgewiesene Speisen sollten mit Respekt bestellt werden. Wer Koriander mag, ist im »Soom poong« mehr als richtig – eine ganze Palette an Gerichten verdankt diesem Gewürz die für die Region typische markante Basisnote. Andere wählen unbedingt die Hähnchenbrust mit Bohnen oder das hervorragende pfannengerührte Pak-Choi-Gemüse. Grundsätzlich hat man hinsichtlich der Beilagen stets die Wahl zwischen Jasmin- und Klebreis, letzteres wird stilecht in einem kleinen Bastkörbchen serviert. Die frittierte Banane als Dessert fehlt auch auf der hiesigen Speisekarte nicht, ist aber zum Glück das Einzige, was dieses Lokal mit dem gängigen Durchschnittsasiaten an der Ecke verbindet. Besser bedient ist man ohne Frage mit dem Süßkartoffelküchlein in warmer Kokoscreme, das wesentlich leichter daherkommt, als es zunächst klingt. Fast alle Speisen sind hausgemacht, die frischen Zutaten ganz offensichtlich mit viel Bedacht ausgesucht und auf den Punkt zubereitet – angesichts des Preisniveaus (Hauptgerichte ab 5 Euro) ein Umstand, der gehörigen Respekt verdient und dazu etwas, das man ebenfalls nicht sofort sieht, dafür aber durchaus schmeckt!

Freiburg-Zähringen

Zum Ochsen

Der »Ochsen« in Zähringen, die Größe der dort verabreichten Schnitzelportionen und die Seniorchefin Frau Gehri, die mit ihrem Holzkässle und Taschenlampe bei einem wahrscheinlich weltweit einmaligen Ritual die Rechnung einzieht – das sind die Hauptzutaten einer Freiburger Gastronomielegende. Irgendwie müsste der »Ochsen« jedenfalls unter Denkmalschutz gestellt werden. Es geht hier nicht um das Gebäude, sondern um die Art, wie diese Quartierswirtschaft betrieben wird. Das hat schon was.

Den »Ochsen« als Geheimtipp zu bezeichnen, ist nicht mehr so ganz korrekt. Es hat sich längst herumgesprochen, dass sich hier eine Oase findet, wo jenseits von Eventgastronomie und Convenience-Kocherei noch echte bodenständige Küche geboten wird. Und das ganz ohne offizielle Speisekarte, wie es die Tradition im Haus will. Gegessen wird, was auf den Tisch kommt. Ein renommierter Gastrokritiker aus der Region hat das Prozedere einmal schlüssig mit einem Zitat von Frau Gehri erklärt: »Wir haben hier so viele Akademiker, da kann ich net lang diskutiere«, soll sie gesagt haben.

Zu Recht gerühmt wird der »Ochsen« für seine Schnitzel. Selbst falls sich eine Truppe Forstwirte, wie die Holzfäller heute heißen, einmal vom Schwarzwald nach Freiburg-Zähringen herunter verirrt: Die im »Ochsen« aufgetischte Schnitzelportion dürfte selbst für einen Bären von einem Mann nach einem harten Arbeitstag eine echte Herausforderung sein. Drei (!) dünne, knusprig ausgebratene Schnitzel kommen auf einer Platte, wahlweise mit Kartoffelsalat oder Brägele. Beide Varianten sind ausgesprochen lecker, genauso wie die Schnitzel übrigens. Es ist nicht nur die Größe, die hier zählt. Zum festen

Zum Ochsen
79108 Freiburg, Zähringerstr. 363,
Tel: 0761-553860.
Geöffnet: Do-Di ab 17:30 Uhr.
Mi Ruhetag.

Gesamtnote:	8,5 von 10 Punkten
Küche:	9 Punkte
Service:	9 Punkte
Ambiente:	7 Punkte
Weinangebot:	7 Punkte
Preis/Leistung:	10 Punkte

»Ochsen«-Ritual gehört auch die Alufolie, die mit der Fleischportion an den Tisch geliefert wird. Nur Anti-Traditionalisten bestellen die kleine Portion, die vor ein paar Jahren eingeführt wurde.

Aber es sind nicht die Schnitzel allein: Je nach Jahreszeit und Wochentag gibt es Innereien wie Leberle oder aber auch Omelette, Cordon bleu, würzige Fleischküchle, Bratwürste oder aber auch Spargel- oder Wildgerichte. Der »Ochsen«-Chef Michael Winterhalter ist passionierter Jäger. Er erlegt und zerlegt selbst, was da in Sachen Wild auf den Teller kommt.

So sitzt man als Gast jedes Mal nach dem Essen zufrieden mit vielen anderen in der behaglichen Gaststube des »Ochsen«. Und alle miteinander eint immer die Hoffnung, dass dieses ganz besondere Lokal und ganz besondere Stück Freiburg noch lange bestehen bleiben möge.

Freiburg-Herdern

Gasthaus Zum Weinberg

Gasthaus Zum Weinberg
79104 Freiburg, Hauptstr. 70,
Tel: 0173-6618944 (vorübergehend),
www.gasthaus-weinberg.de
Geöffnet: Di-Sa 17-24 Uhr.
So 12-14 Uhr/17-24 Uhr.
Mo Ruhetag.

Gesamtnote:	8,2 von 10 Punkten
Küche:	8 Punkte
Service:	9 Punkte
Ambiente:	8 Punkte
Weinangebot:	7 Punkte
Preis/Leistung:	9 Punkte

Die Herdermer sind glücklich gewesen, als im Sommer 2009 der vorübergehend verwaiste »Weinberg« neue Wirtsleute bekommen hat. Die gastronomischen Quereinsteiger Franziska Schwer, Tochter Sarah und Lebensgefährte Bernd Rasmus nahmen das Heft in dem Traditionshaus am Glasbach in die Hand. Das Trio hatte sich schon zuvor fünf Jahre lang in der »Eiche« in Haslach bewiesen und legt nun an neuer Wirkungsstätte sogar noch eine Schippe drauf. Die Freude bei der Kundschaft in Herdern hält an. Denn: Der »Weinberg« blüht, wie man an den meist voll besetzten Tischen ablesen kann. Es herrscht wieder Kontinuität an der Hauptstraße in Herdern, nachdem es zuvor etliche Pächterwechsel gegeben hatte. Die Wirtschaft ist seit jeher auch ein Anker im rührigen Vereinsleben des Stadtteils. So dient der »Weinberg« zur Fasnetszeit etwa den ehrwürdigen »Herdermer Lalli« als Basislager.

Die gute alte Umschreibung »gutbürgerlich« trifft es am besten, wenn man das »Gasthaus zum Weinberg« umschreiben soll. Das Lokal wurde im 19. Jahrhundert gebaut und ist damit das zweitälteste Gasthaus im vornehmen Freiburger Viertel. Die Karte ist übersichtlich gehalten, viele von der Kundschaft geschätzte badische Klassiker finden sich darin. Die Palette reicht vom Wurstsalat, den hausgemachten Rouladen, dem geschmorten Ochsenschwanz bis zu einem ordentlichen Sauerbraten. Die Preise liegen unter der Freiburger Norm. Sehr fein und zart war die Zunge in Madeirasoße mit Bandnudeln und knackigem Salat (14,80 Euro). Auch lecker: hausgemachte Semmelknödel mit frischen Pfifferlingen und Salat. Fein gebraten war der Weideschafrücken mit Lavendel, Ziegenkäse im Parmaschinken und Salat. Allein der Ziegenkäse kam uns ein wenig mau vor. Aber insgesamt war das Essen tadellos. Lecker war auch das Eisdessert. Dabei muss man erwähnen, dass der »Weinberg« sein Eis von der »Ice-Galaxy« in Unterlinden bezieht, wo, wie Kenner mitbekommen haben, mit das beste Freiburger Eis hergestellt wird.

Der Service war freundlich, fast familiär. An schönen Abenden in der warmen Jahreszeit bildet der wildromantische Garten eine perfekte Oase, wie man sie inmitten der kleinen Großstadt Freiburg nicht erwartet. Keine Frage: So kann es weitergehen mit dem »Weinberg«.

Friesenheim-Oberweier

Mühlenhof Landhotel-Restaurant

Mühlenhof Landhotel-Restaurant
77948 Friesenheim-Oberweier,
Oberweierer Hauptstr. 33,
Tel: 07821-6320, Fax: 07821-632153,
www.landhotel-muehlenhof.de
Geöffnet: Mi-Mo 12-14 Uhr/18-21 Uhr (Küchenschluss). Di Ruhetag.

Gesamtnote:	8,7 von 10 Punkten
Küche:	8 Punkte
Service:	8 Punkte
Ambiente:	8 Punkte
Weinangebot:	10 Punkte
Preis/Leistung:	10 Punkte

Spontan einen Tisch im »Mühlenhof« zu bekommen, ist ein schier aussichtsloses Unterfangen, besonders am Wochenende. Deshalb sollte man sich frühzeitig für den Besuch entscheiden und entsprechend reservieren – das gilt nicht nur für Gesellschaften. Denn der »Mühlenhof« hat zwar reichlich Platz, noch mehr seit dem Anbau im Frühjahr, bei dem ein zusätzlicher Raum geschaffen wurde, doch bereits um die Mittagszeit herrscht Hochbetrieb, wenn Geschäftskunden, Mitarbeiter von Firmen, die selbst von Lahr den Weg in Kauf nehmen, oder die eigenen Hotelgäste zum äußerst günstigen Mittagstisch kommen. Der »Mühlenhof« ist in der Region Lahr das wohl beliebteste und am besten frequentierte Restaurant.

Diesen Ruf hat sich die Familie Rottler über viele Jahre erarbeitet – mit Qualität beim Essen und einem hervorragenden Preis-Leistungs-Verhältnis. Küchenchef Stefan Rottler und Schwester Anette, die mittlerweile gemeinsam den Betrieb der Eltern führen, haben eine große Mannschaft hinter sich. Aufgrund des großen Andrangs bleibt es trotzdem nicht aus, dass manchmal etwas nicht so gut klappt. Es ist aber die Ausnahme.

Das Restaurant in dem Friesenheimer Ortsteil ist in hellem Holz gehalten, der Anbau ist im gleichen Stil, aber etwas moderner. Wer in den »Mühlenhof« geht, der erwartet keine Novelle Cuisine, will aber schon ein wenig anders essen. Es gibt die klassisch badische Küche in einer verfeinerten Version mit Einflüssen aus Frankreich. Die Forellen stammen aus dem Schuttertal, das Wild kommt zum Beispiel aus der eigenen Jagd. Wer sich überraschen lassen will, der wählt – nomen est omen – das Überraschungsmenü und er wird nicht enttäuscht sein: der Gruß aus der Küche, die Kräuterrahmsuppe, Dreierlei von der Wachtel, das Forellenfilet, ein Sorbet als Zwischengang, Keule und Rücken vom Reh – beides perfekt gebraten mit saftig-rosa Kern – und dazu ein Dessertteller. Und das alles für 37 Euro! Das kleine viergängige Menü gibt es bereits für 27 Euro. An Weinen bietet der »Mühlenhof« reichlich Auswahl. Darunter sind viele WG-Weine, aber auch ausgesuchte Winzer aus der Ortenau und vom Kaiserstuhl. Und auch beim Wein wird man nicht arm: Eine Flasche Riesling Kabinett trocken von Bernhard Huber aus Malterdingen ist zum Beispiel für 19 Euro zu haben.

Fröhnd-Hof

Café-Pension Hirtenbrunnen

Café-Pension Hirtenbrunnen
79677 Fröhnd-Hof, Hof 4,
Tel: 07673-425, Fax: 07673-7713,
www.hirtenbrunnen.de
Geöffnet: Di-Fr 14-24 Uhr.
Sa, So 12-23 Uhr. Mo Ruhetag.

Gesamtnote:	9 von 10 Punkten
Küche:	10 Punkte
Service:	9 Punkte
Ambiente:	9 Punkte
Weinangebot:	8 Punkte
Preis/Leistung:	8 Punkte

Der »Hirtenbrunnen« ist nicht leicht zu finden. In Wembach muss man die viel befahrene B 317 verlassen und dann gleich wieder auf ein kleines Bergsträßchen wechseln, das sich auf dem Weg nach Hof noch einmal verzweigt. Oben angekommen, befindet man sich in einer anderen Welt. Schwarzwaldhäuser mit weit heruntergezogenem Walmdach, ein ganzer Baum mit Wanderschildern zu Zielen im weitgehend unberührten Gebiet südlich des Belchens und eine Aussicht vom Feldberg bis zum Jura und den Alpen. Über das ziemlich verhunzte Wiesental sieht man hinweg, das Höhenpanorama vermittelt ein unverfälschtes Idyll. Das ist die passende Kulisse für den stimmigen Auftritt einer Wirtschaft, die in einem sorgsam restaurierten und noch ziemlich originalen Schwarzwaldhaus untergebracht ist. Draußen sitzt man zünftig auf Bänken unter dem vorgezogenen Dach und in der Stube mit dem großen Kachelofen kommt man ins Sinnieren darüber, was sich in diesem Raum in 400 Jahren wohl so alles abgespielt haben mag. Speck und andere rustikale Vesper mit Bauernbrot mögen die Hausbewohner auch in früheren Jahrhunderten gegessen haben. Das »Altgermanische Wildsauessen mit Met«, für das ein reichlich beladenes Brett und ein gefülltes Kuhhorn auf den Tisch gestellt werden, dürfte entgegen der Bezeichnung eher eine neuere Erfindung sein. Aber wer weiß: Der Zwiebelrostbraten mit Brägel, die ein oder andere Forelle oder Wild könnten im Haus »Hirtenbrunnen« auch früher bei den Bauern an besonderen Tagen auf dem Speiseplan gestanden haben. Die Gäste heute haben es leichter. Sie dürfen aus der kleinen, saisonal angepassten Karte wählen, ohne einen Fehlgriff fürchten zu müssen. Was im »Hirtenbrunnen« auf den Tisch kommt, ist schlicht und gut, oft sogar sehr gut. Auf keinen Fall sollte man sich den fein gekräuterten frischen Salat entgehen lassen, eine etwas deftigere Alternative für die Vorspeise sind die kräftige Flädlesuppe oder die etwas feinere Pilzpastete. Für Fleischesser sind die Wildgerichte eine sichere Bank. Das Rehnüsschen mit Spätzle und Pfifferlingen ist kross angebraten und innen noch leicht rosa, dazu gibt es eine kräftige Soße und einfache Weine aus der Region. Für Vegetarier sind die Käsespätzle erste Wahl, bei denen eine knusprige Käseschicht eine köstlich harzige Note liefert. Zu diesem Zeitpunkt der Mahlzeit erkennt der Gast, dass es klug war oder gewesen wäre, vor dem Besuch in der Gaststätte bei einer Wanderung Kalorien zu verbrauchen. Denn ohne Dessert sollte man den »Hirtenbrunnen« nicht verlassen. Erdbeerknödel (mit etwas längerer Zubereitungszeit), Eisgugelhupf oder ein Tannenhonigparfait – eine Süßspeise schmeckt so gut wie die andere.

Gengenbach

Hotel-Restaurant Die Reichsstadt

Hotel-Restaurant Die Reichsstadt
77723 Gengenbach, Engelgasse 33,
Tel: 07803-96630, Fax: 07803-966310,
www.die-reichsstadt.de
Geöffnet: Mi-So 12-14 Uhr/18-22 Uhr.
Di 18-22 Uhr. Mo Ruhetag.

Gesamtnote:	8,5 von 10 Punkten
Küche:	9 Punkte
Service:	8 Punkte
Ambiente:	9 Punkte
Weinangebot:	8 Punkte
Preis/Leistung:	8 Punkte

Gengenbach – wenige Kilometer von Offenburg entfernt im Kinzigtal gelegen – ist mit seiner pittoresken Altstadt und seinen Fachwerkhäusern eine der schönsten Städte der Ortenau, wenn nicht gar Südbadens. Bundesfinanzminister Wolfgang Schäuble wohnt (noch) hier und 2005 wählte der bekannte Hollywood-Regisseur Tim Burton die Stadt als Kulisse für seinen Kinofilm »Charlie und die Schokoladenfabrik« (von der Gengenbacher Kulisse sind im fertigen Streifen allerdings nur wenige Sekunden zu sehen, die dann auch noch mit »Düsseldorf« untertitelt wurden…). Für viele Touristen ist die Stadt neben dem »Europa-Park« ein wichtiger Anlaufpunkt in der Region. Da wundert es nicht, dass man in Gengenbach auch gut essen kann. Die erste Adresse ist die – der Namen ist standesgemäß – »Reichsstadt«, ein altes Fachwerkhaus mitten in der Stadt, aber in einer kleinen Seitengasse gelegen. Aufwändig, mit viel Geld und Geschmack wird das Haus von Carmen und Gerhard Hummel derzeit erweitert und renoviert – weitere Hotelzimmer, ein Wellnessbereich, ein Tagungsraum. Innen sitzt man in einem behutsamen modernisierten Ambiente, draußen auf einer neuen, stilvollen Terrasse. Auch die Küche genügt hohen Ansprüchen. Gerhard Hummel sieht sich als Eurotoque-Mitglied, deren Regeln verpflichten. Auf die Speisekarte kommt das, was die regionalen Märkte und die Saison bieten, aber auch internationale Spezialitäten wie Jacobsmuschel, Gänsestopfleber, Hummer, Loup de Mer, Tunfisch oder Seeteufel. Vier Menüs hat er im Angebot: Das sommerlich leichte, weil kohlenhydratfreie Menü (26 Euro für zwei Gänge), das Monatsmenü (38 Euro für drei Gänge), das Fischmenü (drei Gänge für 42 Euro) und das Mediterrane Menü (drei Gänge für 39 Euro), was wir bei unserem Besuch auch wählen: Die Trilogie von Sashimi Tunfisch – zwei gebratene, innen noch rosa Stücke und ein leckerer Tatar auf Lachs – machte Lust auf mehr. Das in Kräuteröl zart gebratene Lammkotelett bestätigte die Erwartungen, auch wenn der Kartoffelstampf mit Oliven, Zucchini und Aubergine zwar deftig daherkommt, einen aber ein bisschen unentschlossen im Urteil zurücklässt, ob man es nun gelungen finden soll. Im Angebot gab es bei einer früheren Gelegenheit Kalbsnieren klassisch als Ganzes gebraten, so wie sie heute nur selten zu finden sind. Fein dagegen in der Abmischung der verschiedenen Aromen war das vom Chef kreierte Ananas-Basilikum-Sorbet zum Schluss. Zum Trinken gibt es viele WG-Weine aus der Ortenau, dazu einzelne Weingüter wie die Durbacher Alexander Laible oder Heinrich Männle. Die Weinkarte scheint aber qualitativ noch ausbaufähig zu sein, was dem Vernehmen nach auch passieren soll.

Gengenbach

Stadthotel Pfeffermühle

Am Marktplatz in Gengenbach – der Vorzeige-Schwarzwald-Stadt im Kinzigtal – liegt das »Stadthotel Pfeffermühle«, ein schönes Fachwerkgebäude mit großer Gartenwirtschaft. Die kleine Wirtsstube empfängt den Gast mit einem warmen, angenehmen Ambiente. Der Schwarzwald scheint aus den holzvertäfelten Wänden auszuatmen. Optisch lässt sich der Besuch schon einmal gut an. Und auch die Küche von Klaus und Axel Armbruster hält den Erwartungen an ein gutbürgerliches Restaurant mit Anspruch stand. Die Speisekarte bietet zunächst einmal Klassiker der badischen Küche, wie Badische Festtagssuppe, Weinbergschnecken, Schwarzwaldforelle, Sauerbraten, Rindfleisch in Meerrettich oder gepökelte Ochsenzunge in Madeirasoße. Üppig ist die Fleischkarte: Grillteller, Rumpsteak, amerikanisches Farmersteak, Pfeffersack, Pariser Filetpfeffersteak, Ritterteller oder Schweinerückensteak gibt es da und dann noch als kuriose Erinnerung an die 1970er Jahre den mit Whisky flambierten Djingis-Khan-Spieß, das ist Rinder- und Schweinefilet am Spieß. Auch einige international angehauchte Gerichte finden sich im Angebot, wie das Tunfischfilet im Pfeffermantel, der Cappuccino vom Atlantik-Hummer mit gebackener Jakobsmuschel und Riesengarnele, die Barbarie-Flugentenbrust an Cognacrosinensoße oder auch das Lammcarré Provençale, das als Klassiker der Armbruster-Küche gilt. Es wird nicht zu viel versprochen. Das Fleisch ist zart, der Geschmack kräftig, serviert wird es mit Speckbohnen und Pommes frites.

Stadthotel Pfeffermühle
77723 Gengenbach, Viktor-Kretz-Str. 17,
Tel: 07803-93350, Fax: 07803-6628,
www.pfeffermuehle-gengenbach.de
Geöffnet: Fr-Mi 11:30-14 Uhr/
17:30-21:30 Uhr. Do Ruhetag.

Gesamtnote:	8,2 von 10 Punkten
Küche:	8 Punkte
Service:	7 Punkte
Ambiente:	9 Punkte
Weinangebot:	9 Punkte
Preis/Leistung:	8 Punkte

Da gibt es nichts zu kritteln, das schmeckt ebenso wie das Carpaccio vom Ortenauer Bullenfilet, das mit kalabrischem Olivenöl, Parmesanspänen und Rucola serviert wird. Die Ochsenschwanzconsommé zu Beginn schmeckt dagegen ein wenig zu intensiv. Es gibt ein viergängiges Menü für 34 Euro, ein »Mahlzeit-Menü« für 24,10 Euro und ein fünfgängiges »Winzer-Überraschungsmenü« für 42 Euro oder 52 Euro mit fünf begleitenden Weinen. Die Weinkarte ist groß, es gibt viele Winzergenossenschaften und auch einige Privatwinzer darauf. Mit dem Besuch der »Pfeffermühle« kann man unter dem Strich nicht viel falsch machen, nur eines missfiel uns: Der Service dürfte auch mal lächeln, da würde man sich etwas willkommener fühlen.

Gerstheim

Au Bord du Rhin

Au Bord du Rhin
F-67150 Gerstheim, Île du Rhin,
Tel: 0033-388983612.
Geöffnet: Di, Do, Fr, So 12-14 Uhr/ 18-21 Uhr. Mo 12-14 Uhr. Sa 18-21 Uhr.
Mi Ruhetag.

Gesamtnote:	8,2 von 10 Punkten
Küche:	8 Punkte
Service:	7 Punkte
Ambiente:	8 Punkte
Weinangebot:	8 Punkte
Preis/Leistung:	10 Punkte

Im »Niemandsland« zwischen Deutschland und Frankreich, wie das Gebiet auf der Rheininsel zwischen Nonnenweier und Gerstheim genannt wird, liegt das Restaurant »Au Bord du Rhin«, das zur Gemeinde Gerstheim gehört.

Die als »Morchelrahmwirtschaft« bekannte Institution der Familie Riss ist seit Jahren ein Insidertipp für typisch elsässische Küche. Und Insider muss man wirklich sein, um das Restaurant zu finden, denn es gibt kein Schild an der Straße – schön und verblüffend zugleich, dass es so etwas noch gibt. Also: nach dem Stauwehr von Deutschland aus kommend nach circa zwei Kilometern scharf rechts abbiegen (gelbes Schild »Sentier découverte du Langgrund«), dann noch circa 300 Meter bis zum Ziel.

Elsässische Küche in alter, einfacher, schöner, gepflegter Wirtschaft, ein sehr gutes Preis-Leistungs-Verhältnis sind die Eckpfeiler des Erfolges.

Die Karte, ganz schön groß, bietet bei kleiner Küchenbrigade keinen gewöhnlichen Elsass-Rundumschlag: Es gibt die sehr selten zu findenden frittierten Rheinfische mit Kartoffelsalat (10 Euro), Froschschenkel (12 Euro), Schnecken und das Filetsteak mit Morcheln, für einen Erstbesucher »fast« Pflicht.

Wir entschieden uns zur Vorspeise für die Froschschenkel »Provençale« und einen Salat mit Hühnerleber (8 Euro). Es wurde flott serviert, wobei der Servicemitarbeiter ein wenig freundlicher hätte sein können. Es hat sehr gut geschmeckt, wenngleich es den Hauptzutaten gut getan hätte, ein wenig kürzer in der Pfanne gewesen zu sein. Beim Hauptgang bestellten wir das Tagesessen, Schweinenierle mit Beilagen, für unglaubliche 7,50 Euro und das Filetsteak mit Morcheln, Pommes frites und einem Ratatouille für 22 Euro. Große Portionen ohne Chichi, gut, schmackhaft gekocht – wir waren genauso zufrieden wie die anderen Gäste an unserem großen Tisch. Obwohl es ja nur einen Katzensprung über den Altrhein ist, spürt man sofort, dass man in Frankreich ist: Die Tische sind mit den obligatorischen Papierabdeckern versehen, es herrscht ein Stimmengewirr von Elsässisch und Französisch, das die herrlich erfrischenden Elsässer in einem Satz vermengen.

Der für unsere Verhältnisse ganz schön herabgekühlte Pinot Noir schmeckte wirklich gut, auf ein kleines Stirnrunzeln folgte die Bemerkung: »C'est du Pinot Noir!«

Die Weinkarte ist mit einem gut sortierten Elsass-Angebot, einer Tagesempfehlung mit je drei Weiß- und Rotweinen sowie verschiedenen, auch hochpreisigen Gewächsen bestens bestückt.

Glottertal

Hotel-Restaurant Hirschen

Das Beste zuerst: Die Leistung der Küche hat sich im »Hirschen« im Glottertal auf hohem Niveau stabilisiert, nachdem es vor einigen Jahren durchaus immer mal wieder einige Schwankungen gab. Wer heute das bekannte Hotel-Restaurant, dem eine sehenswerte Parkanlage sowie eine Weinkellerei angegliedert sind, besucht, kann davon ausgehen, dass er es zufrieden wieder verlassen wird. Dafür sorgen unter anderem Petra und Hermann-Josef Strecker, die das Haus mittlerweile in vierter Generation bewusst familiär führen.

Die Speisekarte im »Hirschen« ist recht umfangreich und lässt nur wenige Wünsche offen. Es gibt eine große Auswahl an Fisch- und Wildgerichten, badische Klassiker sowie einige Menüs, in denen die einzelnen Gerichte teilweise sehr phantasievoll miteinander kombiniert werden. Während ein Hauptgang schon einmal um die 25 Euro kosten kann, sind das dreigängige (30 bis 35 Euro) und das viergängige Menü (um die 45 Euro) vergleichsweise günstig.

Vorweg bestellten wir einen Salat mit Garnelen, der recht knackig daherkam. Der Schwarzwälder Schinken zum lauwarmen Stangenspargel mit Vinaigrette war kräftig geräuchert und harmonierte gut mit dem königlichen Gemüse. Die rosa gebratene Entenbrust (eine erstaunlich große Portion!) wurde in einer Orangen-Gewürz-Jus mit Zwergorangenconfit auf Frühlingslauch und Kartoffel-Schnittlauchpüree serviert und schmeichelte dem Gaumen. Auch am süßen Abschluss gab es nichts auszusetzen: Für das Auge ästhetisch auf dem Teller angerichtet, brachte uns der freundliche Service eine Crème brûlée von Zitronengras mit Schokoladen-Mandelkuchen und Schokoladen-Minzsorbet. Gerne hätten wir weiter geschwärmt! Doch die Weine aus der privaten Weinkellerei des »Hirschen« trübten doch etwas den guten Gesamteindruck. Wir gaben uns alle Mühe und verkosteten immerhin gleich drei – einen Weißburgunder, der noch zufriedenstellend war, sowie einen Riesling und einen Gutedel, die beide doch einiges zu wünschen übrig ließen. Dabei verfügt das Glottertal doch über hervorragende Lagen! Da hilft es auch nicht viel, dass immerhin 13 dieser »Hirschen«-Weine offen angeboten werden. Wer etwas tiefer in die Tasche greift, erhält jedoch auch Weine deutscher Spitzenwinzer, wie Huber, Heger oder Künstler, sowie einige ansehnliche Tropfen aus dem Ausland.

Hotel-Restaurant Hirschen
79286 Glottertal, Rathausweg 2,
Tel: 07684-810, Fax: 07684-1713,
www.hirschen-glottertal.de
Geöffnet: Di-So 12-14:30 Uhr/18-22 Uhr (Küchenschluss). Mo Ruhetag.

Gesamtnote:	8,2 von 10 Punkten
Küche:	9 Punkte
Service:	8 Punkte
Ambiente:	8 Punkte
Weinangebot:	7 Punkte
Preis/Leistung:	8 Punkte

Glottertal

Schwarzwaldgasthof Zum goldenen Engel

Schwarzwaldgasthof
Zum goldenen Engel
79286 Glottertal, Friedhofweg 2,
Tel: 07684-250, Fax: 07684-267,
www.goldener-engel-glottertal.de
Geöffnet: Do-Di 12-14 Uhr/18-21:30 Uhr (Küchenschluss). Mi Ruhetag.

Gesamtnote:	8,8 von 10 Punkten
Küche:	9 Punkte
Service:	8 Punkte
Ambiente:	10 Punkte
Weinangebot:	8 Punkte
Preis/Leistung:	9 Punkte

Im sehr schönen Ambiente des über 500 Jahre alten »Goldenen Engel« sind Isabell Linder und ihr Mann Michael Mannel herzliche und nette Gastgeber. Ob in den wunderbaren Schwarzwaldstuben oder unter der ›Engel-Linde‹ in der Gartenwirtschaft, hier lässt es sich genießen und wohlfühlen. Der Blick in die Speisekarte zeigt, hier wird für jeden Geschmack etwas geboten. Neben Klassikern, wie Cordon bleu, Maultaschen, Schweineschnitzeln und Russischen Eiern, alles sehr moderat kalkuliert, gibt es dreierlei Menüs mit Gerichten zum Auswählen bis hin zu feinen, kreativen Gängen. Hier wird alles getan, um den Gast zufriedenzustellen. Ein solcher Spagat, der küchentechnisch nicht immer einfach zu bewältigen ist, hinterlässt bei dieser großen Auswahl ab und zu kleine Abstimmungsfehler.

Sehr fein zubereitet war das geschmorte Kalbsbäckle auf Pfifferling-Kalbskopfragout, die Soße war perfekt abgeschmeckt. Da stimmte alles! Mit viel Gemüse und Knoblauchcroustini gab es die mediterrane Fischsuppe für 7,20 Euro, die nicht nur sehr gehaltvoll war, sondern auch von gutem Suppenhandwerk zeugte. Bei der Variation von Kalbsfilet und -Kopf hat es der Vorspeisenkoch mit dem Salat dann doch etwas zu gut gemeint, weniger wäre mehr gewesen, so erschlugen die rohen Karottenjulienne und die Gurkenstücke die schöne Vorspeise. Bei den Hauptgängen wählten wir das Wildragout mit Preiselbeerbirne und Spätzle. Das Wildfleisch war sehr zart und schmackhaft und zeugte vom langsamen Schmoren im Rotwein – hier war ein Könner am Werk. Ebenfalls in bester Qualität: der Rinderrücken vom Metzger Reichenbach, der mit Wirsing und Risoleekartoffeln tadellos zubereitet war. Beim Menü ›Saison‹, das mit gebeiztem Wildlachs als Vorspeise und zwei Hauptgängen zur Wahl – Kalbsnierle oder geschmortes Reh – und einem feinen Apfel als Dessert für 26,50 Euro serviert wurde, gab es ebenfalls nichts zu kritisieren.

Der freundliche, flinke Service schien zwar nicht aktuell informiert, was die Küche zu bieten hat, jedoch wurde Halbwissen durch Freundlichkeit wieder wettgemacht.

Die umfangreiche Weinkarte beinhaltet alles, was im Glottertal wächst und angebaut wird. Zudem werden Aperitife und Weine speziell empfohlen. Die Erklärung über den Glottertaler Weinanbau hat uns so gut gefallen, da mussten wir einfach einen ›Roten Bur‹ bestellen.

Die Weinpreise sind angenehm kalkuliert, nur etwas übersichtlicher könnten die Gewächse aus der Ferne aufgeführt werden.

Glottertal

Wirtshaus Zur Sonne

Wirtshaus Zur Sonne
79286 Glottertal, Talstr. 103,
Tel: 07684-242, Fax: 07684-9335,
www.sonne-glottertal.de
Geöffnet: Mo, Di, Fr 10-14:30 Uhr/17-23 Uhr. Do 17-23 Uhr. Sa, So 10-23 Uhr.
Mi Ruhetag.

Gesamtnote:	8,7 von 10 Punkten
Küche:	9 Punkte
Service:	9 Punkte
Ambiente:	10 Punkte
Weinangebot:	6 Punkte
Preis/Leistung:	9 Punkte

Ein Wirtshaus wie im Bilderbuch, das fällt dem Gast sofort auf, wenn er bei schönem Wetter im herrlichen Garten unter einem großen Sonnenschirm Platz nimmt oder in der gemütlichen Gaststube einkehrt. In der »Sonne« ist beinahe alles beim Alten geblieben. Gott sei Dank! Der liebevoll dekorierte Garten ist mit schönen Tischen und hochwertigen Stühlen ausgestattet. Die Speisen werden durch ein offenes Küchenfenster in die Gartenwirtschaft gereicht, eine Tafel mit den Tagesempfehlungen hängt gleich daneben. Ein handgemachtes Schupfnudelgericht aus Roggenmehl mit allerlei Schweinernem und gefülltem Saumagen – diese Spezialität empfiehlt Küchenmeister Arndt Dilger insbesondere im Winter. Die kombinierte Speise- und Weinkarte im Retrolook, nett gemacht, macht einen gespannt auf einige kreative regionale Gerichte, überwiegend liest sie sich allerdings sehr gewöhnlich. So haben wir auf den Salat mit Putenstreifen verzichtet. Die Bemühung, für jeden Gast das Passende anbieten zu können, ist sicherlich ehrenhaft, aber nicht immer förderlich. Die perfekt abgeschmeckte und dekorierte Kürbisrahmsuppe mit ein paar Mandelblättchen dekoriert war ein Gedicht. Ebenso schmackhaft waren die zugegebenermaßen etwas in die Jahre gekommenen sechs Schnecken. Der ›Feinschmeckerteller‹ vom Tagesangebot mit Rehterrine, Frischkäse, Tafelspitzsülze und einem großen Salatbouquet, verfeinert mit Melonen- und Birnenfächer und Physalis bildete eine ordentlich große Portion, die auch als Hauptspeise gereicht hätte. Das Kalbsnierle ›wie der Chef es gerne hat‹ kam wie angekündigt in Begleitung einer feinen dunklen Soße und Knoblauch, der Salat und das Rösti waren gut zubereitet. Bei dem Rehsteak mit Pfifferlingen und handgeschabten Spätzle waren zwar nicht alle Fleischstücke gleich zart, aber der Geschmack war tadellos. Als Familienbetrieb allererster Güte präsentiert sich auch die Servicemannschaft um Frau Dilger und den beiden Töchtern, die flink, sicher und mit viel Herz und Charme die Gäste umsorgen. Die Weinkarte ist mit Blick auf die Glottertäler Weinberge etwas bescheiden im Umfang gestaltet, es gibt zwar ein paar offene Weine aus der Region, Flaschenweine von den Weingütern »Moosmann«, »Zotz« und »Schwörer«. Jedoch könnte in punkto Weine etwas mehr Sorgfalt angewandt werden. Ansonsten gewinnt man den Eindruck, in der »Sonne« ist die Welt noch in Ordnung; sie ist ein Familienbetrieb, der mit Herz und Verstand geführt wird.

Gottenheim

Historisches Gasthaus Adler

Historisches Gasthaus Adler
79288 Gottenheim, Hauptstr. 58,
Tel: 07665-9324366,
www.adler-gottenheim.de
Geöffnet: Mi-Fr, So 12-15 Uhr/ab 18:30 Uhr. Sa ab 18.30 Uhr. Mo, Di Ruhetag.

Gesamtnote:	8,5 von 10 Punkten
Küche:	8 Punkte
Service:	9 Punkte
Ambiente:	9 Punkte
Weinangebot:	9 Punkte
Preis/Leistung:	8 Punkte

Am »Adler« in Gottenheim scheiden sich bisweilen die Geister. Während die einen die Kochkunst von Christoph Fischer in höchsten Tönen loben, sehen ihn andere überbewertet. Die Tester des Restaurantführers Michelin gehören zur ersten Gruppe und schließen nicht aus, dass sie dem Gasthaus bald einen ›Stern‹ verleihen. Die Juroren des Gault Millau dagegen nennen den »Adler« einen »komischen Vogel«. Manche Speisen seien hervorragend, andere ließen dagegen etwas zu wünschen übrig. Sie gaben 12 von 20 möglichen Punkten und reihten den »Adler« in die Kategorie »gutbürgerlich« ein.

Vielleicht liegt die Wahrheit irgendwo in der Mitte. Dass der in Kenzingen geborene Christoph Fischer kochen kann, ist keine Frage. Ihn deshalb im Bereich »gutbürgerlich« anzusiedeln, ist sicherlich untertrieben. Sein Handwerk gelernt hat er im »Colombi Hotel« in Freiburg. Danach sammelte er unter anderem im »Bamberger Reiter« in Berlin und im »Parkhotel Adler« in Hinterzarten Erfahrungen, bevor er sich selbstständig machte.

Fischer ist ein kreativer Kopf. Er wechselt häufig die Karte, teilweise stellt er die Speisen phantasievoll, teilweise aber auch etwas überraschend zusammen. Als Gruß aus der Küche erhielten wir ein herzhaft gewürztes Fleischküchle mit Büffelmozzarella und gegrillter Aubergine. Der folgende Salat war deutlich zu sauer, dafür harmonierte der kurz gebratene schottische Biolachs vortrefflich mit Avocado und Meerrettichsoße. Die frische Alpirsbacher Forelle hatte die Pfanne genau zum richtigen Zeitpunkt verlassen und auch an den Koteletts vom irischen Lamm, die mit Zucchini-Piniengemüse und Kartoffeln serviert wurden, gab es nichts auszusetzen. Das geeiste Charentaismelonen-Süppchen mit Melonensorbet bildete einen würdigen Abschluss des Menüs.

Christoph Fischer ist meist allein in der Küche. Deshalb kann es zu Wartezeiten kommen, wenn die Gaststube oder der romantische Innenhof gut belegt sind. Für den Service ist Fischers Ehefrau Claudia zuständig. Die Berlinerin hat ihr Handwerk von der Pike auf gelernt und ihr Wissen in mehreren bekannten Hotels und Restaurants vervollständigt. Sie sorgt dafür, dass sich die Gäste in dem Haus wohlfühlen.

Die Weinkarte weist neben zahlreichen guten Tropfen aus der Region und anderen deutschen Weinanbaugebieten auch Positionen aus Frankreich und Italien auf. Besonders Bordeaux ist gut vertreten.

Grafenhausen

Schwarzwaldgasthof Tannenmühle

Die »Tannenmühle« zu finden, ist gar nicht so einfach. Auf der Straße zwischen Grafenhausen und Birkendorf führt eine kleine Straße in das Schlüchttal, wo sich nach einigen Kilometern eine große Lichtung auftut. Hier ist ein richtiges, kleines Schwarzwald-Ferienresort entstanden mit Abenteuerspielplatz, Streichelzoo und Tiergehegen, dem Mühlenmuseum, einer Kapelle, einem Gästehaus und mittendrin dem »Schwarzwaldgasthof Tannenmühle« mit Hotel. Hier, wo sich die Schlücht, der Rötenbach und der Rippoldsbach treffen, ist vor 180 Jahren die Mühle gebaut worden, quasi die Keimzelle des Anwesens. Die andere Keimzelle des heutigen Betriebs, der über Jahrzehnte kontinuierlich erweitert wurde, ist die Forellenzucht – vor 51 Jahren wurden rund um die Mühle die ersten Teiche gebaut. Heute sind rund um das alte Schwarzwaldgebäude ein halbes Dutzend Becken mit sprudelndem Wasser gruppiert, in denen Tausende von Forellen schwimmen. Die Forelle ist auch das Herzstück der »Tannenmühle«-Küche von Guido Baschnagel, der 1995 mit seiner Frau Erika den Familienbetrieb übernahm. Um es auf den Punkt zu bringen: Wer in die »Tannenmühle« kommt, der will (und kann) vor allem Fisch essen. Und es gibt in Südbaden wohl kaum ein anderes Restaurant, in dem es so viele verschiedene Gerichte rund um die Forelle gibt: Rund 30 sind auf der Speisekarte zu finden. Es gibt die Forelle natürlich klassisch als Müllerin oder blau in mehreren Varianten, aber zum Beispiel auch als gebratenes Filet »Orientalische Art« auf Reis, Banane, gerösteten Mandeln und Currysoße; als pochiertes Filet »Tannenmühle« mit Forellenfarce, Hummersoße und Crevetten; oder als pochierte Klöße in Safrankräutersoße. Wir entscheiden uns zunächst für eine klare Suppe mit Safranfäden und appetitlichen Happen von der (Lachs-) Forelle sowie Klößen, unnötigerweise aber auch mit Crevetten. Cremig im Mund zerschmilzt danach die Forellenleber in Cognacrahmsoße. Als Hauptgang probieren wir eine Piccata – Forellenmedaillons in einer Ei-Parmesanhülle gebraten auf Spinatnudeln mit Tomatenragout und Sauce hollandaise. Das ist interessant, überdeckt aber ein wenig den ohnehin eher feinen Eigengeschmack der Forelle. Wer im Übrigen keinen Fisch mag: Es gibt natürlich auch Fleischgerichte auf der Karte, unter anderem Pute und Lamm.

Schwarzwaldgasthof Hotel Tannenmühle
79865 Grafenhausen, Tannenmühleweg 5,
Tel: 07748-215, Fax: 07748-1226,
www.tannenmuehle.de
Geöffnet: täglich 11:30-20:30 Uhr.
Mo/Di (Nov.-März) Ruhetag.

Gesamtnote:	8,3 von 10 Punkten
Küche:	8 Punkte
Service:	8 Punkte
Ambiente:	9 Punkte
Weinangebot:	9 Punkte
Preis/Leistung:	8 Punkte

Grafenhausen

Brauereigasthof Rothaus

Mönche haben schon in früheren Jahrhunderten immer gut zu leben gewusst. Und sie wussten, dass auch das Volk gerne genoss. Deshalb hat im Jahr 1791 das Benediktinerkloster St. Blasien eine Brauerei gegründet – nahe dem Ort Grafenhausen im Hochschwarzwald, benannt nach der dortigen Gaststätte »Zum Rothen Haus«. Der Geschichte verpflichtet, unterhält man zur Brauerei auch heute noch eine Gaststätte. Die Innenräume sind eine Mischung aus Alt und Neu, wie nicht anders zu erwarten von Holz dominiert. Es gibt reichlich Sitzplätze, einen großen Saal für Gesellschaften, draußen einen Biergarten mit Selbstbedienung und kleiner Karte und im Innenhof Plätze fürs »À-la-Carte-Publikum«. Dazu findet sich für Kinder ein Spielplatz und für Wissbegierige die Ausstellung der Brauerei. Trotz der hohen Besucherfrequenz lässt es sich draußen gemütlich sitzen. Der Service ist flott und professionell, dafür geht die Biergarten-Herzlichkeit ein bisschen ab – wohl auch dem vielen Betrieb geschuldet. Was das Essen anbelangt, darf man bei Brauereiwirtschaften in der Regel nicht so anspruchsvoll sein, da geht es meist eher einfach und herzhaft zu. Aber auch das muss ja nicht schlecht sein. Originell erscheint die Rothauser Zäpflesuppe und tatsächlich bietet sie auch einen schönen Kontrast aus den Bitterstoffen des Bieres und dem karamellisierten Malz. Andererseits lag sie wegen der reichlichen Sahne und des zusätzlichen Soßenbinders so schwer im Magen, dass auch ein doppeltes Bierhefe nicht dagegen ankam. Überhaupt wird in der Küche reichlich Soße benutzt. Als die Rinderhüftstreifen mit diversem Gemüse serviert werden, schwappt die braune Soße fast über den Tellerrand.

Brauereigasthof Rothaus
79865 Grafenhausen, Rothaus 2,
Tel: 07748-5229600, Fax: 07748-5229699,
www.brauereigasthof-rothaus.de
Geöffnet: täglich 10-22 Uhr

Gesamtnote:	7,5 von 10 Punkten
Küche:	7 Punkte
Service:	7 Punkte
Ambiente:	7 Punkte
Bierangebot:	9 Punkte
Preis/Leistung:	8 Punkte

Das Salatbuffet zum Tagesmenü war so, wie man sich (leider) ein Salatbuffet vorstellt, und das Dessert kam über das Sonntagabend-Tatort-Eis nicht hinaus. Insgesamt hat die »Brauereigaststätte Rothaus« bei unseren Besuchen leider nur bessere Kantinen-Kost geboten. Vielleicht hätten wir besser auf das Tagesmenü verzichtet und stattdessen aus der normalen Karte bestellt. Deren Gerichte klingen vielversprechend.

Bei Rothaus wird natürlich vor allem Bier getrunken, die Marken sind allseits bekannt. Rothaus braut Massenprodukte, Bierspezialitäten – wie wir sie uns für den Besuch des Brauereigasthofes gewünscht hätten – sind deshalb wohl nicht zu erwarten.

Gundelfingen

Restaurant Bahnhöfle

Restaurant Bahnhöfle
79194 Gundelfingen, Bahnhofstr. 16,
Tel: 0761-5899949, Fax: 0761-26836,
www.bahnhoeflegundelfingen.de
Geöffnet: Do-Di 17-24 Uhr.
Sa-So 11:30-15 Uhr/17-24 Uhr.
Mi Ruhetag.

Gesamtnote:	8,7 von 10 Punkten
Küche:	9 Punkte
Service:	8 Punkte
Ambiente:	9 Punkte
Weinangebot:	8 Punkte
Preis/Leistung:	9 Punkte

Es scheint, als ob sich gerade die Gundelfinger mit ihrem Vorzeigelokal immer noch etwas schwertun. Das ist verwunderlich in Anbetracht dessen, dass das »Bahnhöfle« ein Hort der Gastlichkeit und des guten Essens ist und sich jede Gemeinde glücklich schätzen müsste, ein solches Lokal in ihrer Mitte zu wissen. Wie dem auch sei, das stets gut besuchte, nördlich von Freiburg gelegene »Bahnhöfle« ist längst eine Institution und das verdankt es Thierry Falconniers stets bekömmlicher und immer frisch zubereiteter Küche.

Der in Algerien geborene Franzose versteht sein authentisch mediterranes Handwerk aufs Trefflichste. Er kocht schnörkellos, auf den Punkt, verzichtet dabei auf Butter und Sahne – wenn es nicht unbedingt sein muss. Neben vielen Klassikern auf der Speisekarte, wechselt er täglich sein umfangreiches Angebot. Natürlich spielt der frisch geangelte Fisch eine große Rolle, seine besondere Zuneigung gilt aber der italienischen Pasta, die er nicht nur selbst herstellt, sondern ebenfalls exzellent zubereitet. Da der Patron auch sein Fleisch selbst abhängt, sind Filets oder Koteletts vom Rind oder Kalb immer eine ›feste Bank‹. Wild zubereiten hat er im ehemaligen »Falken« in Freiburg gelernt, heute ist seine Wildküche eine weitere Spezialität des Hauses.

Neben den Klassikern wie Kalbskopf-Vinaigrette, Ochsenbäckle in Burgundersoße, Ente aus dem Ofen mit Honig-Ingwersoße, Rindersteak ›Merchand de Vin‹ oder Kabeljau auf Püree mit Senfkörnersoße, Ganzer Wolfsbarsch mit Thymian und Seeteufel in Steinpilzsoße gibt es je nach Saison Cassolette von Pfifferlingen, Trilogie vom Roten Tunfisch, Spaghetti mit Meeresfrüchten, Gänselebervariationen, Babyseezunge in Sardellenbutter, Dorade ›Royale‹ mit Rosmarin oder Hirschfrikadelle mit Steinpilzsoße, Kaninchen ›Provenzale‹ und Kalbsnierle in Senfsoße von der Tageskarte.

Ehefrau Elzbieta und der längst zur Familie gehörende Werner Schrögendorfer sowie die Gebrüder Kasumi bestreiten den reibungslos ablaufenden, flinken Service und verkünden die lange Liste der Tagesspezialitäten. Auch die gewachsene Weinkarte mit ihren ausgesuchten badischen und französischen Tropfen zu sehr ansprechenden Preisen kann sich sehen lassen. Im Sommer lädt die große, plastikfreie Gartenterrasse mit bequemen Korbstühlen zum stundenlangen Verweilen ein.

Häusern

Hotel Adler

Der Adler in Häusern ist schlichtweg eine gastronomische Institution im südlichen Schwarzwald. Das stattliche Schwarzwaldhaus mutet förmlich wie eine Einladung zum Entspannen und Genießen an, das sich dahinter verbergende Hotel mit seinem umfangreichen Wellnessprogramm macht den »Adler« zu einem »Muss« für Feinschmecker und Erholungssuchende.

Die exzellente Küche auf ›Stern‹-Niveau offeriert die ganze Bandbreite des südwestlichen Dreiländerecks, ein 3- oder 4-Gänge-Menü bietet einen Einblick in die kulinarischen Fähigkeiten der Brigade, u.a. Foie gras, geräuchertes Forellenfilet, Kalbssteak mit Morcheln an einer exquisiten Sahnesoße. Die hausgemachten Parfaits sind von erstklassiger Qualität, werden stets entsprechend angerichtet und als Augen- und Gaumenerlebnis serviert. Auch die Regionalküche wird gepflegt, z.B. mit glasierter Kalbshaxe oder Kalbsleber, immer aus bestausgewählten Zutaten, versehen mit einem Hauch französischer Hochküche – ganz so, wie wir es lieben. Hier kommt jeder auf seine Kosten – auch der Wirt.

Die Weinkarte bietet alles, was man sich auf dem önologischen Gebiet wünschen kann, viele halbe Flaschen, einige gute Offene. Schöne gereifte Bouteillen aus Frankreich und dem Rest der Welt laden zum Genießen ein – hier wurde mit Bedacht und Kenntnis ausgesucht und obendrein noch gastfreundlich kalkuliert. Der Service empfiehlt gerne auch Schnäppchen aus dem wechselnden Monatsangebot.

Wer in Hast die Vorzüge des Hauses kennenlernen will, begeht einen Kardinalfehler – man muss diesem Ort Zeit widmen, um in den vollen Genuss des vielfältigen Angebots kommen zu können. Andernfalls kann es passieren, dass die hastigen Erwartungen der Gäste das Team überfordern und die Brigade vielleicht auch den Ansprüchen an sich selbst nicht gerecht wird. Die Hemmschwelle gegenüber dem kurzfristigen (und dann meist jungen) Gast gilt es jedoch auch für die Zumkellers zu überwinden. Die Erfüllung der Ansprüche nicht nur eines reiferen, zahlungskräftigen Publikums ist sicher ein Ansatz, den man als Investition für die Zukunft bezeichnen darf.

Hotel Adler
79837 Häusern, St. Fridolinstr. 15,
Tel: 07672-4170,
www. adler-schwarzwald.de
Geöffnet: Mi-So 12:00-14:00 Uhr/ 18:30-21:00 Uhr. Di 18:30-21:00 Uhr.
Mo Ruhetag.

Gesamtnote:	8,0 von 10 Punkten
Küche:	8 Punkte
Service:	7 Punkte
Ambiente:	8 Punkte
Weinangebot:	9 Punkte
Preis/Leistung:	8 Punkte

Heitersheim

Landhotel Krone

Das Stammhaus der »Krone« in der Ortsmitte, datiert bis ins Jahr 1777 zurück. Heute gruppiert sich ein Ensemble aus Hotel, Tagungsräumen, Wellness und Ruhegarten um den historischen Kern herum. Unser vorrangiges Interesse gilt der alten Gaststube mit urgemütlichen Ecken, einem wunderschönen grünen Kachelofen und einem modernen Tresen, der sich in diese Umgebung allerdings nur mit einiger Mühe einfügt. Genau so gerne sitzen wir auf der lauschigen Terrasse mit komfortablem, schwerem Gartengestühl.
Wer badische Klassiker sucht, wird hier fündig. Die Ochsenbrust war zart, saftig und mit einem gut proportionierten Fettrand versehen. Wenn dabei die Bratkartoffeln durch solide gemachte Rösti ersetzt werden, meckern wir nicht, wenn das Marktgemüse zu einem Drittel aus Paprika besteht jedoch umso heftiger. Die aufdringlichen Aromen dieser Schoten passen weder zum gekochten Fleisch noch zur Meerrettichsoße. Vorweg hat uns die Rote-Beete-Suppe gut gefallen: Der stimmig austarierte Sahneanteil hat das Eigenaroma der Knolle abgerundet ohne deren feinen, erdigen Grundton zu verwischen. Die Alternative, eine Rinderkraftbrühe mit Steinpilzravioli, war ebenfalls tadellos – die Brühe mit Substanz und die Ravioli schmackhaft gefüllt.
Man kann in der »Krone« auch etwas gehobener tafeln. Hierzu lädt die Terrine von der Gänseleber mit Aprikosengelee und Brioche ein. Das Fruchtgelee hatte das richtige Säure-Süße-Gleichgewicht und die Terrine war gut ausgearbeitet, das heißt ohne Adern und Sehnen. Beim

Landhotel Krone
79423 Heitersheim, Hauptstr. 12,
Tel: 07634-51070, Fax: 07634-510766,
www.landhotel-krone.de
Geöffnet: Do-Mo 12-23 Uhr.
Mi 15-23 Uhr. Di Ruhetag.

Gesamtnote:	8,2 von 10 Punkten
Küche:	9 Punkte
Service:	8 Punkte
Ambiente:	8 Punkte
Weinangebot:	8 Punkte
Preis/Leistung:	7 Punkte

Steinbutt unter der Kartoffelkruste wäre etwas weniger Garzeit wünschenswert gewesen. Das dazu gereichte Sektkraut bewies erneut, dass man wirklich keinen Schampus ans Kraut gießen muss, um ein ausgezeichnetes Ergebnis zu erzielen.
Die Weinkarte bietet einen umfänglichen Spaziergang durch die Rebgärten von der Ortenau über den Kaiserstuhl und durchs Markgräflerland. Für alle, die unsere erstklassigen Spätburgunder nicht mögen, stehen etliche Flaschen aus dem Süden Europas bereit.

Hinterzarten-Alpersbach

Restaurant Zur Esche

im Waldhotel Fehrenbach

Restaurant Zur Esche
im Waldhotel Fehrenbach
79856 Hinterzarten, Alpersbach 9,
Tel: 07652-91940, Fax: 07652-919410,
www.waldhotel-fehrenbach.de
Geöffnet: Do-Di 11:45-14:15 Uhr/
17:30-21:30 Uhr. Mi Ruhetag.

Gesamtnote:	7,0 von 10 Punkten
Küche:	7 Punkte
Service:	8 Punkte
Ambiente:	8 Punkte
Weinangebot:	7 Punkte
Preis/Leistung:	5 Punkte

Wer das »Waldhotel Fehrenbach« besucht, bekommt erst einmal eine ordentliche Portion Schwarzwald verabreicht. Von Hinterzarten führt ein Sträßchen durch Schwarzwaldidylle fünf Kilometer den Berg hinauf. Ein Navi nützt nichts, denn hier gibt es keinen Empfang. Oben angekommen, steht erhaben und unübersehbar das »Waldhotel Fehrenbach«, das seit 1858 in der Hand einer Familie ist. Vor dem Haus ist die Aussicht ins Tal atemberaubend, bedauerlich, dass hier keine Terrasse zu finden ist, sondern lediglich hinter dem Haus.

Das Restaurant ist geschmackvoll, aber doch bodenständig eingerichtet. Als Prunkstück gilt die urgemütliche Festscheune, die für Gesellschaften und Feierlichkeiten genutzt wird.

Mittlerweile hat Josef Fehrenbach seit 20 Jahren in dem elterlichen Betrieb das Sagen und sich in der Küche vor allem den (Wild-)Kräutern verschrieben. Da werden neben bewerten Kräutern auch Brennnesseln, Wasser- und Vogelmiere, Löwenzahn oder Tannenspitzen verwendet. Das klingt spannend, mag für manchen Gaumen aber auch gewöhnungsbedürftig sein.

Die Auswahl auf Vesper- und Speisekarte ist nicht üppig, dafür gibt es drei Menüs zur Auswahl. Neben dem Tagesmenü und dem ›Wohlfühlmenü‹ (drei Gänge kosten 38 Euro, vier Gänge bekommt man für 48 Euro) hat uns das viergängige (auch als fünfgängiges erhältliche) »Kräutermenü« am meisten interessiert: Nach dem Auftakt, einem gebratenen Bachsaiblingsfilet auf Linsengemüse, folgte als Hauptgang die Rehkeule auf Rebholz gegart mit Tannenspitzen-Soße, an Spargel-Brennnesselgemüse und Rosmarin-Polenta. Das war fast schon ein bisschen zu viel der Kräuter-Akzente, vor allem aber war das Fleisch leider ein wenig zu lang im Ofen. Nach den drei Bergkäse-Stücken aus der Region gab es zum Abschluss ein etwas mageres Dessert mit einer Kräuter-Pannacotta mit dreierlei selbst gemachten Fruchtköstlichkeiten, die im Grunde nichts anderes als Marmeladen waren.

Insgesamt war das Menü tadellos, teilweise auch sehr interessant, rechtfertigte aus unserer Sicht aber in keiner Weise den Preis von 58 Euro (für fünf Gänge 68 Euro). Einen offenen »Pinot Noir« trocken bekommt man für 9,50 Euro pro 0,2 Glas – das ist ein Wort!

Hinterzarten-Alpersbach

Gasthaus Zum Engel

Von Hinterzarten kommend, die Auffahrt Richtung Rinken/Feldberg nehmend, taucht nach circa fünf Kilometern in schönster Hochschwarzwaldlandschaft das Gasthaus »Zum Engel« auf, ein großer Gast- und Bauernhof auf immerhin 1030 Metern Höhe. Seit 1446 befindet sich das Haus im Besitz der Familie Steiert. Die gemütliche Gaststube ist mit viel Holz und dem typischen grünen Kachelofen ausgestattet.

Hier werden traditionelle badische Spezialitäten serviert, die teilweise auch aus der hauseigenen Räucherkammer stammen. Regionale Produkte werden auf der Speisekarte gekennzeichnet und einzelne Lieferanten aufgelistet. Wir finden eine Vielzahl an kalten Vorspeisen und Suppen, Eintöpfe, Herzhaftes von Schwein und Kalb und Spezialitäten vom Vorderwälder Rind, dessen Heimat sich im Schwarzwald befindet. Die Forelle blau oder gebraten nach Müllerin Art darf hier natürlich auch nicht fehlen, genauso wenig wie Wildgerichte zur Saison. Wer denkt, Vegetarier blieben hier auf der Strecke, täuscht sich gewaltig. Bei unserem Besuch standen nicht weniger als zwölf entsprechende Gerichte auf der Karte, und in diesem Punkt hebt sich der »Engel« von vergleichbaren Gasthäusern deutlich ab. Ebenfalls löblich, dass Hauptgänge, wenn sie als kleine Portionen bestellt werden, für 1,50 Euro günstiger erhältlich sind. An eine umfangreiche Kinder- und Dessertkarte wurde auch gedacht.

Unsere Wahl fiel als Vorspeise auf eine Nudelsuppe und hausgemachte, grobe Bauernbratwurst sowie zum Hauptgang auf ein geschmortes Rehragout und gekochten Tafelspitz. Einzig die selbst gemachten Spätzle waren etwas farblos und fade im Geschmack. Alles andere war jedoch sehr überzeugend, gut gewürzt und wohlschmeckend und wurde vom freundlichen Servicepersonal nett zu Tisch gebracht.

Die Weinkarte legt ihren Fokus überwiegend auf Weine aus dem Kaiserstuhl, Markgräflerland und der Ortenau. Sie informiert über Angaben zu Restzucker und Säurewerten, aber leider nicht über Jahrgänge.

Für ein romantisches Wochenende oder als Ferienziel bieten zehn Zimmer, zwei Appartements sowie zwei Ferienwohnungen mit himmlischem Blick ausreichend Platz. In idyllischer Landschaft, ob alleine, zu zweit oder als Familie, kommt hier jeder auf seine Kosten: Warum denn in die Ferne schweifen, wenn das Gute liegt so nah.

Gasthaus Zum Engel
79856 Hinterzarten, Alpersbach 14,
Tel: 07652-1539, Fax: 07652-5481,
www.engel-hinterzarten.de
Geöffnet: täglich 11:45-13:45 Uhr/18-20:30 Uhr (Küchenschluss). Do Ruhetag.

Gesamtnote:	8,8 von 10 Punkten
Küche:	9 Punkte
Service:	9 Punkte
Ambiente:	8 Punkte
Weinangebot:	8 Punkte
Preis/Leistung:	10 Punkte

Horben

Gasthaus Zum Raben

Noch immer muss man zuerst den Arzt und Kunstsammler Dr. Hans Berthold preisen für die behutsame stilvolle und so qualitativ hochwertige Renovierung des geschichtsträchtigen Gasthauses »Zum Raben« in Horben. Es gibt nur wenig gastronomische Anwesen in solch perfekter Lage über Freiburg, die ein absolut kitschfreies Schwarzwaldflair vermitteln.

Welch ein Glück, dass die Pächter Steffen und Kirsten Disch dem hohen Gestaltungsanspruch des Hauses auf kulinarischer Basis gerecht werden. Disch ist ›Jeunes Restaurateur‹ und hat sich einer innovativen deutschen Küche verschrieben, die auf Qualität, Regionalität und Individualität setzt. Er bezieht alle seine erstklassigen Grundprodukte von regionalen Erzeugern. Er liebt seine ›Rabenklassiker‹ und Regionales, wie das herrlich saure Milchkalbsbeuscherl – das ist Lunge – mit Blutwurststrudel, die gepökelten Schweinebäckchen mit Berglinsen, Blutwurst und Kartoffelpüree oder das gebackene Mistkratzerle mit Kartoffel-Gurkensalat und Kürbiskernöl oder einfach ein Wiener Schnitzel mit Brägele und Blattsalat.

Seine vegetarischen Angebote, wie gebackener Ziegenfrischkäse mit Shiso-Kresse, Avocado und Mango-Wasabi-Mayonnaise oder Ricotta-Bärlauchravioli oder das Pfifferlingrisotto mit lauwarmem Eigelb, grünem Spargel und Artischocke, genießen die gleiche Aufmerksamkeit der Küche wie die Angebote für Fleischliebhaber. Ob das Törtchen vom Tunfisch mit Avocado, Mango und Shiso-Kresse oder die gebratenen Jakobsmuscheln mit jungem Spinat, Berglinsen und Pfifferlingen oder der Seeteufel mit Fenchel, Tomaten und Kräutern bis hin zum Rehrücken mit Sellerie, Quarkküchle und Balsamicokirschen – alles wird mit Raffinesse und Hingabe gekocht und angerichtet. Im »Raben« ist ein großer Könner am Herd, der Tradition und Neuzeit aufs Trefflichste miteinander zu verbinden versteht und für den das Grundprodukt immer im Vordergrund bleibt.

Frau Kirsten Disch leitet den ausgezeichneten Service, und die Weinkarte ist nicht nur mit badischen Spezialitäten bestückt, sondern hat auch deutschlandweit und international Hochwertiges zu bieten. Der »Raben« ist ein Gesamtkunstwerk, das es zu entdecken lohnt.

Gasthaus Zum Raben
79289 Horben, Dorfstr. 8,
Tel: 0761-556520, Fax: 0761-5565229,
www.raben-horben.de
Geöffnet: Mi-So, Feiertag 12-15 Uhr/18-24 Uhr. Mo, Di Ruhetag.

Gesamtnote:	8,8 von 10 Punkten
Küche:	8,5 Punkte
Service:	9 Punkte
Ambiente:	10 Punkte
Weinangebot:	8 Punkte
Preis/Leistung:	9 Punkte

Ihringen

Weinstube Holzöfele

Das »Holzöfele« in Ihringen steht seit dem 1. Januar 2012 unter neuer Leitung und ist dennoch ein traditioneller Familienbetrieb geblieben. Denn Marianne und Peter Birmele haben das Haus an Tochter Christine und Schwiegersohn Robert übergeben. Christine Franke hat ihre Ausbildung im »Colombi Hotel« in Freiburg und im Hotel »Louis C. Jacob« in Hamburg absolviert, während ihr Mann Robert Franke an der Hotelfachschule in Heidelberg den Titel »Restaurantmeister« erworben hat.

Christine und Robert Franke wollen das Lebenswerk von Marianne und Peter Birmele fortführen. Dabei haben sie ein gut geführtes und über den Kaiserstuhl hinaus bekanntes Haus übernommen. Nach Ausbildungs- und Gesellenjahren in vielen renommierten Hotels in Deutschland, der Schweiz und Frankreich zog es die Birmeles 1988 zurück in ihre Heimat. Zunächst pachteten sie dort »Karle's Weinkrügle« und später die »Winzerstube«. 2003 erfüllten sie sich den Traum vom eigenen Betrieb und kauften das direkt neben dem Ihringer Rathaus liegende »Holzöfele«. Welches Restaurant die Birmeles auch mieteten oder erwarben, die Gäste blieben ihnen treu und folgten nach. Denn das, was Peter Birmele in der Küche zubereitete, konnte sich stets sehen lassen. In all den Jahren handelte er nach dem Grundsatz »frische Ware, hohe Qualität, liebevolle Zubereitung«. Die Produkte werden bis heute von ausgewählten Lieferanten und Erzeugern aus der Region bezogen.

Wer im »Holzöfele« einkehrt, der darf sich auf eine große Auswahl an Fisch freuen. Hecht, Hummer, Lachs, Rotbarbe, Loup de Mer, Steinbutt, Kabeljau, Seeteufel, Zander werden angeboten oder was der Markt sonst noch so hergibt. Die Hechtklößchen und die Seeteufelmedaillons schmeckten vorzüglich, lediglich das Doradenfilet, das auf asiatischem Gemüse mit Zitronengrassoße serviert wurde, war etwas zu trocken. An der zuvor gereichten Kürbiscremesuppe gab es nichts auszusetzen, auch das pikante Rehragout mit Pilzen, hausgemachten Spätzle und Feldsalat konnte gefallen. Ein Trester-Eisparfait mit eingelegter Birne und Pralineneis bildete den würdigen Abschluss. Das angebotene Wild stammt übrigens aus heimischer Jagd. Hervorzuheben sind das gute Preis-Leistungs-Verhältnis (viergängige Menüs für 29,50 und 39,50 Euro) sowie die großen Portionen, bei denen sicherlich jeder satt wird. Der Service war zuvorkommend und freundlich, ohne aufgesetzt zu wirken.

Auf der Weinkarte gibt es viel Gutes von über 20 Winzern aus der Region. Die Trauben aus dem hauseigenen Weinberg werden von dem nicht weit entfernt liegenden Weingut »Heger« ausgebaut. Auch Tropfen aus Italien und Frankreich werden offeriert.

Weinstube Holzöfele
79241 Ihringen, Bachenstr. 46,
Tel: 07668-207, Fax: 07668-94407,
www.holzoefele.de
Geöffnet: Fr-Mi 11:30-14 Uhr/
17:30-22 Uhr. Do Ruhetag.

Gesamtnote:	8,2 von 10 Punkten
Küche:	8 Punkte
Service:	8 Punkte
Ambiente:	8 Punkte
Weinangebot:	8 Punkte
Preis/Leistung:	9 Punkte

Ihringen

Weinstube Zum Küfer

Weinstube Zum Küfer
79241 Ihringen, Eisenbahnstr. 9,
Tel: 07668-9968140
Geöffnet: Di-Sa ab 16:30 Uhr.
So ab 11:30 Uhr. Mo Ruhetag.

Gesamtnote:	9,7 von 10 Punkten
Küche:	10 Punkte
Service:	10 Punkte
Ambiente:	9 Punkte
Weinangebot:	9 Punkte
Preis/Leistung:	10 Punkte

Bekanntlich ist Ihringen am Kaiserstuhl der wärmste Ort Deutschlands. Auch im Gastronomiewesen Ihringens geht es heiß her. In der Gerüchteküche wurde kräftig gewürzt und gekocht. Kein Gerücht ist, dass Marianne und Peter Birmele, die ehemaligen Inhaber des »Holzöfele«, jetzt eine neue Wirkungsstätte in Ihringen haben. Die Weinstube »Zum Küfer« wurde in viel Eigenarbeit der beiden restauriert und saniert. Die ehemalige Strausse entspricht jetzt einer aufgeräumten, leicht rustikalen Weinstube mit ein wenig elsässischem Flair. Der freundliche und herzliche Empfang von Frau Birmele zeigt uns sofort die Unermüdlichkeit der Profigastronomin. Nachdem wir an dem blanken Nussbaumtisch Platz genommen haben, erkennen wir sofort die Klassiker der Peter-Birmele-Küche: Räucherfischterrine, Rehterrine, Hechtklöße. Die Speisekarte liest sich abwechslungsreich, wobei wir Fischgerichte etwas vermissen.

Wir beginnen mit zwei Terrinen: Die vom Räucherfisch war wunderbar fein abgeschmeckt und auch das Salatbouquet, welches dazu serviert wurde, war mit einem sehr feinen Dressing angerichtet. In der Mitte der wunderbaren Rehterrine war ein auf den Punkt gebratenes, sehr zartes Rehfilet, dazu wurden »kaltgerührte« Preiselbeeren und Salat serviert.

Nach den reichhaltigen Vorspeisen ging es für uns mit Rinderfiletspitzen und dem badischen Klassiker, Ochsenbrust mit Meerrettichsoße und Kartoffeln, weiter. Die Ochsenbrust war wunderbar zart und kernig zugleich, die Meerrettichsoße war in ihrer Cremigkeit und der leichten Schärfe ein wahrer Genuss. Die rosa gebratenen Rinderfiletspitzen mit Pfifferlingen wurden in einer reichhaltigen und köstlich schmeckenden Soße mit hausgemachten Spätzle serviert. Würde man einem Wiener Schnitzel Punkte geben, so hätte dies die maximale Punktzahl erreicht. Wunderbar dünnes und auffallend zartes Kalbfleisch in feiner Panade perfekt abgeschmeckt. Wie auch bei allen anderen Gerichten sind die Mengen mehr als reichlich, so dass der Blick in die Dessertkarte eher eine Gewohnheit als ein Bedürfnis ist. Für hausgemachtes Eis und Sorbets in verschiedenen Fruchtvarianten finden wir noch ein wenig Platz. Auch hier zeigt der fleißige und unermüdliche Peter Birmele sein Können. Es ist schön, dass nach all den Berufsjahren des Ehepaars Leidenschaft und Berufung nicht enden wollen.

Die Weinkarte ist erwartungsgemäß von Kaiserstühler Winzern (einige Berühmtheiten fehlen noch) und Genossenschaften geprägt, aber auch außerhalb Badens bzw. Deutschlands findet sich eine gute Auswahl interessanter Weine. Die Weinpreise sind mehr als fair und animieren, flaschenweise zu bestellen.

Inzlingen

Inzlinger Wasserschloss

Das »Wasserschloss« in Inzlingen ist so etwas wie das Aushängeschild der kleinen Gemeinde am Südrand des Schwarzwaldes im Dreiländereck Deutschland, Frankreich und der Schweiz. Zum einen ist hier der Sitz des Bürgermeisters und damit des Standesamtes, zum anderen der Standort eines der renommiertesten Restaurants der Gegend, das seit beinahe drei Jahrzehnten unter der Ägide von Sepp und, seit einigen Jahren, Sybille Beha steht. Also: Falls Sie heiraten oder heiraten lassen, aber nicht nur dann, sollten Sie diese gelungene Symbiose nutzen und genießen. Über eine Holzbrücke gelangt man in den imposanten Innenhof und dann in das Restaurant, bestehend aus zwei Sälen mit vornehm zurückhaltender Ausstattung – standesgemäß!

Der umsichtige Service achtet auf die Bedürfnisse der Kunden: ausreichend Platz für (gutsituierte) Familien, genügend große Tische für Geschäftsleute, welche hier ihre Abschlüsse begießen, aber auch Raum für den stillen Genießer, welcher nur ungestört Behas Kreationen genießen möchte.

Und diese Kreationen haben es in sich: vorneweg ein hervorragendes Bauernbrot mit frischer Butter, dann eine marinierte Taubenbrust an Feldsalat, danach einen auf den Punkt gebratenen Loup de Mer und schlussendlich ein exzellentes kreatives Dessert aus der Hand der Tochter, der Patissière des Hauses. Selbstverständlich ist hier alles zu haben, was die Region und die Saison hergibt, auch bodenständige Gerichte wie Suppe von der Petersilienwurzel, Entrecote vom Hotzenwälder Weiderind oder auch eine Rindsroulade wie man sie besser bei keiner Hausfrau bekommt.

Inzlinger Wasserschloss
79594 Inzlingen, Riehenstr. 5,
Tel: 07621-47057, Fax: 07621-13555,
www.inzlinger-wasserschloss.de
Geöffnet: Do-Mo 12-14 Uhr/18-24 Uhr.
Di, Mi Ruhetag.

Gesamtnote:	8,7 von 10 Punkten
Küche:	9 Punkte
Service:	9 Punkte
Ambiente:	10 Punkte
Weinangebot:	8 Punkte
Preis/Leistung:	7 Punkte

In der recht übersichtlichen Weinkarte findet man hauptsächlich regionale Gewächse von renommierten Weingütern, aber auch gelagerte französische und italienische Gewächse. Eine Anzahl von Weinen wird aus der Originalflasche auch offen ausgeschenkt, ein Zugeständnis an Einzelpersonen, welche nicht jeweils ganze Flaschen von Rot und Weiß austrinken.

Das Preisniveau ist der Grenznähe angepasst, relativ preiswert isst man das kleine oder mittlere Mittagsmenü oder man sucht sich ein opulentes vier- bis sechsgängiges Menü aus, aus welchem man auch Einzelgerichte bestellen kann.

Nach einem ausgiebigen Festmahl ist es sehr angenehm, dass das Gästehaus zu Fuß erreichbar ist…

Inzlingen

Hotel-Restaurant Krone

Hotel-Restaurant Krone
79594 Inzlingen, Riehenstr. 92,
Tel: 07621-2226, Fax: 07621-2245,
www.krone-inzlingen.de
Geöffnet: täglich 12-14 Uhr/ ab 18 Uhr.

Gesamtnote:	8,5 von 10 Punkten
Küche:	9 Punkte
Service:	9 Punkte
Ambiente:	8 Punkte
Weinangebot:	9 Punkte
Preis/Leistung:	7 Punkte

Seit Jahrzehnten ist Sepp Behas »Wasserschloss« Inzlingens Top-Adresse. Was die Lage im Inzlinger Tal anbelangt und auch hinsichtlich des gastronomischen Rangs fast auf gleicher Höhe ist mittlerweile die »Krone« anzusiedeln. Das wenig spektakulär direkt an der Inzlinger Dorfstraße gelegene Haus hat unter Rainer P. Wiedmers umsichtiger Leitung einen stetigen Aufschwung erfahren. Der gut organisierte Betrieb gilt im Raum Lörrach auch für Catering bei Banketten als eine gute Adresse und von diesem ganz offensichtlich vorhandenen organisatorischen Knowhow profitiert auch der Gast im Restaurant. Service und Menüfolge laufen flüssig, das Personal agiert konzentriert und äußerst sachkundig. Bei der Einrichtung pflegt die »Krone« einen etwas moderneren Landhausstil, der bis zu den Farbtönen der Wassergläser durchkomponiert ist. Und doch wirkt dieses offenkundige Streben nach Perfektion keineswegs kühl. Im Gegenteil: Der Stil der »Krone« ist zwar schnörkellos, aber trotzdem herzlich. Diese Klarheit setzt sich auch auf der Karte und auf dem Teller fort. Die feine badische Küche ist ein Pfeiler der »Kronen«-Küche, italienisch-französische Einflüsse der zweite, und dazu gibt es, vor allem bei der Komposition der Beilagen, noch eine Prise Exotik. Auf der konzentrierten Karte ist dies gebündelt in zwei Menüs und in je eine Handvoll Fisch- und Fleischgerichte. Dazu gibt es die meist badischen Klassiker wie Kalbsleber oder Siedfleisch und immer auch eine Alternative für Vegetarier. Die etwas kleinere Tageskarte bietet zusätzlich noch preiswerte Teller- und Pastagerichte. Kurzum: Mit wenigen Bausteinen gibt es für jeden Geschmack und jeden Anlass das Passende – und dies durchweg köstlich. Im Sommer sind die immer wieder variierten Salate mit der frischen Vinaigrette eine gute Wahl, in der kälteren Jahreszeit kann es auch mal eine gebratene Gänseleber sein. Für den eher kleinen Appetit sind die Taglioni mit Pfifferlingen zu empfehlen. Die Soße bindet erdige Waldaromen, sie ist schön cremig und trotzdem nicht zu schwer. Frisch und perfekt auf den Punkt gegart sind die Fischgerichte wie der Victoria-Barsch, der beim Testessen mit rotem Mangold als unaufgeregte Köstlichkeit serviert wurde. Erfrischende Sorbets oder die klassische Crème brûlée prägen die Dessertkarte, unbedingt zu beachten sind in der Beerensaison die fruchtigen Parfaits. »Die Weinkarte ist unser Hobby«, schreibt der Chef. Damit verspricht er nicht zu viel. Markgräfler Weingüter dominieren bei den offenen Weinen, sie sind mit ausgewählten Tropfen auch bei den Flaschenweinen vertreten, wo Kenner auch Spitzengewächse aus Frankreich und Italien finden.

Kandern-Wollbach

Restaurant Pfaffenkeller

Wer immer noch glaubt, biologische Kost sei etwas für Öko-Sektierer, der besuche den »Pfaffenkeller«. Das Konzept des Hauses beweist, dass Bio, strikte Regionalität und Slow Food gleichermaßen modern wie traditionell sind. Küchenchef Claude F. Gysin-Spitz und sein Partner Georg A.A. Gysin-Spitz verstehen unter ›Bio‹ Authentizität, Qualität und das Bewusstsein, dass gute Produkte gute Gastronomie noch besser machen – und gut ist, was artgerecht aufgezogen wurde, ohne Chemie gewachsen ist und saisongerecht verarbeitet wird. Ein wenig wird im liebe- und geschmackvoll restaurierten »Pfaffenkeller« mit eigenem Obst-, Gemüse- und Kräutergärten schon vorausgesetzt, dass sich der Gast für Produkte, Produktionskreise und für die Arbeit der hauseigenen Manufaktur interessiert. Empfang und Service sind außergewöhnlich freundschaftlich und trotz der Lage im abseitigen Kandertal angenehm unprovinziell. Die Küche bietet Klassiker der Landküche, wie Rindsrouladen, Wiener Schnitzel, Forelle, feine Filets, und Besonderheiten, wie das Ochsenbäckli. Eine Klasse für sich sind die frisch gekräuterten Salate und Gemüsebeilagen oder die kreativ komponierten vegetarischen Gerichte. Beim Testessen gab es Edelfische aus zertifizierter Herkunft oder Wildfang, außen mit wunderbarer Bratkruste und innen auf den Punkt glasig gebraten. Das alles war schön, ohne Schnickschnack auf einem Spinatbett angerichtet, allerdings hätte man sich für die gehaltvolle Safransoße ein paar Nüdelchen gewünscht. Reich an Aromen war das vegetarische Menü. Während die sommerliche Kaltschale auf Melonenbasis mit Lavendelblüten dabei mehr interessant als harmonisch war, sorgten die mit Bulgur gefüllten Zucchinischiffchen unter der würzigen Käse-Fenchel-Kruste für einen besonderen Genuss. Nicht ausschließlich biologisch ist das Weinangebot. Die Grundlage bilden zwar die Bioweine aus dem Fischinger »Hofgut Sonnenschein«, viele gute Tropfen kommen aber vom Weingut »Schloss Ortenberg« und einzelne Posten vom Weingut »Marienheim« in Bamlach, weil diese beiden Betriebe auch Behinderte beschäftigen. Manch ein Experte würde sich mehr internationale Posten wünschen, doch nach der Philosophie des Hauses, die Genuss und Verantwortung verbinden möchte, ist die regional-soziale Auswahl äußerst stimmig. Ein Wort noch zu den Preisen, denn Bio gilt als teuer. Der »Pfaffenkeller« bewegt sich auf dem Niveau der teuren Grenzregion. Nicht mehr und nicht weniger. Das heißt, die Lage im Raum Basel ist durchaus eingepreist, nicht aber der eigentliche Mehraufwand für Bio und für die Bearbeitung ursprünglicher Ausgangsprodukte.

Restaurant Pfaffenkeller
79400 Kandern-Wollbach, Rathausstr. 9,
Tel: 07626-9774290, Fax: 07626-97742999,
www.pfaffenkeller.de
Geöffnet: Mi-So 12-23:30 Uhr.
Mo, Di Ruhetag.

Gesamtnote:	8,8 von 10 Punkten
Küche:	9 Punkte
Service:	9 Punkte
Ambiente:	10 Punkte
Weinangebot:	9 Punkte
Preis/Leistung:	7 Punkte

Kandern

Hotel-Gaststätte Zur Weserei

Hotel-Gaststätte Zur Weserei
79400 Kandern, Hauptstr. 81,
Tel: 07626-445 oder -7000,
Fax: 07626-6581, www.weserei.de
Geöffnet: Mi-So 12-14 Uhr/18-21:30 Uhr.
Di 17-21:30 Uhr. Mo Ruhetag

Gesamtnote:	8,2 von 10 Punkten
Küche:	8 Punkte
Service:	8 Punkte
Ambiente:	9 Punkte
Weinangebot:	8 Punkte
Preis/Leistung:	8 Punkte

Die »Weserei« in Kandern ist seit Jahrzehnten eine gastliche Institution im südlichen Markgräflerland. Uli Kramer und seine Familie bewirten und beherbergen Gäste aus Wirtschaft und Politik ebenso wie Ruhesuchende und Urlauber mit stets gleichbleibendem Erfolg. Das Gästebuch gibt Aufschluss über zufriedene Gäste und Prominenz.

Im altehrwürdigen Gemäuer mit lauschigen Winkeln tafelt man gut und badisch, manchmal mit einem Ausflug ins nahe Elsass, so beim Gugelhupf von der Gänseleber, einem Highlight des Restaurants. Klassische Gerichte werden angeboten, wie Schmorbraten, mal vom Kalb (Bäckchen), mal vom Rind, welche ansonsten eher von den Speisekarten verschwinden. Wild in der Herbstzeit aus den umliegenden wildreichen Wäldern, auch Schnitzel in wechselnden Varianten sowie Briesle, saure Leber und Kutteln kommen in erstklassiger Qualität auf den Teller.

Selbstverständlich gibt es frischen Fisch, von der heimischen Forelle über Zander bis zu den verschiedenen Meeresfischen, alles schmackhaft in verschiedenen Zubereitungsformen und guten Portionen.

Auch für die Naschkatzen ist gesorgt, denn die Desserts sind wahre Hingucker.

Menüs gibt es in mehreren Variationen ebenso wie wechselnde, den Jahreszeiten angepasste Themenabende. Besonders empfehlenswert sind die gastfreundlich kalkulierten Mittagsmenüs in gleicher Qualität und Frische wie am Abend.

Der Service ist angenehm zurückhaltend, kompetent und flink. An den Wochenenden, wenn das Restaurant bis auf den letzten Platz mit Familien, Wanderern, Hausgästen und Tagesgästen gefüllt ist, gibt es schon einmal Wartezeiten, die jedoch mit viel Freundlichkeit wettgemacht werden.

Die Weinkarte bietet Gewächse aus Baden von renommierten Weingütern in großer Zahl ebenso wie Weine aus der ganzen Welt mit Schwerpunkt Frankreich, viele mit einem sehr angenehmen Preis-Leistungs-Verhältnis.

Nach einem rundum zufriedenstellenden Abend kann man sich in einem der 40 Betten des Landhotels ausruhen, um am nächsten Tag mit einer Stärkung am Frühstücksbuffet die nähere wunderschöne Landschaft zu erkunden. Tipp: Wolfsschlucht, Planetenweg, Eggener Tal.

Kandern-Holzen

Gasthaus Hirschen

Gasthaus Hirschen
79400 Kandern-Holzen, Brunnenstr. 2,
Tel: 07626-7059, Fax: 07626-9729609,
www.hirschen-holzen.de
Geöffnet: Mo, Di, Do, Fr 16-24 Uhr.
Sa, So 11:30-24 Uhr. Mi Ruhetag.

Gesamtnote:	9,0 von 10 Punkten
Küche:	9 Punkte
Service:	7 Punkte
Ambiente:	10 Punkte
Weinangebot:	9 Punkte
Preis/Leistung:	10 Punkte

Holzen ist noch ein richtiges Dorf mit Bauernhöfen, Störchen auf dem Kirchturm und einem Dorfgasthaus. Natürlich setzen sich nicht nur die Holzener an die blitzblank gescheuerten Kirschholztische des »Hirschen« – im Gegenteil: Ausflügler aus den Städten und Schlafdörfern des Dreiländerecks dürften in der Überzahl sein. Aber es ist eben genau das Unverfälschte, was sie in Holzen und speziell im »Hirschen« suchen – und finden. Während des Wartens auf die mütterlich-herzliche, aber mit dem Ansturm all der Städter dann doch etwas überforderte Bedienung hat man Muße, die schöne alte Holzvertäfelung, das rustikale Wirtshausmobiliar und eine altertümliche Musikbox zu inspizieren. Wer draußen im Garten sitzt, hat im wunderbaren Bauerngarten noch die seltene Gelegenheit, landestypische Pflanzen aus der Zeit vor der großen Baumarkt-Exotik zu entdecken. Überhaupt ist ein Besuch im »Hirschen« lehrreich, ein Blick über die alemannisch geschriebene Speisekarte bietet dann gleich noch einen Mundart-Grundkurs: Schüfele, Brägele, Subbefleisch mit Meerreddichbabbe, Huusmacherdäller, Cheesspätzle – im »Hirschen« könnte sich der Gast durch die ganze oberbadische Volksküche schlemmen. Wobei das Wort ›könnte‹ hier wirklich nur die Möglichkeitsform angibt. Denn auf einmal schafft man kaum mehr als ein Hauptgericht, wer noch eine Suppe davor ordert (was man trotz allem ernsthaft in Erwägung ziehen sollte) oder eine Nachspeise wünscht, der darf kein Schwachmagen sein. Denn für ›leichte Küche‹ wurde noch kein alemannisches Wort erfunden.

Es ist dem »Hirschen« aber hoch anzurechnen, dass im Lauf der Jahre der Fettspiegel unter dem Brägele-Fladen (eigentlich handelt es sich eher um Rösti) auf einen vernünftigen Pegel abgesenkt wurde. So schmeckt es immer noch deftig-lecker. Wer es mag, findet im »Hirschen« fast schon vergessene Schmankerl wie die gekochte Bauernbratwurst, das Schäufele setzt Maßstäbe und die Meerreddichbabbe ist feiner, als sich das Wort anhört. Gut, statt des naturgemäß fettdurchzogenen Suppenfleisches wäre ein echter Tafelspitz vielleicht die schmackhaftere Alternative, aber das authentisch bäuerliche Konzept muss im Zweifelsfall eben auf das einfachere Gericht setzen. Und zu trinken? Ordentliche Gutedel aus Winzergenossenschaften und – als kleine Entdeckung – ein spritziger, fast schon prickelnder Spätburgunder vom Weingut »Huck-Wagner« aus Efringen-Kirchen, der, kellerkühl getrunken, im Sommer fast schon das Zeug zum Durstlöscher hat. Wenn dann dieser Art der Bauch beschwert und der Kopf beschwingt ist, wird klar: Es ändert sich nichts in Holzen, und genau deshalb wird der »Hirschen« immer besser.

Kandern

Gasthaus Ochsen

Gasthaus Ochsen
79400 Kandern, Hauptstr. 37,
Tel: 07626-256, Fax: 07626-257.
Geöffnet: Fr-Di ab 10 Uhr.
Mi 10-16 Uhr. Do Ruhetag.

Gesamtnote:	7,7 von 10 Punkten
Küche:	8 Punkte
Service:	7 Punkte
Ambiente:	7 Punkte
Weinangebot:	8 Punkte
Preis/Leistung:	8 Punkte

Der »Ochsen« in Kandern ist ein ganz und gar herkömmliches Gasthaus. Das muss nicht unbedingt ein Vorteil sein. So hätte die düstere Holzvertäfelung nach schätzungsweise einem halben Jahrhundert einen helleren Farbton verdient und auch die Kunstfaserauslegeware ist heutzutage nicht einmal mehr mit dem Retro-Kult zu rechtfertigen. Schade, denn der »Ochsen« ist ein stattliches Haus im charmanten Städtchen Kandern, das mit etwas Pep zum zeitlosen Klassiker werden könnte. Man mag förmlich die Fenster aufreißen und ein wenig frischen Wind hereinlassen. Deftiges Essen kann ja ungebrochen aktuell sein, doch wenn die Gerichte kantinenartig auf den Teller gehäuft werden, dann wirkt das schon unprobiert etwas altbacken. Oder die Speckwürfelchen im Krautsalat. Das schmeckt zwar wie früher bei Oma, aber wenn der Salat in dieser Form zu einem eigens als vegetarisch aufgelisteten Gericht gereicht wird, dann zeigt das, dass der Koch gedanklich nicht so ganz auf der Höhe der Zeit ist. Doch nun zu den positiven Aspekten von herkömmlich: Schnitzel und Cordon bleu muss man erst einmal so kross braten können. Oder das Rehnüssle – perfekt auf den Punkt gegart mit einer wunderbar rahmigen Soße. Wunderbar passen dazu die Spätzle. Für Fleischliebhaber gibt es gekonnt zubereitete Rumpsteaks, und wenn der badische Patriotismus durch den Magen geht, dann sind die Leberle oder der Kuttelnsalat eine gute Wahl. Auch Vegetarier haben im »Ochsen« eine Chance, allerdings sollten sie die Finger vom hilf- und geschmacklos zubereiteten Gemüseteller lassen, sondern zu den zwar mächtigen, aber geschmacksintensiven Käserösti greifen. Überraschend breit gefächert ist das Dessert-Angebot, wobei der Schwarzwaldbecher beim Testessen nur nach Sahne und Kirschwasser schmeckte, während das Zimtparfait mit Sauerkirschen ein üppiger, aber doch aufmunternder Abschluss war. Die Weinkarte bietet ein passendes Angebot an regionalen Gewächsen. Gemischte Gefühle hinterließ der Service. Eine versierte Kraft schmeißt den ganzen Laden und beweist dabei auch noch knitzigen Humor. Aber wer nach 20:30 Uhr noch nicht bezahlt hat, muss warten, bis das Personal erst einmal in Ruhe Wurstsalat gegessen hat.

Kappelrodeck-Waldulm

Gasthof Rebstock

Dass es so etwas noch gibt. Eine Gaststube, die bewusst macht, welche Zumutungen die Moderne häufig bereit hält. Historische Räume, die den Stürmen der Zeit widerstanden haben und Behaglichkeit ausstrahlen ohne vermufft zu sein: Hier will man verweilen. Dazu eine Küche auf hohem Niveau. Eine Weinkarte mit über 300 Gewächsen, die kaum einen Wunsch offen lässt. Seniorchef Josef Hodapp, der auch für die Hausbrennerei verantwortlich ist, hat hier seine Erfüllung gefunden. Der Schwerpunkt liegt auf Baden und der Ortenau – angeboten werden auch Weine der eigenen Einzellage Russhalde. Vertreten sind im über 130 Seiten dicken Buch aber alle wichtigen Weinbauregionen der Welt. Nicht zu vergessen: Ein kompetenter auf aufmerksamer Service, schlagfertig, ohne dabei Gefahr zu laufen, die Grenze gebotener Höflichkeit zu überschreiten. Kein Wunder, dass das von der Familie Hodapp geführte Restaurant, dessen Anfänge bis ins 18. Jahrhundert zurückreichen, in den einschlägigen Führern ausgezeichnet wird.

In der Küche führt Karl Hodapp die Regie. Nach der Lehre im Acherner Hotel »Sonne Eintracht« folgten Stationen in weiteren Sternerestaurants: in Nagels »Kranz« (Karlsruhe-Neureut), im Hamburger »Le Canard«, Witzigmanns »Aubergine« in München und dem New Yorker »Windows of the World« im World Trade Center, bevor es ihn zurück an den heimischen Herd zog. Seitdem bietet der studierte Betriebswirt den Gästen seine kulinarischen Kenntnisse im historischen Gebäude in Waldulm an. Phantasie und Experimentierfreude sind Trumpf bei Hodapp. Das Spargelmousse harmonierte bestens zu den gebratenen Jakobsmuscheln auf marinierten Spänen von grünem Spargel, die

Gasthof Rebstock
77876 Kappelrodeck-Waldulm, Kutzendorf 1,
Tel: 07842-9480, Fax: 07842-94820,
www.rebstock-waldulm.de
Geöffnet: Mi-So 11:30-14 Uhr/17-21:30 Uhr. Di 17-21:30 Uhr. Mo Ruhetag.

Gesamtnote:	9,3 von 10 Punkten
Küche:	9 Punkte
Service:	10 Punkte
Ambiente:	10 Punkte
Weinangebot:	9 Punkte
Preis/Leistung:	9 Punkte

auf der Zunge zergingen. Raffiniert, aber durchaus gewöhnungsbedürftig die Kombination Kaninchenrücken im Achertäler Salamimantel. Das Drei-Gang-Menü (für 31 Euro!) startete mit einer delikaten Spargelcremesuppe mit Bärlauchschaum. Vollkommen geglückt das im Ofen gebackene geschichtete Karree von der Kalbshaxe, das im Biss zwischen Fleischigkeit und der Konsistenz von Kalbskopf changierte. Überzeugend auch das Dessert: ein kleiner lauwarmer Griesnockerl auf Rhabarbermus, gebrannte Creme mit Ananas und Erbeerpfeffereis sowie Erdbeere an Minzcreme. Die zu den drei Gängen empfohlenen Weine harmonierten, bis auf die zum Nachtisch gereichte trockene Muskateller Spätlese vom Weingut Heger – da hätte wohl eine nicht trockene Variante besser gepasst. Unterm Strich: Der »Rebstock« ist immer einen Besuch wert.

Kenzingen

Scheidels Restaurant zum Kranz

Zum Glück gibt es sie noch, die alten badischen Gaststätten, die den Charme der guten alten Zeit vermitteln und in denen der Holzboden bei fast jedem Schritt knarrt, in denen die Dekoration nicht die Haupt-, sondern lediglich eine bescheidene Nebenrolle spielt und in denen sich der Koch und der Service auf ihre wesentlichen Aufgaben konzentrieren.
Solch ein Haus ist ohne Zweifel »Scheidels Restaurant zum Kranz« in Kenzingen. Das über 200 Jahre alte Landgasthaus wird von Hildegard und Franz Scheidel ungezwungen geführt und befindet sich bereits in der siebten Generation im Familienbesitz.
Franz Scheidel setzt eher auf eine leichte und klassische Küche mit deutlichen Einflüssen aus Frankreich und Italien. Im Mittelpunkt steht das Produkt, das möglichst unverfälscht zubereitet und schnörkellos auf dem Teller serviert wird.
Das Schollenfilet (eine sehr reichliche Portion!) war demnach lediglich in Butter gebraten und herrlich zart. Auch die dazu gereichten Kartoffeln und der Spinat ließen keine Wünsche offen. Generell hat Franz Scheidel ein gutes Händchen für Meerestiere. Den Garnelen mit Reis gab die Champagnersoße eine herrlich würzige Note. Dem stand das Lammfilet mit Bohnen und Kartoffeln in nichts nach. Auch die Buttermilchmousse mit Erdbeeren konnte überzeugen.
Zu sagen, die Weinkarte ist gut bestückt, wäre untertrieben. Sie ist vielmehr recht üppig und beinhaltet das Beste aus dem Breisgau, einige gute Tropfen vom Kaiserstuhl und zahlreiche Weine aus Frankreich, Italien und Spanien.
Der Service ist erfreulich natürlich und unaufgeregt sowie immer für einen kleinen Scherz zu haben. Er vermittelt das Gefühl, im eigenen Wohnzimmer aufs Beste bedient zu werden. Auch im Biergarten mit altem Baumbestand lassen sich laue Sommerabende ausgezeichnet verbringen.

Scheidels Restaurant zum Kranz
79341 Kenzingen, Offenburgerstr. 18,
Tel: 07644-6855, Fax: 07644-931077,
www.scheidels-kranz.de
Geöffnet: täglich 11:30-14 Uhr/
17:30-22 Uhr. Mo 11:30-14 Uhr.
Di Ruhetag.

Gesamtnote:	9,0 von 10 Punkten
Küche:	9 Punkte
Service:	9 Punkte
Ambiente:	9 Punkte
Weinangebot:	10 Punkte
Preis/Leistung:	8 Punkte

Kenzingen-Bombach

Gasthaus Krone Bombach

Das kleine beschauliche Dorf Bombach liegt in der schönen hügeligen Landschaft des Breisgaus. Das Gasthaus Krone begrüßt uns mit schönem rustikalen Flair, typisch für eine badische Wirtschaft. Die Inhaberin Manuela Götz führt den Gasthof in alter Familientradition.
Renoviert wurden mit der Zeit nur nötige Kleinigkeiten, um den alten Gasthof-Charme zu erhalten. Diese sanfte Form der Sanierung ist rundum gelungen.
Auf der Speisekarte finden wir schöne einfache Gerichte. Statt einer Vorspeisenkarte gibt es eine Vesperkarte mit herzhaften Kleinigkeiten wie z.B. Wurstsalat, Bauernbratwürste und Schwartenmagen. Bei einigen der Vespergerichte ist es auch möglich, eine kleine Portion zu bestellen, was dann auch einen Vorspeisecharakter hat. Die Hauptspeisen sind aufs Wesentliche reduziert und konzentrieren sich auf Rumpsteak mit Pfeffersoße, Kräuterbutter oder Schmorzwiebeln, Schweineschnitzel in den Varianten Rahmschnitzel oder paniert. Des Weiteren findet man auch noch verschiedenes von der Pute. Beilagen können separat ausgewählt werden: Bratkartoffeln, hausgemachte Spätzle, Pommes frites oder Kroketten. Außerhalb der Speisekarte wird auch noch eine Tagesempfehlung ausgesprochen.
Der sauer angemachte Schwartenmagen mit einer feinen, ehrlichen Vinaigrette und frischen Zwiebeln ist ein köstlicher Auftakt und macht Appetit auf mehr. Das panierte Schweineschnitzel mit einer krossen Panade und hausgemachten Spätzle ist tadellos, der gemischte Salat vorweg überzeugt durch Frische und schnörkelloses Dressing. Die Garzeit beim Rumpsteak ist punktgenau und das

Gasthaus Krone Bombach
79341 Kenzingen-Bombach, Schneckenstr. 2,
Tel. 07644-49376, Fax: 07644-49376
Geöffnet: Do-Mo ab 17 Uhr.
So 10-15 Uhr/ab 17 Uhr. Di, Mi Ruhetag.

Gesamtnote:	9 von 10 Punkten
Küche:	10 Punkte
Service:	9 Punkte
Ambiente:	9 Punkte
Weinangebot:	6 Punkte
Preis/Leistung:	10 Punkte

Fleisch von sehr guter Qualität. Lobenswert sind auch die sehr guten Bratkartoffeln. Die Dessertkarte überzeugte uns nicht.
Ein weiterer Wermutstropfen ist die Weinkarte. Es verwundert ein wenig, dass in einem Weindorf wie Bombach keinerlei Ambitionen an dieser Stelle vorhanden zu sein scheinen.
Dennoch ist der Charme der guten alten Zeit in diesem Hause noch spürbar, ohne angestaubt zu sein. Der freundliche, professionelle Service von Frau Götz und die conveniencefreie Küche bleiben uns in guter Erinnerung und lassen uns über kleinere Schwächen gern hinwegsehen.
Die hauseigene Metzgerei, die heute nur noch für den Eigenbedarf produziert, unterstreicht ein weiteres Mal den Qualitätssinn der hier gelebt wird.

Kirchzarten

Gasthaus-Hotel Schlegelhof

Es gibt wenige Gartenwirtschaften, die so eindrucksvoll gelungene Schwarzwaldromantik vermitteln, wie der herrlich gelegene »Schlegelhof« in Kirchzarten. Marianne und Martin Schlegel haben durch kontinuierliches Um- und Weiterbauen eine Oase der Gastlichkeit und des Wohlfühlens geschaffen, die auf übertriebene Romantik verzichtet. Stattdessen vermitteln strahlend freundliche Farbakzente und viel helles Holz ein modernes badisches Lebensgefühl. Der neu geschaffene Wellnessbereich rundet das umfassende Hotelangebot ab, das Herz des »Schlegelhof« jedoch bleibt weiterhin die schnörkellose, feine Küche des Patrons.

Einst war Schlegel unentschlossen, sollte er an dem Wettlauf um ›Sterne‹ und Auszeichnungen teilnehmen oder lieber der Küche die Treue halten, die ihm am Herzen liegt – er entschied sich für Letzteres. Und so kann man nach wie vor ›Traditionelles‹, wie Bibiliskäs mit Brägele, Rindfleischsalat mit Gürkle, Schnitzelsalatplatte, ein klassisches Wiener Schnitzel von der Kalbshüfte mit Bratkartoffeln oder Kalbsrahmschnitzel mit Champignons und hausgemachten Butterknöpfle bestellen.

Schlegel serviert aber auch Seezungenfilet mit Avocadocreme, Tomatensalsa und milder Limonen-Knoblauchsoße, Atlantik-Seeteufelmedallion und Krustentierravioli mit Safran-Gemüse oder ein Spargelrisotto von grünem und weißem Spargel mit Parmesan und brauner Butter-Vinaigrette. Für die kleinen Gäste gibt es eine umfangreiche Kinderkarte.

Bei den Hauptgängen wird es dann etwas internationaler, ohne die badischen Wurzeln aus dem Auge zu lassen. Der Rostbraten nach ›Schlegelhof‹-Art mit Zwiebeln in Burgundersoße geschmort mit Bohnen und Brägele hat das Zeug zum Klassiker, auch das Kalbsrückensteak mit Macadamianusskruste, Kartoffel-Spargel-Ragout und Estragon-Beurre-blanc oder das Lammcarrée mit Tomaten-Olivenjus und Frühlingslauchrisotto munden vortrefflich. Fischgerichte werden stets mündlich empfohlen und richten sich nach dem getätigten Tageseinkauf – wir registrieren überhaupt mit Freude die steigende Zahl an frischen Tagesangeboten in der gehobenen bürgerlichen Küche. Natürlich wird auf saisonale Angebote genauso viel Wert gelegt, das zeigt Schlegels Wildküche, die ihm längst eine große Reputation eingebracht hat.

Die badische und internationale mit über 350 Positionen bestückte Weinkarte ist immer noch sensationell. Der freundlich-hilfsbereite Service rundet das allseits positive Bild dieses Hauses ab.

Gasthaus-Hotel Schlegelhof
79199 Kirchzarten, Höfener Str. 92,
Tel: 07661-5051, www.schlegelhof.de
Geöffnet: täglich 18-21:30 Uhr (Küchenschluss). So 12-13:30 Uhr/18-21 Uhr (Küchenschluss). Mi Ruhetag.

Gesamtnote:	9,5 von 10 Punkten
Küche:	10 Punkte
Service:	9 Punkte
Ambiente:	9 Punkte
Weinangebot:	10 Punkte
Preis/Leistung:	9 Punkte

Kirchzarten-Dietenbach

Landgasthof Zum Rössle

Das »Rössle« liegt idyllisch, etwas abseits der Straße auf dem Weg von Kirchzarten Richtung Oberried. Die holzvertäfelte Gaststube ist ein wahres Schmuckstück, und an schönen Tagen bietet der gekieste und ganz ohne Plastik möblierte Freisitz unter den Schatten spendenden Apfelbäumen Entspannung pur.
Und auch die Küche trägt zum Wohlbefinden bei. Das fängt schon bei den Salaten an. Nicht das übliche Lollo-Rosso-Gebirge, das zwar Menge vortäuscht, aber kulinarisch belanglos ist, sondern eine ausgesucht schmackhafte Mischung aus Wildkräutern- und Baby-Salaten mit gebratenen Pfifferlingen (8,50 Euro). Das Lachsforellentatar war von fangfrischer, sehr guter Qualität und mit klitzeklein geschnittenem Schnittlauch bestens angemacht. Dazu gab es nicht viele, aber richtig gute Salatblätter (8,80 Euro). Und auch der Tomatensalat war eine Überraschung, ein buntes Potpourri aus mehreren verschiedenen Tomatensorten – rote, grüne, gelbe, braune, große, kleine (5,80 Euro). Es gibt zahlreiche landwirtschaftliche Betriebe in nächster Umgebung, die sich auf den Anbau vielfältiger Tomatensorten spezialisiert haben. Man fragt sich, weshalb dann nicht überall ein Tomatensalat wie im »Rössle« angeboten wird.
Bei den Hauptgerichten war das Wiener Schnitzel dünn geklopft, richtig gebraten und mit sehr guten Brägele umgeben.
Wenn die gebratene Hähnchenbrust als eine solche vom Landgockel angepriesen wird, dann bekommt man entweder ein wirklich gutes Stück Fleisch oder der Koch betreibt nur Speisekartenlyrik. Hier war Ersteres der Fall: Außen knusprig, innen saftig, eine sehr gute Konsistenz, und dass es dazu eine in Butter geschwenkte

Landgasthof Zum Rössle
79199 Kirchzarten-Dietenbach,
Dietenbach 1,
Tel: 07661-2240, Fax: 07661-9899679,
www.zumroessle.de
Geöffnet: Mo, Di, Do, Fr 12 -14 Uhr/ 17:30-22 Uhr. Sa, So 12-22 Uhr.
Mi Ruhetag.

Gesamtnote:	9,2 von 10 Punkten
Küche:	9 Punkte
Service:	9 Punkte
Ambiente:	10 Punkte
Weinangebot:	9 Punkte
Preis/Leistung:	9 Punkte

Mischung aus Morcheln und Aprikosen gab, hat dem Gericht direkt Raffinesse verliehen (15,80 Euro). Auch der Spinat dazu war gut, nur möchten wir den Koch bitten, beim nächsten Mal wenigsten die gröbsten Stängel von den Blättern abzuzwicken.
Ergänzungsbedürftig – auch unter regionalen Aspekten – ist das Fischangebot, das bei unserem Besuch nur aus Lachsfilet und Goldbrassenfilet bestand. Zumindest hatte der Lachs das »Label rouge«, was für eine gute, artgerechte Zucht im kalten Nordatlantik spricht.
Die Weinkarte ist regional gut aufgestellt, ergänzt durch neun italienische und acht französische Angebote. Die Flaschenpreise beginnen sehr korrekt kalkuliert bei 15,90 Euro.

Kirchzarten

Hofgut Himmelreich

Das »Hofgut Himmelreich« hat sich in den letzten Jahren zu einem Verbund entwickelt aus Restaurant, Hotel, Reisebüro, DB-Agentur, Kiosk und integrativer Akademie. Hier arbeiten Menschen ohne und mit Behinderung zusammen, wobei Letztere als Menschen mit außergewöhnlichen Begabungen angesehen werden. Als Gast ist der integrative Service ein Erlebnis der besonderen Art. Betrachtet man die Ungezwungenheit, Freundlichkeit und Aufmerksamkeit, mit der man hier bedient wird, und vergleicht diese Herzlichkeit mit eventuellen schlechten Erfahrung in anderen Restaurants, kann man tatsächlich von außergewöhnlichen Fähigkeiten des Service sprechen. Falls wirklich einmal etwas nicht ganz wie am Schnürchen laufen sollte, dann wird das eben als willkommene Entschleunigung vermerkt.
An der Speisekarte hat sich nichts geändert: Sie ist badischen Basics und regionalen Produkten verpflichtet, und diese werden durchweg gut gekocht an den Tisch gebracht. Dass man hier erst gar nicht nach höheren gastronomischen Weihen Ausschau hält, ist nur vernünftig. Entsprechend kunden- und vor allem auch kinderfreundlich sind auch die Preise. Das Angebot für Kinder beginnt beim kostenfreien ›Räuberteller‹, mit dem der Nachwuchs animiert wird, sich von den Tellern der Großen zu bedienen, um auf diese Weise kostengünstig satt zu werden, über drei Reibekuchen mit Apfelmus für 4 Euro bis hin zu einem Paar Wienerle mit Pommes frites für 4,50 Euro.
Erwachsene werden gut versorgt mit einer herzhaft abgeschmeckten Badischen Kartoffelsuppe mit Wienerle für 5,20 Euro, bei der weder Majoran noch Kracherle gefehlt haben. Oder mit dem ›Himmelreicher‹

Hofgut Himmelreich
79199 Kirchzarten, Himmelreich 37,
Tel: 07661-98620,
www.hofgut-himmelreich.de
Geöffnet: Mo 17:30-23 Uhr. Di-Sa 7-23 Uhr. So, Feiertag 8-23 Uhr.

Gesamtnote:	8,2 von 10 Punkten
Küche:	8 Punkte
Service:	9 Punkte
Ambiente:	8 Punkte
Weinangebot:	7 Punkte
Preis/Leistung:	9 Punkte

Lammgulasch mit Speckbohnen und Brägele für 13,50 Euro. Das Gulasch bestand aus schönen zarten Fleischstücken, die Soße war kräftig und gut abgebunden, ohne pampig zu wirken. Die hausgemachte Rinderroulade mit Gemüse und Petersilienkartoffeln präsentierte sich ebenfalls als ein grundsolider Vertreter einer bodenständigen Küche.
Die Weinkarte wurde ein bisschen ausgebaut, ist aber nach wie vor sehr überschaubar. Die Gaststube ist rustikal-gemütlich. Man kann auch im Freien sitzen, wobei die Glaswand die Autogeräusche von der nahen Bundesstraße nicht ganz abhält – wie auch.

Klettgau-Grießen

Mange Landgasthof

Ganz im Süden der Republik, dort, wo die (kulinarische) Welt schon fast zu Ende ist, findet sich ein gastronomisches Highlight: Manges Gasthof. Küchenmeister Paul Meier zelebriert hier seit Jahrzehnten eine badische Küche der Sonderklasse. Vor Jahren bereits mit einem ›Michelin-Stern‹ ausgezeichnet, konnte der dafür geforderte Standard nur mit immensem Aufwand erfüllt werden, wobei dieser dem Selbstverständnis des Meisters nicht wirklich gerecht wurde. So gab der Patron den ›Stern‹ ab, kochte fortan auf hohem Niveau, aber ohne die Last, sich tagtäglich der notwendigen Rechtfertigung eines ›Sterns‹ ausgesetzt zu sehen. In letzter Zeit bemerkt der Gast jedoch wieder eine unglaubliche Steigerung der Küchen- und Serviceleistung, so als wolle man womöglich wieder an die ›Sterne-Zeiten‹ anknüpfen.

Zur Vorspeise wählt man zwischen Wiesenkräutersalat mit Frischkäse-Maultäschle und gebackenen Ziegenfrischkäsebällchen, Parmesan- Schaumsuppe mit gebratenen Jakobsmuscheln, Tafelspitzbrühe mit Kräuterflädle, Wurzelgemüse und Maultäschle, Mignons vom Sommerreh auf Selleriepuree oder karamellisierten Wachtelbrüstchen.

Zum Hauptgerichte steht die Entscheidung zwischen Atlantik Steinbuttschnitte auf Buttermilch Risotto, karamellisiertem Brüstchen vom Perlhuhn mit Kräuterpfifferlingen, Filet vom Weiderind und geschmorter Ochsenbacke mit rohen Kartoffelklößchen oder gebratenem Kaninchenrücken mit Spargelpudding an.

Mange Landgasthof
79771 Klettgau-Grießen, Kirchstr. 2,
Tel: 07742-5417.
Geöffnet: Mi-Fr ab 18 Uhr.
Sa, So ab 12 Uhr. Mo, Di Ruhetag.

Gesamtnote:	8,3 von 10 Punkten
Küche:	9 Punkte
Service:	7 Punkte
Ambiente:	8 Punkte
Weinangebot:	8 Punkte
Preis/Leistung:	9 Punkte

Die Desserts sind Augen- und Geschmackserlebnis gleichermaßen: Espressoparfait, Mohnmousse und Tiramisu mit Kaffeesoße, Mascarponemousse im Krokantmantel mit Sorbet und Schaum von Passionsfrüchten oder abgeschmelzte Topfenknödel und Tonkabohneneis mit karamellisierten Aprikosen.

Menus werden leider nicht angeboten, so dass man das ganze Spektrum der Küche bei einem einmaligen Besuch nur erahnen kann.

Die Weinkarte umfasst deutsche Gewächse aus Baden, im Besonderen aus dem Klettgau und dem nahen Schaffhauser Gebiet. Auch internationale Weine finden sich auf der ausreichend bestückten Karte mit Schwerpunkt Spanien und Italien.

Es empfiehlt sich, rechtzeitig zu buchen, da die wenigen Tische meist ausgebucht sind.

Lahr

Hotel-Restaurant Adler

Hotel-Restaurant Adler
77933 Lahr, Reichenbacher Hauptstr. 18,
Tel: 07821-906390, Fax: 07821-9063933,
www.adler-lahr.de
Geöffnet: Di-So 12-14 Uhr/
18:30-21:30 Uhr (Küchenschluss).
Mo 18:30-21:30 Uhr.

Gesamtnote:	8,2 von 10 Punkten
Küche:	8 Punkte
Service:	9 Punkte
Ambiente:	8 Punkte
Weinangebot:	8 Punkte
Preis/Leistung:	8 Punkte

»Alles, was wir gerne machen, geschieht ohne Anstrengung. Zufriedene Gäste sind das Ziel und der Lohn unserer Familie und Mitarbeiter … und dies schon in vierter Generation«, so der Slogan der Inhaberfamilie Fehrenbacher im »Adler«.
Seit nunmehr 25 Jahren ist der »Adler« mit einem ›Michelin-Stern‹ dekoriert. Otto Fehrenbachers verlässliches Kochhandwerk ist weit über die Grenzen hinaus bekannt. Nach seinen Lehrjahren im »Tantris« in München, der »Auberge de l'Ill« von Marc Haeberlin und bei Alain Chapel in Mionnay zog es ihn nach Lahr-Reichenbach, wo er 1980 den »Adler« übernahm und sein eigener Chef wurde. Seit einigen Jahren leitet sein Sohn Daniel die Küchencrew und setzt den Ideenreichtum erfolgreich um. Seine ehemaligen Wirkungsstätten stehen denen seines Vaters in nichts nach. Er stand auch bei Haeberlin am Herd, anschließend in Paris bei Alain Ducasse im »Plaza Athénée«. Weitere Stationen führten ihn an den Genfer See ins »Pont de Brent« sowie ins benachbarte Elsass in die Straßburger Patisserie »Litzler Vogel«. Trotz dieser beeindruckenden Adressen und der damit einhergehenden Weltläufigkeit sind die beiden bodenständig und nicht abgehoben. Dies macht sich auch in der entspannten Atmosphäre des Restaurants bemerkbar. Der aufmerksame und überaus natürliche und freundliche Service ist bemerkenswert und unaufdringlich.
Das Jubiläums-Menü »150 Jahre Adler« liest sich vielversprechend und erfüllt die damit verbundenen Erwartungen in vollem Umfang. Frisches, wohlschmeckendes Rindertatar, raffiniertes Senfeis, dazu knackiger Gartenkräutersalat. Ein Geschmackserlebnis auch der mit Büffelmozzarella auf den Punkt gebratene St. Pierre mit geschmorten Kirschtomaten und allerfeinsten Jahrgangssardinen. Als Menüabschluss: herrlich aromatisches und erfrischendes Aprikosencrumble mit Joghurt, Limette und Stevia.
Die À-la-carte-Gerichte verstehen es geschmacklich und handwerklich zu beeindrucken. Der kross gebratene Steinbutt wusste ebenso zu überzeugen wie der selten angebotene und herzhaft schmeckende Gamba Carabinero. Das auf der Zunge zergehende, perfekt angebratene Rehfilet aus heimischer Jagd mit Kouskousi als Beilage steht dem Ganzen in nichts nach! Fast überflüssig ist zu erwähnen, dass das Vater-und-Sohn-Team nahezu alle Grundprodukte für seine tadellose, handwerklich präzise Küche weitgehend in der unmittelbaren Gegend bezieht. Die Kombination von französischer und badischer Küche ist vorbildlich interpretiert.
Die Weinkarte ist bei den badischen Gewächsen und den internationalen Weinen gut sortiert. Reife Weine aus dem Burgund oder den Bordelais sind sehr gastfreundlich kalkuliert.

Lahr-Reichenbach

Ristorante Da Vinci

Die erste Adresse für italienisches Essen in Lahr war bis zur seiner Schließung im August 2011 das »La Piccola Cantina« am Roßplatz; wer weiterhin die italienische Küche genießen wollte, mit etwas weniger Schick(eria) und etwas preiswerter, der wählte oft das »Da Vinci« im Lahrer Ortsteil Reichenbach. Das ist kein Zufall, denn beide Restaurants gehören bzw. gehörten der Familie Viglioglia. Pasquale Viglioglia konzentrierte sich nach der Schließung der »Piccola Cantina« auf seine »Donna Selvatica« in Zell-Weierbach, währenddessen betrieb sein Bruder Domenico zwölf Jahre lang in Seelbach die »Bürgerstube«, bis er 2008 die ehemalige »Schwarzwaldstube« kaufte um daraus das »Da Vinci« zu machen.

Direkt neben einer kleinen Firma gelegen, in einer Seitenstraße ganz in der Nähe des Sportplatzes, ist das »Da Vinci« geographisch betrachtet nicht die erste Wahl. Optisch aber allemal: Das Gebäude wurde äußerst aufwändig renoviert, hat einen wunderschönen Wintergarten und eine gemütliche Gartenwirtschaft. Selbst unter der Woche ist das Restaurant mit seinen rund 100 Plätzen gut gefüllt, an Wochenenden empfiehlt sich die Reservation.

Pizza und Pasta genießen einen guten Ruf, dazu gibt es von der großen Tafel tagesaktuelle Spezialitäten und Angebote. Das Überraschungsmenü für 34,50 Euro, das aus einer Auswahl der Tagesempfehlung besteht (ein kleines viergängiges Menü gibt es auch für 27 Euro), zeigt an diesem Tag Höhen und Tiefen: Das Roastbeef auf Salat mit Trüffelsoße ist etwas lieblos auf dem Grün verteilt, nach guten Spargelravioli folgt ein Steinbeißerfilet, das etwas trocken geraten und unter ei-

Ristorante Da Vinci
77933 Lahr-Reichenbach,
Josef-Faber-Str. 20,
Tel: 07821-9933955, Fax: 07821-9933956,
www.da-vinci.org
Geöffnet: Di-So 11:30-14 Uhr/17-24 Uhr.
Mo 17-24 Uhr.

Gesamtnote:	7,8 von 10 Punkten
Küche:	8 Punkte
Service:	8 Punkte
Ambiente:	8 Punkte
Weinangebot:	6 Punkte
Preis/Leistung:	9 Punkte

nem Tomaten-Oliven-Kapern-Ragout begraben ist; dem sehr feinen Rinderfilet in einer leckeren Café de Paris Soße – zart, rosa gebraten, auf den Punkt gebracht und Höhepunkt des Menüs – folgt zum Abschluss ein uninspirierter Dessertteller mit je einem Moggel Pannacotta und Crema Catalana und unreifem Obst (Melone und Erdbeere). Qualitätsschwankungen in kleineren Betrieben hängen oft damit zusammen, dass der (Chef-)Koch auch mal frei hat. Das mag an diesem Abend im »Da Vinci« der Fall gewesen sein. Das Angebot an offenen Weinen hängt aber nicht mit der Anwesenheit des Chefs zusammen. Die Auswahl ist da eher enttäuschend: drei weiß, drei rot, Lambrusco, Barbera, Montepulciano, Ornieto, Chardonnay. Zumeist Buddelware. Dazu gibt es aber eine kleine Auswahl guter bis sehr guter italienischer Flaschenweine, darunter mehrere Barbera und Cabernet, für 15 bis knapp 30 Euro.

Lahr

Brasserie Feißt & Feißt

Das Hotel »Schulz« in Lahr hat in den vergangenen 20 Jahren eine bewegte Geschichte hinter sich. Einst das erste Haus am Platze, folgte nach dem Abzug der kanadischen Streitkräfte 2005 die Insolvenz und 2008 der Verkauf an einen belgischen Investor. Der frühere Besitzer Thomas Feißt ist heute Geschäftsführer, sein Bruder Andreas ist als angestellter Koch mit an Bord. Im Februar 2009 erlebte auch der Restaurantbetrieb seine Wiederauferstehung als »Brasserie«.

›Brasserie‹ kommt aus dem Französischen und bedeutet soviel wie ›Brauerei‹ oder bezeichnet ein ›einfaches Restaurant‹. Mag sein, dass die Feißt-Brüder ursprünglich Letzteres bei der Eröffnung im Sinn hatten, es hat sich aber überholt. Denn ungeachtet der wirtschaftlichen Turbulenzen sind Thomas und Andreas Feißt eines immer geblieben: sehr gute Köche. Wie der Name »Brasserie« schon ausweist, pflegen sie eine französisch geprägte Küche. Die kleine Karte mit badischen Gerichten wie Wurst- und Rindfleischsalat, Wiener Schnitzel oder Kalbsrücken ergänzt die nicht zu üppig ausgelegte Hauptkarte. Empfehlenswert ist das Vier-Gänge-Menü für 46 Euro (mit Weinbegleitung 62 Euro) oder das Drei-Gänge-Menü für 32 Euro (mit Weinbegleitung 44 Euro). Das Niveau ist durchgängig hoch, zu beanstanden gibt es an diesem Tag überhaupt nichts: Ob die gebratene Jakobsmuschel mit Physaliskompott und Petersilienöl, der Zander auf Blattspinat mit Tomatensoße und Safrannudeln, das Kalbsrückensteak mit Pfifferlingen, Gemüse und Spätzle vom Brett

Brasserie Feißt & Feißt
77933 Lahr, Alte Bahnhofstr. 6,
Tel: 07821-9150, Fax: 07821-22674,
www.city-lahr.de
Geöffnet: Di-Sa 12-14 Uhr/18:30-22 Uhr.
Mo, So Ruhetag.

Gesamtnote:	8,3 von 10 Punkten
Küche:	9 Punkte
Service:	8 Punkte
Ambiente:	7 Punkte
Weinangebot:	8 Punkte
Preis/Leistung:	9 Punkte

oder zum Abschluss das Ananas-Carpaccio mit Himbeergelee und Limettensorbet, alle Speisen sind gut komponiert und à la minute auf den Tisch gebracht. Dazu bietet sich die kundige Weinbegleitung an.

Die Weinkarte ist, wie die Speisekarte, übersichtlich und punktet mit Tropfen vom Weingut »BiAn« aus Ettenheim, dem Lokalmatadoren Weingut »Wöhrle« und drei französischen Rotweinen in der dreistelligen Preisklasse.

Die »Brasserie Feißt & Feißt« zählt mit dieser Leistung zu den besseren Adressen in Lahr. Nur die Einrichtung bedarf dringend einer Auffrischung. Die »Brasserie« verströmt mit den grünen Fliesen, den schweren Gardinen, den schmiedeeisernen Leuchtern und der Holztäfelung den Charme der 80er Jahre, was den sehr guten Gesamteindruck ein wenig beeinträchtigt.

Lahr-Burgheim

Hotel-Restaurant Grüner Baum

Hotel-Restaurant Grüner Baum
77933 Lahr-Burgheim,
Burgheimerstr. 105,
Tel: 07821-22282, Fax: 07821-989909,
www.gruenerbaum-lahr.de
Geöffnet: täglich 11:30-14 Uhr/18-22 Uhr.

Gesamtnote:	9,2 von 10 Punkten
Küche:	9 Punkte
Service:	9 Punkte
Ambiente:	9 Punkte
Weinangebot:	10 Punkte
Preis/Leistung:	9 Punkte

Astrid und Martin Feger haben sich mit ihrem »Grünen Baum« in Lahr-Burgheim über die Jahre hinweg ein treues Stammpublikum erkocht – und das zu recht. Martin Feger kocht einfach gut und hat nach manchen Qualitätsschwankungen in den ersten Jahren mittlerweile eine Küchenmannschaft zusammengestellt, die das Niveau konstant hoch halten kann. Weil die Nachfrage – gerade auch von Firmen – groß ist, hat der »Grüne Baum« seit dem vergangenen Sommer keinen Ruhetag mehr. Die Fegers sind spontan, unkompliziert und lebenslustig. Eigenschaften, die sich positiv auf den Betrieb auswirken.

Martin Fegers Küche ist in erster Linie keine badische, auch wenn er auf einer Extrakarte »Saure Leberle«, Zwiebelrostbraten oder Wurstsalat für die Stammgäste des einzigen Lokals in dem Lahrer Stadtteil anbietet. Der Chef kocht gerne mit mediterranem Einschlag, mit intensiven Aromen: Rosmarin oder Thymian sind häufige Begleiter, kräftige Jus sein Markenzeichen. Als übliche Beilagen gelten Risotto und Polenta.

Sein viergängiges Monatsmenü – die Hauptspeise wahlweise mit Fisch oder Fleisch – ist ein immer wieder empfehlenswerter Klassiker, der mit 35 Euro günstig kalkuliert ist. Dieses Mal gibt es eine Kürbissuppe mit indischen Anklängen, einen Muscheleintopf, ein T-Bone-Steak – natürlich – an Rosmarinjus und eine Tarte vom eigenen »Burgheimer« Apfel mit Eis.

Der Service ist wie immer unaufgeregt und herzlich, weshalb man auch mal gerne ein Auge zudrückt, wenn etwas nicht klappt.

Beeindruckend ist die Weinkarte: Ortenauer und Kaiserstühler Winzer sind darauf vertreten (»Wöhrle«, »Schwörer«, »Heger«, »Alexander Laible«), aber auch viele internationale Weine von Winzern aus Italien, Frankreich, Spanien oder Argentinien.

Zu guter Letzt ist der »Grüne Baum« einfach ein schönes Lokal mit der alten Gaststube, dem Saal mit der Bühne, in dem früher die Konzerte und Veranstaltungen des Ortes stattfanden, dem Gewölbekeller für besondere Anlässe und der atmosphärischen Gartenwirtschaft.

Lahr

Patcharawadee Thai Cuisine

Wer in Lahr gut thailändisch essen gehen möchte, der hatte bisher als nächste Adresse das »Chada Thai« in Malterdingen. Inzwischen gibt es aber Alternativen in Lahr, denn das »Chada Thai« hat jetzt zwei ›Kinder‹ in der Stadt: ein ›eheliches‹ und ein ›uneheliches‹. Das ›Eheliche‹ heißt auch »Chada Thai« und hat sich seit 2008 mit seinem besonderen Ambiente in der engen Krämergasse insbesondere als Anlaufstelle fürs Mittagessen etabliert. Mittlerweile wurde die Filiale des Malterdinger Hauptgeschäftes allerdings aufgegeben, an gleicher Stelle gibt es nun einen thailändischen Nachfolger. Das ›uneheliche‹ Kind heißt »Patcharawadee« – nach der Inhaberin Patcharawadee Srijamnong, die zuvor im »Chada Thai« in Lahr arbeitete. Gemeinsam mit ihrem Lebensgefährten Dieter Biegert hat sie 2010 in der Geroldsecker Vorstadt ein eigenes thailändisches Restaurant eröffnet. Bisher – so scheint es – mit großem Erfolg. Die Räumlichkeiten im früheren »La Bussola« und der angrenzende schöne Garten bieten ausreichend Platz für Gäste.

Wie in asiatischen Restaurants üblich, gibt es auch hier viele Grundgerichte, die mit unterschiedlichen Hauptzutaten variiert werden können. Im »Patcharawadee« sind es 15 Hauptgerichte, die in der Kombination mit Fisch, Meeresfrüchten, Fleisch oder Gemüse eine prall gefüllte Speisekarte mit etwa 110 Angeboten ergeben. Der Preis liegt – je nach Fleischbeilage – zwischen knapp 10 und 18 Euro. Zum Entrée wird ein gemischter Vorspeisenteller serviert, der mit den üblichen – etwas langweiligen – Satéspießen und in

Patcharawadee Thai Cuisine
77933 Lahr, Geroldsecker Vorstadt 92,
Tel: 07821-996002,
www.patcharawadee.de
Geöffnet: täglich 11:30-14:30 Uhr/18-22:30 Uhr. Sa 18-22:30 Uhr. Di Ruhetag.

Gesamtnote:	7,7von 10 Punkten
Küche:	7 Punkte
Service:	8 Punkte
Ambiente:	8 Punkte
Weinangebot:	7 Punkte
Preis/Leistung:	9 Punkte

Teig frittierten Teilchen aufwartet. Eine leichte Nudelsuppe Gäng Jüd Wun Sen mit Algen und vor allem die Tom Kha Gai mit Kokosmilch und Hähnchenbrustfilet machen Lust auf mehr. Enttäuscht wird man in dieser Hinsicht nicht. Der Hauptgang Pad Gratiem Prig Thai ist ein Gericht mit knackigem, gebratenem Gemüse und Knoblauch, einer Pfeffersoße sowie Meeresfrüchten, Lachs und Tintenfisch – mit aufregenden Gewürzaromen und einer für Europäer deutlichen, aber noch angenehmen Schärfe, die im Übrigen selbst gewählt werden kann.

Die Weinkarte ist nicht üppig, jedoch von ausgesuchter Qualität: »Wöhrle« Lahr, »Fischer« Nimburg, »Burkhard« Malterdingen, »Trautwein« Bahlingen und elsässische Weine aus Nothalten oder von Pierre Koch sind darauf zu finden.

Lahr

Residenz zum Löwen

Über Jahrzehnte hinweg hatten sich Jochen und Anneliese Dautzenroth um die Pflege bodenständiger badischer Küche verdient gemacht. Das Interieur zeugte von der langen Tradition als Lahrs ›gute Stube‹. Als die Dautzenroths sich altershalber zurückzogen, fand sich zunächst niemand, der das Restaurant und das angeschlossene Hotel in die Zukunft führen wollte. Bauarbeiten und Straßensanierung sorgten für zusätzlichen Unbill. Die Durststrecke war gerade überwunden, da verspielte der neue Pächter nach der Generalsanierung die Chance, das gewachsene Stammpublikum bei der Stange zu halten. Die überteuerte Speisekarte ging am Kunden vorbei, auf der Weinkarte stand kein einziges badisches Gewächs. Das konnte nicht lange gut gehen. Nach knapp einem Jahr war Schluss. Seit März 2012 treibt nun der Gastronom Michel Stirnemann aus Illkirch die zur »Residenz zum Löwen« umfirmierte Gaststube an… Der 50 Jahre alte Stirnemann hatte zuletzt in verschiedenen Hotels und Restaurants in und um Straßburg als Teamleiter gearbeitet. Davor hatte er über Jahre das Hotel-Restaurant »Au Cheval Noir« in Illkirch geleitet. Im Restaurant will er deutsche und französische Kochkultur zusammenführen. Die gute Nachbarschaft gilt auch für die Weinkarte: Paritätisch vertreten sind Weine des renommierten Lahrer VdP-Betriebs »Weingut Stadt Lahr« und der Bergheimer Domäne Freyburger im Elsass. Tagesfrisch kam das Rehkotelett mit glasierten Birnen und Spätzle auf den Tisch. Der Koch hätte dem Fleisch nach dem Braten noch eine kurze Ruhephase gönnen können. Die Soße aber war exzellent abgeschmeckt. Ohne Tadel auch das elsässische Choucroute. Auf der Tageskarte auch ein Roastbeef Rossini mit Foie gras. Auch wenn es eine elsässische Spezialität sein soll, die mit Münsterkäse überbackenen Kalbsmedaillons haben wir uns versagt. Daneben gibt es monatlich wechselnd ein eigenes Gericht. Diesmal war es der elsässische Fischeintopf Matelote mit einer Rieslingsoße. Auch bei den Vorspeisen weicht Stirnemann nicht vom Pfade ab: Tartine mit überbackenem Ziegenkäse oder wahlweise Camembert mit Salat, Flädlesuppe und Schneckenpfännle oder selbst gemachte Entenlebertrerrine mit Mango-Chutney. Für ein gesichertes Urteil ist es noch zu früh. Aber man geht nicht fehl, wenn man Stirnemann mehr Glück als seinem Vorgänger zutraut. Der Tagungsraum des Löwen soll künftig als Wein- und Bierstube genutzt werden. Dort soll es elsässischen Flammkuchen und guten Wein zu vernünftigen Preisen geben. Eine kleine Terrasse bietet die Möglichkeit zur Bewirtung im Freien. Wer gerne übernachten möchte: Das angeschlossene Hotel bietet extravagante Zimmer.

Residenz zum Löwen
77933 Lahr, Oberorstr. 5,
Tel: 07821-9917233, Fax: 07821-9914745,
www.residenz-zum-loewen.de
Geöffnet: Di-Sa 11:30-14 Uhr/ab 18 Uhr.
Mo, Feiertag 18-22 Uhr (Küchenschluss).
So Ruhetag.

Gesamtnote:	8,0 von 10 Punkten
Küche:	8 Punkte
Service:	8 Punkte
Ambiente:	7 Punkte
Weinangebot:	8 Punkte
Preis/Leistung:	9 Punkte

Lahr

Hotel-Restaurant Schwanen

Hotel-Restaurant Schwanen
77933 Lahr, Gärtnerstr. 1,
Tel: 07821-9120, Fax: 07821-912320,
www.schwanen-lahr.de
Geöffnet: Mo-Mi 18-22 Uhr.
Do, So Ruhetag.

Gesamtnote:	8,0 von 10 Punkten
Küche:	8 Punkte
Service:	7 Punkte
Ambiente:	9 Punkte
Weinangebot:	8 Punkte
Preis/Leistung:	8 Punkte

Bereits seit 1968 ist das »Gasthaus Schwanen« in Lahr im Besitz der Familie Ventola. Trotz der langen Zeit gewinnt man den Eindruck, dass der »Schwanen« nicht bei allen Lahrern richtig angekommen ist – oder auch umgekehrt. Seniorchef Michele Ventola, der in den 1960er Jahren aus Italien ins Badische kam, hat den Betrieb schon vor 20 Jahren an Sohn Peter übergeben. Er hat sich nun nach eigenen Worten »einen Traum erfüllt« und den »Schwanen« runderneuert – sowohl was das Ambiente anbelangt als auch die Speisekarte. Eine neue Kultur des Essens und Trinkens wollte er schaffen. Was sich zunächst einmal in der stylishen Einrichtung zeigt: cognacfarbene Ledersofas, moderne Holztische, extravagante Lampen, Kunst im Raum und an den Wänden, modernes Geschirr, Barjazz im Hintergrund. Es ist geschmackvoll, auch wenn es nicht Jedermanns Geschmack ist. Ob der professionelle, aber eher etwas spröde Service zum Gesamtkonzept gehört, wissen wir nicht, etwas nahbarer dürfte er manchmal jedoch sein. Peter Ventola hat aber auf jeden Fall konsequent bis in die Details hinein seine Vorstellungen vom neuen »Schwanen« durchkomponiert. Das gilt auch für die Speisekarte, die sich kompromisslos den badischen Klassikern versagt. Da gibt es nicht – wie so oft als Ergänzung auch in guten Restaurants – auf einer Vesperkarte die Leberle, den Wurstsalat oder das Schnitzel. ›Crossover‹ nennt Ventola den Stil der Küche, die seit 25 Jahren von dem elsässischen Chefkoch Christophe Schlupp verantwortet wird. Da wird mediterran mit deutsch/badisch und asiatisch gemixt, zum Beispiel beim Ziegenkäse an schwarzem Sesam, Spicy Ragout von Paprika und Tomaten mit einem Hauch von Thai-Curry; oder das Filet Mignon mit Black Tiger-Riesengarnele in Knoblauch und Chili-Gelee. Auf Steaks wird ein besonderes Augenmerk gelegt: Es gibt aus Neuseeland das Rinderfilet vom Ocean Beef und das Rib-Eye-Steak oder das T-Bone-Steak vom Hereford Irish Beef. Dazu werden regelmäßig Themenwochen veranstaltet, zum Beispiel zu Fisch: Die Bouillabaisse fanden wir gelungen, allenfalls eine Spur zu scharf, beim Yellow Thin Tunfisch in einem gelungenen Arrangement mit Gorgonzola-Blattspinat, Meersalzkartoffeln und Tomaten-Chili-Chutney war das Fleisch ein wenig zu arg durchgebraten. Die Weine ergänzen das Speiseangebot gut. Bei den Weißen gibt es vor allem deutsche Erzeugnisse, unter anderem vom »Weingut Wöhrle« in Lahr, von Lothar Schwörer aus Schmieheim oder von einigen ausgesuchten Kaiserstühler Weingütern. Beim Roten liegt der Schwerpunkt auf italienischen Weinen.

Lahr-Langenhard

Gaststätte Eiche

Die Gaststätte »Eiche« gilt in Lahr als einer der schönsten Plätze zum Essen, Trinken, Nachdenken und zum Philosophieren... Wer im Garten der »Eiche«, oben auf dem Lahrer Hausberg – dem Langenhard – sitzt und den wunderbaren Blick ins Rheintal genießt, der hat den Alltag unten, in der nur wenige Autominuten entfernten Stadt, schnell vergessen. Da holt sich auch mal ein Oberbürgermeister über Mittag unter den schattenspendenden Kastanien neuen Schwung.

In der Wirtschaft selbst geht es dagegen etwas nüchterner zu, was auch zur »Eiche«, die am höchsten Punkt der Passstraße zwischen dem Ortsteil Sulz und der Geroldsecker Vorstadt ihren Platz hat, passt: Sie ist einer dieser altehrwürdigen Gasthöfe, die sich nichts aus Experimenten und Innovation machen. Die Wirtsfamilie Weber fühlt sich eher Tradition und Beständigkeit verpflichtet – und das ist auch gut so und wird von den vielen Stammgästen geschätzt.

In der »Eiche« weiß man, was man bekommt. Im Wesentlichen eine badische Küche – die Wildschweinbolognese auf Linguine kommt italienisch daher, könnte aber auch Wildschweinragout mit Nudeln heißen – ohne viel Schnörkel, aber nicht ohne Qualitätsanspruch. Das Fleisch stammt aus eigener Schlachtung oder von regionalen Bauern aus artgerechter Tierhaltung. Auf die regionale Komponente legen die Webers großen Wert, das gilt auch für das Wild, das von den Jägern aus der Umgebung bezogen wird. Entsprechend gestaltet sich die Karte: Vesper, Steak, Schnitzel, Wild oder Forelle, darüber hinaus gibt es ein Monatsmenü.

Die Gerichte sind gut und überaus solide gekocht, ohne große Überraschungen, aber auch ohne negativen Beigeschmack. Nur das selbst gemachte Vanilleeis wies einige Eisklümpchen auf, was aber mit dem ebenfalls selbst gemachten Joghurteis mit Kaiserstühler Zwetschgen mehr als wettgemacht wurde. Weine gibt es insbesondere von Winzergenossenschaften aus der Region, dazu aber auch Flaschenweine von Lothar Schwörer aus Schmieheim oder den Wöhrles aus Lahr. All das zu einem geldbeutelfreundlichen Preis.

Gaststätte Eiche
77933 Lahr, Langenhard 4,
Tel: 07821-7493, Fax: 07821-992143.
Geöffnet: Mi-So 11-21Uhr.
Mo im April, Mai, September und Oktober 11-21 Uhr. Di Ruhetag.

Gesamtnote:	8,5 von 10 Punkten
Küche:	8 Punkte
Service:	9 Punkte
Ambiente:	9 Punkte
Weinangebot:	8 Punkte
Preis/Leistung:	9 Punkte

Laufenburg

Hotel-Restaurant Alte Post

Im badischen Teil des kleinen Städtchens Laufenburg am Hochrhein befindet sich hoch über dem Fluss ein Refugium badischer Gastlichkeit mit Blick auf Kirche und Schlossruine des schweizerischen Teils von Laufenburg.

Etwas versteckt in der Ortschaft liegt die »Alte Post«. Betritt man die Gaststube der Familie Baumann-Draganski, sieht man sich plötzlich um mehrere Jahrzehnte zurückversetzt: dunkle, aber gemütlich niedrige Räume mit mannshohen Holzpaneelen an den Wänden und dazu der alles beherrsche Kachelofen. Hat man sich orientiert, findet jedermann gleich ein lauschiges Eckchen, um die Umgebung auf sich wirken zu lassen. Auf der teils verglasten Terrasse sitzt es sich besonders angenehm und man kann den unglaublichen Ausblick auf die Rheinwindungen und das gegenüberliegende Ufer genießen.

Die Speisen sind typisch badisch mit einem kleinen Abstecher in die internationale Küche: gebratene Pfifferlinge, hausgemachte Rösti mit Lachstatar oder Gartenkräuter Rahmsüppchen als Vorspeise, Zwiebelrostbraten vom Black-Angus-Rücken, rosa gebratener, deutscher Lammrücken mit Beilagen und ausgezeichnete Fischgerichte. Auch kennt man hier noch das »echte« Wiener Schnitzel (natürlich vom Kalb!), welches mit wechselnden Beilagen dargeboten wird.

Besonders offeriert wird Lachs, je nach Jahreszeit und Angebot, da die Stadt Laufenburg stolz ist auf eine lange Tradition in der Lachsfischerei. Die Gerichte werden vom liebenswürdigen Service ansprechend gereicht und kommen typisch badisch in sehr ausreichenden Portionen auf den Tisch. Besonders zu empfehlen sind die Mittagsmenüs mit einem exzellenten Preis-Leistungs-Verhältnis.

Spezielle Angebote findet man im kulinarischen Kalender mit typisch jahreszeitlich angepassten Gerichten.

Im laufenden Frühjahr, meist zum 1. Mai mit Spargelgerichten aus Baden, wird dann auch die Gartenterrasse geöffnet und man speist dort direkt an der alten Stadtmauer oberhalb des Rheins.

Die Weinkarte ist sicherlich noch ausbaufähig, beinhaltet jedoch typisch badische Gewächse mit einigen Raritäten vom Hochrhein und einigen italienischen Gewächsen, welche mit Bedacht ausgesucht worden sind.

Hotel-Restaurant Alte Post
79725 Laufenburg, Andelsbachstr. 6,
Tel: 07763-92400,
www.alte-post-laufenburg.de
Geöffnet: Mi-Fr 10-14:30 Uhr/17:30-23 Uhr. Di ab 17 Uhr. Mo Ruhetag.

Gesamtnote:	8,7 von 10 Punkten
Küche:	9 Punkte
Service:	9 Punkte
Ambiente:	9 Punkte
Weinangebot:	7 Punkte
Preis/Leistung:	9 Punkte

Lautenbach

Gourmetrestaurant Bordeaux-Stube

Der Lautenbacher »Sonnenhof« steht wirtschaftlich auf drei Beinen. Neben dem »Sonnenstüble« mit regionaler Küche und dem »Le Soleil«, in dem kleine mediterrane Speisen angeboten werden, wurde das Gourmetrestaurant »Bordeaux-Stube« als Herzstück installiert.

Nach anfänglichen Wechseln hat in der Küche seit Februar 2011 der 30-jährige Sven Kürschner das Sagen. Der Potsdamer hat nach seiner Ausbildung in der gehobenen Gastronomie unter anderem im brandenburgischen »17fuffzig«, als Poissonier im »Relais & Chateaux« von Heinz Hanner in Österreich und als Souschef im Restaurant »Bitzerhof« in Köln gearbeitet, bevor er in die Ortenau kam. Die Speisekarte ist überschaubar und bietet die Garantie auf Frische. Kürschner liebt es, die Gerichte mit Blumen und frischen Kräutern zu dekorieren und zu aromatisieren. Und er setzt auf Tradition und spannungsreiche Kompositionen. Zu im Heu gedämpften Kalbsfilets etwa reicht er Champagnerkutteln und gebackene Markbällchen, jungen Kohlrabi und schwarzen Knoblauch. Der Rehrücken an Kirschjus wird mit Steinpilzen und Krapfen von Ziegenkäse serviert. Erstaunlich günstig kalkuliert ist mit 31,50 Euro das sommerliche Tagesmenü. Als Entree gibt es wahlweise geräucherte Maishähnchenbrust auf marinierten Linsen und Kartoffelstroh oder ein Gazpacho mit Knoblauchcroutons. Die rosa gebratene Rehkeule lässt keinen Wunsch offen. Sie wird mit Spitzkohl und Spätzle angeboten. Delikat der Nachtisch: eine Crêpe mit Aprikosenkompott und Vanille-Rosmarineis. Sonntagabend wird ein viergängiges Menü inklusive Wasser und Kaffee zu 39 Euro angeboten. Die Einzelgerichte sind im gehobenen Preisniveau angesiedelt.

Gourmetrestaurant Bordeaux-Stube
77794 Lautenbach, Hauptstr. 51,
Tel: 07802-704090, Fax: 07802-7040929,
www.sonnenhof-lautenbach.de
Geöffnet: Mi-So 12-15 Uhr/18-24 Uhr.
Mo, Di Ruhetag.

Gesamtnote:	8,5 von 10 Punkten
Küche:	8 Punkte
Service:	8 Punkte
Ambiente:	9 Punkte
Weinangebot:	10 Punkte
Preis/Leistung:	8 Punkte

Der »Sonnenhof«-Komplex wurde nach einer in doppelter Hinsicht aufwändigen Generalsanierung 2007 neu eröffnet. Inhaber ist Europas größter Obstbrenner, Günter Bimmerle. Die »Bordeaux-Stube« ist rustikal und dabei gediegen-elegant in hellem Holz gehalten, vermeidet aber jede Anbiederung an einen gesichtslosen Landhausstil. Ein Glasfenster im Fußboden erlaubt den Blick auf die umfangreichen Rotweinbestände aus dem Bordeaux und Burgund. Kein Wunder: Bimmerle ist auch zentraler Akteur in der französischen Weinwirtschaft. So sind denn auch einschlägige Spitzenchateaus jahrgangsweise vertreten. Sommelier Christophe Chipaux behält souverän den Überblick über die Bestände, zu denen auch zahlreiche Gewächse aus der Region gehören. 20 bis 30 werden offen ausgeschenkt – wahlweise im Achtel oder Viertel. Der aufmerksame Service passt in den gastlichen Rahmen, auch wenn manche ihn als übertrieben dienstfertig empfinden könnten.

Lörrach-Haagen

Burgschenke Rötteln

Die »Burgschenke Rötteln« ist kein Ort für einen spontanen Besuch. Denn sie pflegt ausdrücklich einen Dresscode, auch um das gepflegte Restaurant inmitten der Burganlage nicht zum Wanderheim abrutschen zu lassen. Frische und Qualität stehen an erster Stelle, der Umfang des Angebots wird dem untergeordnet: Es gibt immer nur ein bis zwei Menüs und ein verdichtetes Angebot à la carte. In der Sommersaison, wenn der Biergarten Aufmerksamkeit verlangt, entfällt der Mittagstisch oft ganz. Wer weder Fisch noch Fleisch mag, bekommt außergewöhnlich leckere vegetarische Gerichte – aber nur auf vorherige Ansage. Überhaupt: Dörte Steins Beratungsqualität wird weithin gerühmt, doch nachträgliche Änderungen oder nicht abgesprochene Dinge mag sie nicht. All das könnte man als steif empfinden, doch die »Burgschenke« verdient ein milderes Urteil, man sollte die Förmlichkeit den besonderen Umständen zuschreiben – und eben das Beste daraus machen, nämlich sich ganz auf die gastronomische Leistung einlassen. Und die ist unbestritten überdurchschnittlich. Dörte Stein übernimmt oder regelt den Service schnörkellos und hochprofessionell, während ihr Mann Carsten in der Küche konzentriert das umsetzt, was die Steins selbst als »regional-gehobene Landhausküche« verstehen. Die Silbe »Land« steht dabei natürlich für Markgräfler Spezialitäten wie etwa für den Tafelspitz aus dem Wurzelsud mit Meerrettichsoße. Die zweite Assoziation von »Land« trägt eine provenzalische bzw. südländische Note, die sich vor allem in den feinen Kräutersoßen oder -jus niederschlägt. Diese Aromen paaren sich wunderbar mit Kurzgebratenem, bevorzugt von Rind oder Lamm und mit den herrlichen Fettuccine oder dem schmackhaften Kartoffelgratin. Für den Abschluss noch ein Tipp: Strudel, Schokoküchlein oder ein erfrischendes Sorbet sind als Dessert immer eine gute Wahl, kosten sollte man jedoch auch eine Spezialität des Hauses: den Ziegenkäse mit rosa Pfeffer, Olivenöl und Thymian. Überdurchschnittlich breit gefächert ist die Weinauswahl mit etlichen guten regionalen Tropfen im offenen Ausschank und individuell ausgewählten badischen und internationalen Tropfen. Ein Kritikpunkt bleibt: Die Qualität hat ihren Preis, der selbst im grenznahen Vergleich überdurchschnittlich ist.

Burgschenke Rötteln
79541 Lörrach-Haagen, Röttelnweiler 47,
Tel: 07621-52141, Fax: 07621-52108,
www.burgschenke.de
Geöffnet: Di-Sa 11:30-14 Uhr/
18:30-24 Uhr. So Ruhetag.

Gesamtnote:	8,7 von 10 Punkten
Küche:	9 Punkte
Service:	8 Punkte
Ambiente:	9 Punkte
Weinangebot:	9 Punkte
Preis/Leistung:	8 Punkte

Lörrach

Restaurant Drei König

Konrad Winzer ist Künstler. Als Schüler von Alfred Hrdlicka, der Not und Elend wie kaum ein anderer in eindrückliche Skulpturen bannen konnte, versteht sich Winzer sogar darauf, in seinen Arbeiten auch Abgründe der menschlichen Existenz darzustellen. So einer weiß auch, was gut ist. Derzeit aber ruht der Meißel, wie Konrad Winzer in einer Vorstellung seines neuen Restaurants »Drei König« schreibt. Künstler bleibt dennoch Winzer. Was er mitten in Lörrach auf die Beine gestellt hat, ist nicht weniger als ein gastronomisches Gesamtkunstwerk. Wo einst ein ältliches Hotel, ein China-Restaurant und eine Absacker-Wirtschaft mit Asbach-Cola-Flair ihr Dasein fristeten, hat Winzer gemeinsam mit den Hausbesitzern ein gastronomisches Ensemble mit Stil verwirklicht. Unter den Innenstadtarkaden eröffnete Winzer unter dem Titel »Drei König Delikatessen« zunächst einen Betrieb, der in keine gängige Kategorie passt: vielleicht eine Osteria mit Delikatessenverkauf und Kaffeeausschank oder eine Design-Paninoteca nach Art des Chefs. Gleich nebenan hinter der holzgetäfelten Fassade dann – untervermietet – eine ziemlich eindeutige Café-Bar (mit dem stärksten Espresso der Stadt) und, ganz oben im Haus, das von einem Geschäftsfreund betriebene Hotel. Herz, Bauch und Hirn dieses gastronomischen Konzepts finden sich jedoch eindeutig im 2011 eröffneten Restaurant. Was die »Drei König«-Welt im Innersten zusammenhält, lässt sich vielleicht so auf eine Formel bringen: beste Ausgangsprodukte, Respekt vor dem Wesen des Materials und dann sparsam, aber präzise eingesetzte Mittel bei Bearbeitung und Gestaltung. Dieses künstlerische Prinzip wendete

Restaurant Drei König
79539 Lörrach, Basler Str. 169,
Tel: 07621-4258333, Fax: 07621-4245301,
www.restaurant-dreikoenig.de
Geöffnet: Di-So 11:30-14:30 Uhr/
17:30-24 Uhr. Sa 10-24 Uhr. Mo Ruhetag.

Gesamtnote:	9,3 von 10 Punkten
Küche:	10 Punkte
Service:	9 Punkte
Ambiente:	10 Punkte
Weinangebot:	9 Punkte
Preis/Leistung:	8 Punkte

Winzer bei der Renovierung und Gestaltung des Hauses an, das setzt in der Küche Hermann Fritz konsequent fort. Vor diesem Hintergrund erscheint ein einfaches Wiener Schnitzel mit lauwarmem Kartoffelsalat wieder wie ein vollkommenes Gericht und dem Lammrücken mit Rosmarinkartoffel und Gemüse ist nichts mehr hinzuzufügen. Und auch beim Wein legt der Patron ebenso einfache wie strenge Maßstäbe an: In die Gläser kommt nichts, was nicht einen ehrlichen und individuellen Charakter hat. Das gilt auch für den Braten, den es immer nur sonntags gibt und für das Suppenfleisch mit frischem Meerrettich an den Samstagen. Aber auch Vegetarier machen auf der wechselnden Wochenkarte immer wieder Entdeckungen: Pasta, Polenta, Couscous, feines Gemüse, geschmort, gedünstet, mariniert. Besonders bei diesen an sich banalen Produkten wird die Quintessenz des Konzepts »Drei König« deutlich: genial einfach. In Lörrach ist es übrigens längst ausgemachte Sache, dass auch die Umkehrung gilt.

Lörrach

La Pergola am Burghof

Wieder hat es einen Wechsel gegeben im »La Pergola«: Nach anfangs gutem Erfolg hat sich das Ehepaar Capurso zurückgezogen und macht einem Könner Platz. Michael Rosskopf, welcher den »Kranz« von seinem Vater Günter übernommen hatte, rückt von dort jetzt in die Stadtmitte. Er hat vor der »Kranz«-Zeit vieles ausprobiert, bietet nun mit seiner fünfköpfigen Küchenbrigade internationale Küche auf hohem Niveau, dieses momentan leider nur zum Abendessen.

Blickt man in die großzügige Küche, erkennt man sofort den Profi: Fonds köcheln auf den Herden, große Fische werden filettiert, ganze, frische Fleischstücke werden portionsgerecht zugeschnitten. Handwerklich, gut ausgerüstet und mit allerbesten Zutaten werden hier Gerichte zubereitet, welche man vom »Kranz« bereits kennt, jedoch leichter, feiner und abgespeckter. Exzellente Vorspeisen werden angeboten, wie Entenleber mit Quittenmus und Bitterschokolade, Tatar von Tunfisch und Jakobsmuscheln oder einfach Feldsalat mit Croutons – aber immer mit Pfiff.

Bei den Hauptgerichten wählen wir zwischen Steinbuttfilet oder Rochenflügeln mit dazu passenden Beilagen oder zwischen Salzwiesenlamm und Tranchen vom Hirschrücken mit immer wieder einfallsreichen Gemüse- oder Teigwaren.

Beim Dessert geht es international weiter: Kaiserschmarrn, New York Cheesecake, Dreierlei Sorbets mit herbstlichem Fruchtsalat.

Besonders angetan sind wir von den Menüs, mit einem Ausflug in die asiatische Küche, welcher sich Michael Rosskopf zeitweise verschrieben hatte.

La Pergola am Burghof
79539 Lörrach, Herrenstr. 3,
Tel: 07621-9403850, Fax: 07621-9403851,
www.restaurant.amburghof.de
Geöffnet: Di-Sa 12-14 Uhr/ab 18 Uhr.
So, Mo Ruhetag.

Gesamtnote:	8,2 von 10 Punkten
Küche:	9 Punkte
Service:	8 Punkte
Ambiente:	9 Punkte
Weinangebot:	8 Punkte
Preis/Leistung:	6 Punkte

Das elegante, unaufdringliche Ambiente beherrscht der aufmerksame Service mit Bravour.

Die Weinkarte bietet regionale Tropfen aus dem Markgräflerland und dem Kaiserstuhl, ebenso werden hier einige französische und spanische Kreszenzen sowie Bouteillen aus der Raritätenkarte, auch für ›Etikettentrinker‹, angeführt.

Wir wünschen Michael Rosskopf und seiner Brigade einen guten Start und sind gespannt auf die weitere Entwicklung.

Lörrach-Tüllingen

Gasthaus Maien

Gasthaus Maien
79539 Lörrach-Tüllingen, Dorfstr. 49,
Tel: 07621-2790, Fax: 07621-2766,
www.maien-loerrach.de
Geöffnet: Mi-So ab 12-23 Uhr.
Mo, Di Ruhetag.

Gesamtnote:	8,8 von 10 Punkten
Küche:	9 Punkte
Service:	9 Punkte
Ambiente:	9 Punkte
Weinangebot:	9 Punkte
Preis/Leistung:	8 Punkte

Wer von Lörrach aus auf den Tüllinger Berg schaut, der staunt über das idyllisch auf halber Höhe hingekauerte Dorf. Dort muss die Welt noch in Ordnung sein. Oben angekommen fühlt man sich in den Gassen des Dorfs tatsächlich noch wie auf dem Land. Betritt man dann zum ersten Mal den gepflegten »Maien«, verschlägt es einem fast die Sprache. Der Blick durch die große Fensterfront der Gaststube verschafft einem unter dem Panorama von Schwarzwald und Jura den Eindruck eines zersiedelten Bandes im Tal, das von Lörrach über Riehen bis nach Basel und wieder hinaus in die Vororte zieht. Genau diese spezielle Lage lebt der »Maien« in seinem gastronomischen Konzept aus: Gepflegte Landküche trifft auf urbane Weltläufigkeit. Inhaber Marco Weiß hat den »Maien« nach Lehr- und Wanderjahren in der Schweiz und Amerika von den Eltern übernommen und betreibt ihn, unterstützt von gutem, meist sogar spürbar gut gelauntem Personal, nun schon einige Jahre auf gleichbleibend hohem Niveau.

Auf der Karte findet sich zur Freude nicht nur der Kinder das Wiener Schnitzel mit Kartoffelsalat, ebenso sind auch zahlreiche Gerichte und Vesper der typischen Markgräfler Küche verzeichnet. Wer etwa ein Kalbsfilet mit Pfifferlingrahmsoße und hellen und grünen Spätzle bestellt, wird von der Qualität der Zutaten und vom bodenständigen Handwerk überzeugt sein. Eine weitere Stärke des »Maien« sind die Ausflüge in die mediterranen Zonen. Lamm oder Rindfleischgerichte profitieren von der Fähigkeit der Küche, hochkonzentrierte Kräuterjus herzustellen. Fischliebhaber sollten sich im »Maien« darauf einlassen, wie der vertraute Steinbutt mit konfierten Tomaten und Basilikum-Couscous zu etwas Besonderem wird. Immer gut bedient sind Vegetarier, weil Weiß auch Pastagerichte gut beherrscht und köstliche Gratins und dampfendes Gemüse auf den Tisch bringt. Weitgehend ist auch der Experimentierfreude des Patrons zu trauen: Die Mischung aus frittierten Cocktailtomaten, Büffelmozzarella, Basilikumjus und Tomateneis ist nicht nur im Sommer eine gute Wahl für eine leichte Vorspeise. In Ordnung sind auch die asiatischen Wok-Gerichte, wohingegen die Experimente mit der Sushi-Küche manchmal etwas zu sehr in der Kategorie ›Roher Fisch‹ hängenbleiben. Beim Wein bietet der »Maien« vor allem eine schöne Auswahl an guten Markgräfler Produkten, ein paar bekannte französische Lagen und einen sehr guten Querschnitt guter italienischer Weine.

Lörrach

Restaurant Peja

Das Restaurant »Peja« ist im doppelten Wortsinn ein neues Restaurant. Neu, weil es in einem sehr modernen, preisgekrönten Bau auf einem kaum für bebaubar gehaltenen Grundstück an einer Innenstadtpassage untergebracht ist, und neu auch deshalb, weil der Betrieb nicht wirklich in die Kategorien des deutschen Wirtshauswesens passt. Afrim Nikqi, der Betreiber mit albanischen Wurzeln, charakterisiert sein Haus anhand der mediterranen Küche. Aus Nutzersicht würde man das »Peja« entweder als einen Ort für das bekömmliche, schnörkellos servierte Mittagessen einstufen oder aber als Abendlokal, wo man nach einem feinen Essen auch noch im coolen Interieur bei ein paar Cocktails feiern kann. ›Jung‹ wäre also auch noch ein passendes Adjektiv oder ›leicht‹ für die Küche. Unter mediterran versteht die Küche die Verwendung von viel frischem Gemüse, von Kräutern, von gutem Olivenöl und viel Fisch oder kurz gebratenes Fleisch. Wer Frische verspricht, muss sich beim Umfang der Karte beschränken. Das »Peja« bietet deshalb täglich wechselnd vier Mittagsgerichte mit Salat, die allesamt auch Eingang in die Schlankheitsdossiers der Frauenzeitschriften finden könnten – leicht und lecker eben. Mindestens eines der Gerichte ist vegetarisch (oft Pasta und Gemüse in immer neuen Variationen) und drei Teller kosten weniger als zehn Euro. Mediterran heißt auch einfach – und das ist eine besondere Qualität des »Peja«. Spaghetti mit frischen Tomaten und Basilikum kann ein erfüllendes Essen hergeben, wenn die Zutaten stimmen und der Koch jeglichen Firlefanz unterlässt. Aber auch die etwas aufwändigeren Gerichte am Abend kommen im »Peja« punktgenau auf den Tisch. Das Zanderfilet an Gemüse-Safran-Nudeln ist ebenso unaufdringlich wie interessant. Wer es eher bodenständiger mag, erlebt beim Kalbsschnitzel mit Spargel, dass nördlich der Alpen nicht alles schwer sein muss. Unbedingt empfehlenswert sind die Antipasti und danach die unaufgeregten Desserts. Eine schöne Crème brûlée (in der Karte sogar fehlerfrei geschrieben) ersetzt viele Worte.

Restaurant Peja
79539 Lörrach, Chesterplatz 5,
Tel: 07621-1611793
www.peja-loe.de
Geöffnet: Mo-Sa 10-15 Uhr/18-24 Uhr.
So Ruhetag.

Gesamtnote:	8,8 von 10 Punkten
Küche:	9 Punkte
Service:	9 Punkte
Ambiente:	9 Punkte
Weinangebot:	8 Punkte
Preis/Leistung:	9 Punkte

Lörrach-Brombach

Landgasthaus Waldhorn

Landgasthaus Waldhorn
79541 Lörrach-Brombach, Hüsinger Str. 2,
Tel: 07621-53030,
www.waldhorn-loerrach.de
Geöffnet: Mi-So ab 10 Uhr.
Mo, Di Ruhetag.

Gesamtnote:	8,2 von 10 Punkten
Küche:	8 Punkte
Service:	8 Punkte
Ambiente:	9 Punkte
Weinangebot:	8 Punkte
Preis/Leistung:	8 Punkte

Wenn die Sommersonne brennt, man im Garten des »Waldhorns« unter dem prächtigen Blätterdach der Kastanien Schatten findet, der Kies unter den Sohlen der flinken Bedienung knirscht, ein frisches Bier und ein Wurstsalat auf dem schönen Holztisch steht, dann spürt man: Die Welt ist doch noch in Ordnung. Das »Waldhorn« punktet in der warmen Jahreszeit mit seinem schönen Biergarten, für den bei Andrang eine eigene Außenküche in Betrieb genommen wird. Aber auch wenn es kühler ist, fühlt man sich im »Waldhorn« wie zu Hause. Das Restaurant verfügt über einen urigen Schankraum mit Kachelofen und Stammtisch, aber auch über ein kleines Labyrinth an gewölbten, geschmackvoll hergerichteten Räumen, die einen passenden Rahmen für gute Landküche abgeben. An manchen Tagen scheint sich der halbe Ort im »Waldhorn« zu verlieren, dennoch behalten die Servicekräfte einigermaßen den Überblick. Serviert werden Klassiker wie Leberli, Zwiebelrostbraten, Sauerbraten, Kässpätzle und Süßwasserfische. Aus den Wäldern der Region gibt es in der Jagdsaison Wild – ganz bodenständig mit Spätzle und Rotkraut. Aber Inhaber und Küchenchef Wolf Behrens serviert gerne auch einmal etwas Importiertes – Lachs beispielsweise oder italienische Nudelgerichte. Die Liebe zu Italien zelebriert das »Waldhorn« immer mal wieder mit einer ›Tavolata‹, einem gemeinsamen Probiermenü, zu dem man sich auf Anmeldung einfinden kann. Alles in allem also eine gepflegte, aber doch unkomplizierte Gastlichkeit, die im Großen und Ganzen hält, was sie verspricht. Die Fleischgerichte basieren auf gutem Material und handwerklich sauberer Zubereitung, die Suppen sind köstlich, Salate und Gemüse durchweg frisch. Bei den Nudelgerichten meint es der Koch etwa bei der Beigabe von Trüffeln oder Pilzen gut, und mit reichlich Sahne wird die südländische Inspiration gründlich eingedeutscht – für italienische Verhältnisse wäre das des Guten zu viel. Doch der einzige wirkliche Kritikpunkt beim Testessen waren die fetttriefenden Pommes frites, die in einem Haus dieses Zuschnitts sowieso durch Brägele oder Rösti ersetzt werden sollten. Stimmig hingegen die Auswahl der Weine: zwei passable Fassweine, ein badischer Querschnitt von guten Genossenschaften und ein paar Spezialitäten von Weingütern, etwa vom profilierten Lörracher Winzer Ruser.

Lörrach

Tavola Calda Etna

Tavola Calda Etna
79539 Lörrach, Rainstr. 5,
Tel: 07621-47814
www.tavola-calda-etna.de
Geöffnet: Mi-Fr 11:30-13:30 Uhr/ 17:30-23 Uhr. Sa, So, Feiertag 17:30-23 Uhr. Mo, Di Ruhetag.

Gesamtnote:	9,2 von 10 Punkten
Küche:	10 Punkte
Service:	9 Punkte
Ambiente:	9 Punkte
Weinangebot:	8 Punkte
Preis/Leistung:	9 Punkte

Die Textilindustrie lockte vor etwa einem halben Jahrhundert viele italienische Gastarbeiter nach Lörrach. Viele der Fabriken sind zwar längst geschlossen, doch noch immer gibt es eine große italienische Kolonie in der Stadt. Nur ein paar Straßen vom Lörracher Little-Italy entfernt, betreiben Morena und Nunziato Imbrogiano stilecht das »Tavola Calda Etna«. ›Etna‹ steht dabei für die sizilianische Heimat des Hausherrn. Er selbst bedient den Pizzaofen, Ehefrau Morena ist für den ganzen Rest der Küche zuständig. ›Tavola calda‹ – wörtlich: der warme Tisch – bezeichnet die einfachste der italienischen Restaurant-Typen. Darin vorherrschend ist die ›Cucina casalinga‹, die typische Hausfrauenküche. Was natürlich ein besonderes Qualitätsmerkmal ist. Im »Tavola Calda« wird dieser Stil gepflegt. Die Speisen sind oft feuriger gewürzt und sie erhalten etwa durch die Verwendung von Wurstspezialitäten eine deftige Note. Wer das am Beispiel erläutert haben möchte, der bestelle am besten die Pizza Nunzio, die Spezialität des Chefs. Dabei handelt es sich um Tomatensoße, scharfe Salami, frische Paprikastreifen, Oliven und Käse auf einem Boden, der so dünn und kross aus dem Ofen kommt, wie man es nördlich der Alpen selten antrifft. Neben Pizza sind die hausgemachten Teigwaren das zweite Markenzeichen von »Tavola Calda«. Eine Spezialität sind die Ravioli con Salsiccia, die mit italienischer Bratwurst gefüllt sind und entweder in Tomatensoße oder mit Salbeibutter auf den Tisch kommen. Wer jemals in Süditalien frisch zubereitete Lasagne genossen hat, wird dieses Gericht auf deutschem Boden kaum bestellen, weil dann meist ein Schälchen mit blubberndem Käse-Teig-Magma serviert wird. Im »Tavola Calda« kann man risikolos eine Ausnahme machen: Die Lasagne kommt frisch aus dem Ofen, die Teigschichten haben Konsistenz und dazwischen sorgen Hackfleisch, Schinkenwürfel und Pilze für Abwechslung. Das gibt es auch in der vegetarischen Version mit verschiedenen Gemüsesorten. Zusätzlich zur Standardkarte wird ein Schiefertäfelchen mit täglich wechselnden Gerichten an die Tische gebracht, auf denen zuweilen auch Fleisch- und Fischgerichte verzeichnet sind. Fast von selbst versteht sich, dass der Gast auf Anhieb wie ein Familienmitglied behandelt wird, was im Gegenzug dazu führt, dass der Gast gern bereit ist, das zuweilen bunte Treiben mit einer gewissen Langmut zu begleiten. Ein besonderer Tipp sei dem Espresso gewidmet, der hier als schwärzester Ristretto serviert wird. Was allerdings schmerzlich vermisst wird, ist einer jener wuchtigen sizilianischen Weine im offenen Ausschank. Es gibt nur einen Montepulciano und einen weißen aus dem Veneto. Nicht schlecht, aber zu wenig Auswahl.

Malterdingen

Chada Thai

Das »Chada Thai« in Malterdingen hat einen rasanten Aufstieg hinter sich. Nach der Eröffnung vor vier Jahren hat es schnell den Ruf erworben, eines der besten, wenn nicht das beste thailändische Restaurant im Großraum Freiburg zu sein. Plätze gab es nur auf Reservierung – und das ist meistens immer noch so. Die beiden Betreiber Araya und Klaus Leber haben viel Energie und Engagement in das ehemalige Gasthaus »Krone« gesteckt. Die badische Herkunft des Gasthofes, mitten in Malterdingen gelegen, lässt sich noch immer nicht verleugnen, trotz zahlreicher thailändischer Accessoires und der ›Thai-Lounge‹, in der die Gäste landestypisch auf Kissen an niedrigen Tischen sitzen.

Die Lebers haben mittlerweile sogar expandiert. Der »Chada Thai«-Ableger in Lahr musste mittlerweile wieder aufgegeben werden, zugunsten des neuen »Chada Thai«, das in Freiburg-Herdern, in der ehemaligen »Orangerie«, aufgemacht wurde. Der Standortwechsel wird dadurch gerechtfertigt, dass ein Großteil der Gäste aus Freiburg stammt. Ob nun mittelfristig der Standort Malterdingen gefährdet ist, bleibt abzuwarten.

Unverändert ist im »Chada Thai« die umfangreiche, vier Finger dicke Speisekarte mit einem für asiatische Restaurants üppigen Weinangebot. Da gibt es ›Einsam‹-, ›Zweisam‹-, ›Dreisam‹-, ›Viersam‹-Menüs, Thai-Tapas, die bekannten süß-sauer und scharf Varianten mit Curry, Kokosmilch, Ingwer, Basilikum oder Bambussprossen, in Kombination mit verschiedenen Fleischsorten, Fisch, Meeresfrüchten oder als vegetarisches Gericht. Die Auswahl fällt da schwer.

Quantität zeugt erfahrungsgemäß nicht immer von Qualität und gerade Letzteres scheint etwas gelitten zu haben. Denn das Besondere des »Chada Thai«, eine thailändische Küche auf einem Niveau, wie man es selten in der Region antraf, in der das Außergewöhnliche mit überraschenden Aromen und Pfiff verbunden wurde, ist etwas verlorengegangen. Das gilt auch für den Service: Er ist geschäftig und aufmerksam, keine Frage, die Herzlichkeit und die Zeit für die persönliche Ansprache des Gastes sind aber auf der Strecke geblieben.

Vielleicht ist das der Fluch des großen Erfolgs des »Chada Thai«.

Oder – und das ist zu hoffen – dass die Expansion nach Freiburg die Konzentration auf das Hauptgeschäft in Malterdingen ein wenig und nur vorübergehend beeinträchtigt.

Chada Thai
79364 Malterdingen, Hauptstr. 22,
Tel: 07644-7305, www.chadathai.de
Geöffnet: täglich 11:30-14 Uhr/17:30-24 Uhr. Sa 17:30-24 Uhr. Mo Ruhetag.

Gesamtnote:	8,0 von 10 Punkten
Küche:	7 Punkte
Service:	8 Punkte
Ambiente:	9 Punkte
Weinangebot:	8 Punkte
Preis/Leistung:	9 Punkte

Malterdingen

Landgasthaus Sonne

Wer öfters mal bei einer größeren Betriebsfeier oder einem Geburtstag im Raum Freiburg eingeladen war, der hat sicherlich schon Gerichte des »Landgasthaus Sonne« in Malterdingen probiert. Denn zu dem dörflichen Landgasthof gehört ein Catering, das sich in der Region während der letzten Jahre einen Namen gemacht hat. Weil für Gesellschaften von über 100 Personen die Küche der »Sonne« zu klein ist, stehen außerhalb des Ortskerns zusätzliche Räume zur Verfügung.
Obwohl Besitzer Hermann Bergmann mit dem Catering sowie zwei Betriebskantinen den größten Teil seines Umsatzes erwirtschaften dürfte, ist es schön, dass ihm der traditionelle Landgasthof eine Herzensangelegenheit ist. Denn solche Gasthäuser sind von jeher für eine lebendige Dorfgemeinschaft fast unverzichtbar. In der »Sonne« gibt es selbstverständlich noch einen Stammtisch, an dem auch mal etwas lauter die kleinen und großen Gemeinde- und weltpolitischen Themen diskutiert werden. Selbst ihre Lottozahlen können die Gäste in dem Wirtshaus abgeben.
In einem Landgasthof erwartet der Besucher hauptsächlich regionale und saisonale Speisen. In diesem Punkt wird er in der »Sonne« nicht enttäuscht. So gibt es in der Pilzsaison Pfifferlinge und im Frühjahr natürlich eben erst gestochenen Spargel aus der Region. Darüber hinaus hat die »Sonne« allerdings noch mehr zu bieten. So gibt es frisch vom Fischmarkt eine klare Fischsuppe mit Safranfäden nach Art des Hauses, Norweger Lachs in Weißweinsoße auf feinen Nudeln, Steinbeißerfilet und Riesengarnelen in Champagnersoße mit Gemüsejulienne und Basmatireis, Loup de Mer und Jacobsmuscheln

Landgasthof Sonne
79364 Malterdingen, Hauptstr. 24,
Tel: 07644-259, www.catering-sonne.de
Geöffnet: täglich 10-14 Uhr/17-24 Uhr.
Di 10-14:30 Uhr. Fr 10-24 Uhr.
Sa 10-14 Uhr. So Ruhetag.

Gesamtnote:	8,3 von 10 Punkten
Küche:	8 Punkte
Service:	8 Punkte
Ambiente:	8 Punkte
Weinangebot:	9 Punkte
Preis/Leistung:	9 Punkte

sowie Medaillons von Lachs, Steinbeißer und Viktoriabarsch an einer Rieslingsoße – alles schmackhaft zubereitet und zu fair kalkulierten Preisen.
Wer lieber ein Stück Fleisch mag, kann beispielsweise ein Schweinelendchen in Calvadosrahmsoße mit Gemüse, handgeschabten Spätzle und einem bunten Sommersalat, ein Rumpsteak oder ein Filet vom Angusrind bestellen.
Die mit einigen guten Tropfen bestückte Weinkarte weist eine Besonderheit auf: Da Malterdingen bekanntermaßen eines der besten deutschen Weingüter beheimatet, gibt es in der »Sonne« einige erlesene Weine von Bernhard Huber, zu fast unschlagbaren Preisen. Eine Flasche Weiß-, Grau- oder Spätburgunder, ›Auxerrois‹ oder ›Muskateller‹ gerade einmal für 20 Euro. Empfehlen können wir auch den ›Haus-Cocktail‹, der aus Rieslingsekt und Peche besteht. Der Service ist allzeit freundlich und vor allem ohne jegliche Allüren.

Merzhausen

Grüner Baum

Wenn eine Institution wie Hans Riehles »Grüner Baum« in Merzhausen den Besitzer wechselt, dann hält sich nicht nur beim Stammpublikum Sorge und Hoffnung die Waage. Nicole Aigner und Peter Skolik, seit Sommer 2011 die ›Neuen‹, haben im Restaurant glücklicherweise nur wenig verändert, und so blieb der unaufdringliche Charme und die Gemütlichkeit der beiden Gasträume ohne Abstriche erhalten. Mit ausreichend Abstand zum Nachbarn sitzt man an schön eingedeckten, blank polierten Holztischen.

Auffälliger sind die Neuerungen in der Küche. Der selbstgestellte Anspruch lautet, das Haus gastronomisch höher zu positionieren, ohne die Bodenhaftung zu verlieren. Für die Bodenhaftung sorgt sowohl als Vorspeise ein sehr gut angemachter Salat mit sorgfältig (also nicht schwarz) gegrillten Gemüsestückchen als auch der Hauptgang, ein makellos gebratenes und saftiges Kalbsschnitzel, das – Leichtigkeit ist Trumpf – nicht mit Bratkartoffeln, sondern mit frischem Gemüse serviert wurde.

Beim Einstieg in die etwas höheren Kategorien waren wir mit einer tomatisierten Fischsuppe (gut gewürzte Brühe, schöne und punktgenau pochierte Fischstücke) nebst Knoblauchbaguette sehr zufrieden. Wir wären noch zufriedener gewesen, wenn das Baguette getrennt serviert worden wäre und nicht schon halb in der Suppe gelegen hätte. Ob man das Brot eingeweicht oder kross mag, möchte man gerne selbst entscheiden.

Als Tagesgericht wurde Kalbsleber mit Pfifferlingen angeboten. Das war eine ordentliche Portion mit butterzart gebratenen Leberstücken, einer Vielzahl an ganz kleinen, sehr aromatischen Pilzen und einer für unseren Geschmack etwas zu sahnigen Soße.

Die Vegetarier werden sich nicht nur über die hausgemachten Gnocchi freuen, die Biss und zarte Konsistenz bestens vereinen, sondern vor allem darüber, dass mit einem Brokkoliauflauf im Weckglas auch einmal etwas Raffiniertes für sie auf der Karte zu finden ist.

Die Weinkarte ist nicht riesig, stark südbadisch geprägt und punktet mit Entdeckungen wie dem kleinen Weinhaus »Rabe« aus Merzhausen. Für alle, die bei den hiesigen Roten nicht fündig werden, gibt es auch ein paar Flaschen Bordeaux, Chianti und so weiter.

Grüner Baum
79249 Merzhausen, Hexentalstr. 35,
Tel: 0761-8886800, Fax: 0761-88868022,
www.gruenerbaum-merzhausen.de
Geöffnet: Mo 12-14 Uhr.
Di-So 12-14 Uhr/18-23 Uhr.

Gesamtnote:	7,5 von 10 Punkten
Küche:	7 Punkte
Service:	8 Punkte
Ambiente:	9 Punkte
Weinangebot:	7 Punkte
Preis/Leistung:	7 Punkte

Merzhausen

Gasthaus Hirschen

Mitten im alten Ortskern von Merzhausen thront in einem historischen Fachwerkhaus aus dem fernen Jahr 1460 das bestens geführte »Gasthaus Hirschen« – seit Jahrzehnten eine verlässliche gastronomische Adresse und ohne Frage ein Bild von einem urigen badischen Gasthaus. Die Gäste sitzen in den kühleren Jahreszeiten in niedrigen Räumen an wuchtigen Ahorntischen. Im Winter wärmt ein grüner Kachelofen die stilvolle und hochgradig gemütliche Gaststube. Hier ist alles an seinem Platz. Die Stammkundschaft ist groß, im »Hirschen« herrscht immer viel Betrieb und oft ein großes Hallo. Mancher stärkt sich hier, nachdem er sich die Kugel gegeben hat, denn zum »Hirschen« gehören nach wie vor zwei Kegelbahnen. In der Nachbarschaft steht auch ein Hotel, das vor einigen Jahren ebenfalls ans Traditionshaus angedockt wurde. Was nach wie vor das Beste ist: Die Küche hält mühelos all das, was das Ambiente verspricht. Der Generationenwechsel im Hause Isaak ist geglückt. Die Speisekarte im DIN-A5-Format trifft viele Geschmäcker, ohne deswegen zum dicken Buch auszuufern. Auf saisonale Gerichte und auf regionale Zutaten wird im »Hirschen« schon immer Wert gelegt. Auf kulinarische Experimente und irgendwelchen Firlefanz wird hier verzichtet. Dafür finden sich Tagesspezialitäten an Schiefertafeln angeschrieben. Wer vespern will, hält sich an regionale Kost wie einen hervorragenden Elsässer Wurstsalat (6,50 Euro) oder Bibeleskäs mit Brot (6 Euro). Man merkt schnell: Die Preise für die Speisen sind gastfreundlich kalkuliert. Der Feinschmeckersalat ist wie alles Grünzeug im »Hirschen« knackig und absolut frisch. Unser Pfeffersteak vom Filet kommt mit ausgezeichneten Brägele,

Gasthaus Hirschen
79249 Merzhausen, Dorfstr. 4,
Tel: 0761-402204,
www.hirschen-merzhausen.de
Geöffnet: Di-So ab 17 Uhr. Mo Ruhetag.

Gesamtnote:	9,2 von 10 Punkten
Küche:	9 Punkte
Service:	10 Punkte
Ambiente:	10 Punkte
Weinangebot:	9 Punkte
Preis/Leistung:	8 Punkte

zum Schweinerückensteak (13 Euro) werden die hausgemachten Spätzle serviert. Der junge Service ist freundlich, flink und gewitzt. Wir besuchten den »Hirschen« an einem lauen Sommerabend, wo man im überwachsenen Freisitz (Reservierung hier nicht möglich) genießen und entspannen kann. Auch draußen im Garten spürt man die Liebe zum Detail, die in dem Traditionshaus gelebt wird. Sogar in einer kleinen hölzernen Gartenlaube können Gäste an einem großen Tisch Platz nehmen. Die Freunde edler Tropfen kommen bei der großen Weinkarte auf ihre Kosten, in der unter anderem etliche erlesene Gewächse vom Kaiserstuhl und aus dem Markgräflerland gelistet sind.

Müllheim

Alte Post

Vielleicht hatten wir an diesem Tag einfach nur Pech: Der reservierte und versprochene Sitzplatz in der Ecke befand sich mitten im Restaurant, die Bedienung war mehr genervt als freundlich und die Qualität der Speisen erreichte nicht das gewohnte Niveau. Ein einmaliger Ausrutscher – oder lag es daran, dass vor uns schätzungsweise 100 Tagungsgäste verköstigt werden mussten und wir erst 30 Minuten vor Küchenschluss kamen?
Wie dem auch sei, die »Alte Post« in Müllheim gehört sonst eigentlich zu den guten und zuverlässigen Adressen im Markgräflerland. Das Haus, in dem der alemannische Dichter Johann Peter Hebel öfters einkehrte und in dem einst auch der deutsche Dichterfürst Johann Wolfgang von Goethe übernachtete, wurde von Heiner Mack in den vergangenen 25 Jahren kontinuierlich ausgebaut und modernisiert. Dabei legt der Chef in der Küche auf die Herkunft der Produkte größten Wert. ›Bio‹ ist Trumpf. Wann immer in der Region ökologisch erzeugte Produkte zu haben sind, werden sie in der »Alten Post« verarbeitet. Dabei kommen auch die Liebhaber fleischloser Gerichte durchaus auf ihre Kosten.
Das vegetarische Menü, das wir bei unserem zweiten Besuch bestellten, war qualitativ deutlich besser als die beim ersten Test verspeiste Barbarie Entenbrust mit Kartoffel-Kürbispüree und Karotten-Lauchgemüse. Denn die Entenbrust war mehr zäh als bissfest, das Kartoffel-Kürbispüree mit zu viel Ingwer gewürzt und das Gemüse schwamm – sehr zu unserem Leidwesen – in der braunen Soße. Dagegen war an den Horbener Ziegenkäse-Cannelloni auf Balsamico-Currylinsen, der Maronencremesuppe mit Quittenknuspertäschle und dem Seitan Curry mit Koriander-Ingwer-Kokosmilch, gebratenem Chicoree und Pilaw-Reis überhaupt nichts auszusetzen.
An der Weinkarte hat uns vor allem die große Anzahl von Magnumflaschen gefallen. Über 20 gute Tropfen gibt es in den 1,5 Literflaschen – ein Angebot, das sich sehen lassen kann und in vergleichbaren Häusern nicht mehr oft zu finden ist. Bei den Winzern dominieren vor allem bekannte Namen aus dem Markgräflerland und dem Kaiserstuhl. Aber auch französische (hier vor allem aus Bordeaux), italienische und spanische Weine können geordert werden, wenn es mal kein einheimischer Tropfen sein soll.

Alte Post
79379 Müllheim, Posthalterweg/an der B3,
Tel: 07631-17870, Fax: 07631-178787,
www.alte-post.net
Geöffnet: täglich 12-23 Uhr.

Gesamtnote:	8,0 von 10 Punkten
Küche:	8 Punkte
Service:	8 Punkte
Ambiente:	8 Punkte
Weinangebot:	8 Punkte
Preis/Leistung:	8 Punkte

Müllheim

Messer & Gradel

»Weg von billigem Fastfood, hin zu hochwertigem Slowfood« – das ist die Devise von Markus Gradel, seinerzeit Deutscher Meister und Weltmeister der Jungköche. Der aus dem Markgräflerland stammende Küchenchef sammelte auf der ganzen Welt Erfahrung und Ideen für seine Rezepte, die er jetzt in den historischen »Kaiserhof« im beschaulichen Müllheim bringt. Einmal rund um den Globus reisen Feinschmecker, die seine übersichtliche, aber ausgefallene Karte durchprobieren. Als Starter serviert Gradel italienische Foccacia, orientalischen Hummus, Octopussalat mit Fenchel und Aprikose sowie kalte indische Joghurtsuppe. Für weniger experimentierfreudige Gaumen gibt es den klassischen »Caesar's Salad« mit Parmesanspänen und Croutons oder rustikales Pizzabrot. Grenzen scheint der junge Koch nicht zu kennen, die Übergänge zwischen Vorspeise, Tapas und Hauptgang sind fließend. Alle Gerichte zeichnen sich durch ihre Frische und Leichtigkeit aus – und durch ihre Kreativität. So serviert Gradel zum Hauptgang überraschende Kombinationen wie gebratenes Zwerchfell mit Kirschtomaten und Chimichurri (würzige Soße aus Lateinamerika) oder Jakobsmuscheln mit Süßkartoffel-Limettencreme (18 Euro). Wir lassen uns ins südfranzösische Marseille versetzen und genießen eine feinwürzige Fischsuppe mit Gemüse und Knoblauchbrot. Auch die Lasagne aus Tomaten, geröstetem Brot, Büffelmozzarella und Pesto (12 Euro) lässt Urlaubsgefühle aufkommen, vor allem wenn sie auf der mediterran dekorierten Außenterrasse genossen wird. Bei den Weinen setzt Gradel stark auf einheimische Tropfen, schließlich hat das sonnenverwöhnte Müllheim einiges zu bieten: Die Weingüter Engler und Dörflinger sowie die WG Britzingen bestücken als lokale Lieferanten den Hauptteil der Karte, auf der sich aber auch französische, italienische und österreichische Weine finden. Auch bei den Speisen achtet der Küchenchef darauf, regional und saisonal zu kochen. Den krönenden Abschluss eines Dinners bilden ganz klassische Desserts: An lauwarmem Schokoladenkuchen schmilzt ein cremiges Vanilleeis (8 Euro), und an die Crème brûlée schmiegt sich ein fruchtiges Rhabarbersorbet (6 Euro). Aus dem großen Angebot an Aperitifs, Digestifs und Cocktails wählt man am edlen Eichenholztresen der Cocktailbar, von wo aus man das Treiben in der offenen Küche beobachten kann. In der Lounge laden gemütliche Oma-Sessel zum Kochbücher-Schmökern ein – dort schmecken Kaffee und Kuchen auch vor den Abendstunden.

Messer & Gradel
79379 Müllheim, Goethestr. 10,
79379 Müllheim, Tel: 07631-10060,
www.messerundgradel.de
Geöffnet: Do-Di ab 11.30-22 Uhr (Küchenschluss). Mi Ruhetag.

Gesamtnote:	8,2 von 10 Punkten
Küche:	8 Punkte
Service:	8 Punkte
Ambiente:	9 Punkte
Weinangebot:	8 Punkte
Preis/Leistung:	8 Punkte

Müllheim-Feldberg

Gasthof Ochsen

Wenn das Wort ›Hotspot‹ auf etwas zutrifft, dann auf den Garten bzw. die Gartenwirtschaft des »Ochsen«. Es wäre natürlich zu einfach gesagt, dass der Genießer nur wegen des schönen, liebevoll gepflegten Gartens das Haus besucht, die Stuben, besonders die »Kibiger Stube«, im Gasthof stehen bei Gott nicht im Schatten und lassen den Besuch genauso schön werden.

Im Traditionshaus hat sich einiges getan. Herr Adam, der viele Jahre für die Küche verantwortlich war, hat sich aufgemacht, betreibt nun die Gastronomie auf Schloss »Bürgeln« und macht so im »Ochsen« Platz für eine seine Töchter samt zukünftigem Schwiegersohn. In der Küche selbst ist ein langjähriger Mitarbeiter geblieben, der die Konstanz der Klassiker auf der Speisekarte bewahren soll.

Am geschnetzelten Kalbsleberle mit Rösti und Salat gibt es überhaupt nichts zu mäkeln, genauso wenig an den Kalbsnierle in Senfsoße oder am Kalbskopf ›wie der Chef ihn liebt‹ – wunderbar zarte Stücke in einer Soße mit Cornichons und Gemüse, leicht sauer abgeschmeckt. Hier ist ein Könner am Werk!

Es stehen auch Gerichte auf der Karte, die einen neuen Schwung im Haus fühlen lassen: gebratene Gänsestopfleber, Nudeln mit Trüffeln oder Kotelett vom Iberico-Schwein mit Trüffelrisotto – und das sollte, wenn man es kocht, auch gelingen, was in unserem Fall leider nicht zutraf. Das Risotto ähnelte Milchreis, der mit ein paar Trüffelstücken und Trüffelöl serviert wird. Muss das im gesegneten Markgräflerland sein?

Wir sind der Ansicht, dass solche ›neuen‹ Gerichte nicht ohne Weiteres unter die ›Bewährten‹ gemischt werden sollten. Das Konzept der Speisekarte scheint nicht stimmig, genauso wenig wie Kroketten zu einem Rinderfilet mit Trüffelsoße passen. Die Weinkarte bietet eine gute Auswahl aus dem Markgräflerland, auch ein gereifter Rotwein wird glasweise angeboten. Im Service geht's locker ans Werk, wobei die Damen gerade im Garten ihr Bestes geben, um dem Geschäft Herr zu werden. An den ›Style‹ und den einen oder anderen ›Spruch‹ des Schwiegersohnes müssen sich die Markgräfler noch gewöhnen. Am Buffet in der Stube hängt ein wohltuendes Relikt aus ›alten Zeiten‹, ein großer Kalender in großen Lettern zum Abreißen des Tages, der bei jedem Besuch immer ›à jour‹ gewesen ist.

Gasthof Ochsen
79379 Müllheim-Feldberg, Bürgelnstr. 32,
Tel: 07631-3503, Fax: 07631-10935,
www.ochsen-feldberg.de
Geöffnet: Fr-Mi 12-21 Uhr
(Küchenschluss). Do Ruhetag.

Gesamtnote:	7,8 von 10 Punkten
Küche:	8 Punkte
Service:	7 Punkte
Ambiente:	9 Punkte
Weinangebot:	7 Punkte
Preis/Leistung:	8 Punkte

Müllheim

Taberna

In der »Taberna«, kurzzeitig geschlossen wegen Umbau und Renovierung, ist insgesamt aber alles so geblieben wie gewohnt: der rustikale Gastraum mit Gewölbe, die wunderschöne verglaste Veranda, der Freisitz über dem rauschenden Klemmbach. Da hätte jeder übertriebene Eingriff nur Unheil angerichtet. Die Änderungen beziehen sich denn auch eher auf das Angebot der Küche. Die italienischen Akzente auf der Speisekarte wollen Helmut Schuster und Thorsten Jauch nun besser hervorheben. Das ist durchaus gelungen, die »Taberna« steht mehr denn je für den ehrlichen, frischen und unkomplizierten mediterranen Genuss.

Das Mittagsmenü wurde neu komponiert mit der Wahl zwischen Pasta oder Suppe, einem Salat und dem ›Secondo‹. Das von vielen vermisste ›Klemmbachmenü‹ ist wieder da. Und wem zur Nachtzeit der Hunger plagt, bleibt nun auch nach 22 Uhr dank einer kleinen Nachtkarte nicht unversorgt. Das täglich wechselnde und auf einer Schiefertafel präsentierte Angebot wird – genau so liebt es der Italiener – am saisonalen Gemüseangebot ausgerichtet, frischer Fisch kommt aus dem Elsass, das Fleisch vom Produzenten aus der Region. Die Pasta wird täglich selbst hergestellt. Und für große Runden wird auf Vorbestellung Besonderes geboten, etwa über die Osterzeit eine ganze geschmorte Milchlammkeule mit frittiertem Knoblauch.

Wir haben den Spargelsalat probiert und waren sehr angetan. Die Stangen hatten genau den richtigen Biss und die Vinaigrette hielt die notwendige Balance, sie war kräftig, ohne den Spargelgeschmack zu übertünchen. Von sehr guter Qualität war der dünn aufgeschnittene italienische Schinken zu Oliven und Apéro.

Taberna
79379 Müllheim, Marktplatz 7,
Tel: 07631-174884, Fax: 07631-174885,
www.taberna-muellheim.de
Geöffnet: Mo 11-14 Uhr. Di-Sa 11-24 Uhr.
So, Feiertag Ruhetag.

Gesamtnote:	8,0 von 10 Punkten
Küche:	8 Punkte
Service:	7 Punkte
Ambiente:	9 Punkte
Weinangebot:	9 Punkte
Preis/Leistung:	7 Punkte

Schön weich geschmort und mit kräftig eingekochten Tomaten kam der Osso buco auf den Tisch, beim Risotto schieden sich, wie sooft, die Geister – hätten die Reiskörnchen noch etwas an Garzeit gebraucht oder besser nicht?

Das Weinangebot konzentriert sich nach wie vor auf renommierte Winzer aus der näheren Umgebung sowie auf sehr gute Flaschen vorwiegend aus dem Norden Italiens. Beim Service hatten wir den Eindruck, dass die Auszeit während der Renovierung zum Training in Sachen Aufmerksamkeit und Schnelligkeit genutzt wurde, gut so.

Münstertal

Romantik-Hotel Spielweg

Karl-Josef Fuchs, der Vollblutgastronom und -koch des herrlich gelegenen »Romantik-Hotel Spielweg« im oberen Münstertal, hat in den letzten Jahren ganz konsequent einen eigenen Küchenstil entwickelt, der ihm heute auch in der lokalen wie nationalen Presse viel Lob einbringt. Anstatt es allen und jedem Recht machen zu wollen, irgendwelchen zeitgeistigen Verirrungen der gehobenen Küche hinterherzulaufen, setzt Fuchs auf die Produkte, die ihm der Naturpark Schwarzwald vor der Haustür liefert, oder kauft sie bewusst bei lokalen und regionalen Erzeugern ein.
Der passionierte Jäger setzt seine bodenständig moderne Wildküche ins Zentrum. Ob ein deftiger, perfekt abgeschmeckter Münstertäler Wildschweinsauerbraten gewünscht ist oder ein wunderbar zartes Oberpfälzer Hirschkalbnüssle aus der Keule, selbst gemachte deftige Wildschweinbratwürstle oder die sehr seltenen und fantastisch zubereiteten Wildinnereien, wie Rehleberle und Rehnierle, all das kann man bestens zubereitet auf seinem Teller finden. Hier hat Fuchs einen Standard gesetzt, der seinesgleichen sucht und tief in der Tradition der alemannischen Küche verwurzelt ist. Lokale Spezialitäten wie Schwarzwälder- und luftgetrockneter Schinken mit Wild- und Bauernsalami, Hinterwälder Kalbsconsommé mit getrockneten Tomaten und Kalbsbries, mariniertes Ochsenmaul mit Flusskrebsen, Hüttenkäse und gebratener Kartoffel oder Côte de Bœuf von der Schwarzwälder Färse mit Melange-Noir-Pfeffer, Herbstgemüse und Rosmarinkartoffeln, im »Spielweg« wird die Schwarzwälder Küche aufs Feinste zelebriert. Fischliebhaber kommen mit Wiesentäler Forelle blau mit

Romantik-Hotel Spielweg
79244 Münstertal, Spielweg 61,
Tel: 07636-7090, Fax: 07636-70966,
www.spielweg.com
Geöffnet: täglich 12-14 Uhr/18:30-22 Uhr (Küchenschluss).

Gesamtnote:	9,5 von 10 Punkten
Küche:	10 Punkte
Service:	9 Punkte
Ambiente:	10 Punkte
Weinangebot:	9 Punkte
Preis/Leistung:	9 Punkte

Kartoffeln und Nussbutter als Beilage, Lachsforellenfilet in Gewürzkruste mit Staudensellerie und Grießnocken an Verbenesoße oder Rotbarbe mit Gemüse-Safran-Fond und Frischkäseravioli und einer Soße Rouille genauso überzeugend auf ihre Kosten. Zu den Besonderheiten des »Spielweg« zählt auch die eigene Käserei. Hier werden Obermünstertäler Weichkäse nach Münsterart, Molkenziger Frischkäse und ein gereifter »Spielweger«-Bergkäse produziert, der schon alleine die Reise wert ist.
Die alte Wirtsstube mit ihren Holzvertäfelungen ist an Flair nicht zu überbieten, der erstklassige Service um Ehefrau Sabine Fuchs und eine sortenreich bestückte Weinkarte mit ihren ausgesuchten badischen, deutschen, französischen und italienischen Tropfen runden das durchweg positive Bild ab.

Münstertal

Landhaus Langeck

Mitten im Münstertal biegt man von der Hauptstraße ab, fährt in ein kleines Seitental Richtung Süden und wenn man schon meint, dass es nicht mehr weitergeht, erscheint oben am Hang ein imposantes Gebäude – das »Landhaus Langeck«. Über den großen Vorplatz mit Terrasse gelangt man in die Gaststube. Dieser wurde renoviert, vom Kitsch befreit und mit hellem Holz von hoher handwerklicher Qualität sorgsam ausgestattet. Das ausgesuchte Holz der Tische ist so einzigartig, dass auf Tischwäsche gerne verzichtet wird.

Das Speiseangebot ist klein und fein. Es gibt ein dreigängiges Menü mit regionalen, saisonalen Gerichten, welche sich teilweise auch im À-la-carte-Angebot wiederfinden.

Verschiedene saisonale Salate mit Kernen oder Rotbarbe, Rinderkraftbrühe mit Grießklößchen oder Spargelvariationen werden zur Vorspeise angeboten, als Hauptgericht wählt man zwischen geschmortem ›Bürgermeisterstück‹ vom Rind mit Beilagen, gefüllter Kaninchenkeule mit Spargel und Kartoffelragout, Sparnferkelrücken mit Beilagen oder Rotbarbe und Gamba auf Couscous. Saisonale Gerichte zur Spargel- oder Wildzeit runden das Angebot ab. Die passenden Soßen sind gekonnt reduziert und werden in der kleinen Sauciere nachgereicht. Die Speisen sind ansprechend angerichtet und werden von dem überaus zuvorkommenden Service serviert.

Zum Abschluss empfiehlt sich ein Quarkmousse mit Erdbeeren und Rhabarber oder ein ›Demeter‹ Ziegenkäse mit getrockneten Tomaten und feinem Olivenöl.

Landhaus Langeck
79244 Münstertal, Langeck 6,
Tel: 07636-7877580,
Fax: 07636-78775811,
www.langeck.de
Geöffnet: täglich ab 18 Uhr.
So, Feiertag ab 12 Uhr. Mo, Di Ruhetag.

Gesamtnote:	8,2 von 10 Punkten
Küche:	9 Punkte
Service:	8 Punkte
Ambiente:	8 Punkte
Weinangebot:	8 Punkte
Preis/Leistung:	7 Punkte

Das Weinangebot beschränkt sich im Großen und Ganzen auf das Markgräflerland, die Weine stammen von ausgesuchten Weingütern und sind von hervorragender Qualität. Ungewohnt ist, dass die Weine in homöopathischen Portionen im 0,1-Format angeboten werden. Das ist eher etwas für Autofahrer, denn für Weintrinker und Genießer. Die Preise entsprechen allerdings der Normalportion, so ein Cabernet-Merlot vom »Schlumberger« in 0,1-Portion für satte 11,40 Euro.

Münstertal

Schmidts Gasthaus zum Löwen

Schmidts Gasthaus zum Löwen
79244 Münstertal, Wasen 54,
Tel: 07636-542, Fax: 07636-77919,
www.loewen-muenstertal.de
Geöffnet: täglich 9-24 Uhr.
Mo, Di Ruhetag.

Gesamtnote:	8,3 von 10 Punkten
Küche:	8 Punkte
Service:	8 Punkte
Ambiente:	9 Punkte
Weinangebot:	9 Punkte
Preis/Leistung:	8 Punkte

Wer bei einem Ausflug in das liebliche Münstertal einkehren und gutbürgerlich essen möchte, der kann im »Löwen« einen Halt einlegen. Ingo Schmidt bietet in dem traditionsreichen Haus vor allem heimische Spezialitäten aus dem Schwarzwald sowie klassische Gerichte aus dem nahen Frankreich an. Schickimicki gibt es im »Löwen« nicht, dafür regionale Produkte, saisonale Menüs und einen herrlichen Garten, der im Sommer mit Blick auf den »Belchen« zum Genießen und Verweilen einlädt.

Schmidt versucht immer wieder, die klassische Schwarzwälder Küche mit modernen Einflüssen zu kombinieren. Eine Ausnahme macht er bei den Soßen, die er nach alter Väter Sitte ansetzt und kräftig abschmeckt.

Als Gruß aus der Küche gab es eine kleine Lachsroulade auf geschnittenen Gurken. Der Sommersalat mit Joghurt-Bärlauchdressing und Nüssen war hübsch auf dem Teller garniert und fachmännisch abgeschmeckt. Das Mandel-Ingwersüppchen mit gebratenen Shrimps hatte dagegen eindeutig zu viel Sahne abbekommen. An den Pfifferlingen mit Nudeln und Gartenkräutern gab es dagegen nichts auszusetzen und die gegrillte Kalbsleber, die in etwas zu viel Himbeer-Madeirajus lag, war herrlich zart. Die dazu gereichten Bohnen und die Rösti hätten kaum besser munden können. Eher guter Durchschnitt war dann wieder das Dessert: marinierte Erdbeeren mit Bourbon-Vanilleeis und Grand-Marnier-Schaum.

Unterstützt wird Ingo Schmidt von seiner Frau Valentyna, die sich zusammen mit einigen Mitarbeitern um den Service kümmert. Der Gast wird freundlich bedient.

Die im typischen Schwarzwälder Stil gehaltene Gastwirtschaft strahlt viel Wärme aus. Jeder Tisch hat einen eigenen Namen und besitzt eine eigene Geschichte, das ist ein Beleg dafür, dass sich die Wirtsleute mit ihrem Haus identifizieren und mit dem Herzen bei der Sache sind. Gastlichkeit ist hier kein Fremdwort.

Auf der Weinkarte sind sehr viele gute badische Tropfen von namhaften Winzern zu finden, außerdem werden einige Weine aus Italien und Spanien sowie eine große Auswahl aus Frankreich dargeboten. Dem Gasthaus angegliedert ist eine Destille, in der von Mittwoch bis Montag von 17 bis 1 Uhr zahlreiche Schnäpse aus der hauseigenen Brennerei sowie Digestifs aus Italien und Frankreich angeboten werden, allerdings zu teils überhöhten Preisen.

Münstertal

Zähringer Hof

Der »Zähringer Hof« liegt auf 1100 Metern, unterhalb vom Schauinsland, an der Westseite über dem schönen Münstertal und ist längst kein Geheimtipp mehr und hat sich mittlerweile als kulinarisch interessante Adresse etabliert. Der Gastraum des idyllisch gelegenen Berggasthofs wurde 2008 renoviert und die gemütlichen Zimmer strahlen nun mit Holzdielenboden und freigelegten Deckenbalken eine behagliche und einladende Atmosphäre aus. Natürlich dürfen hier auch Kachelofen und Kuckucksuhr nicht fehlen. Besonders gefallen hat uns die geschmackvolle, moderne Beleuchtung, welche in vergleichbaren Gasthöfen gerne stiefmütterlich behandelt wird.

Die leidenschaftliche Küche von Christoph Riesterer bietet überwiegend badische und regionale Gerichte mit vielen bekannten Klassikern an, wobei er einen hohen Wert auf Qualität und Regionalität der Produkte legt. Ergänzt wird dieses Angebot durch allgemein gern verzehrte Fischsorten wie Tunfisch, Wolfsbarsch oder Meerestiere wie Jakobsmuscheln und Garnelen.

Die übersichtliche und kreativ gestaltete Speisekarte macht es uns nicht leicht, eine Wahl zu treffen. Wir entscheiden uns schließlich, à la carte, für gemischten Salat als Vorspeise und anschließend für eine geschnetzelte Rehkeule mit Spätzle. Außerdem ordern wir das dreigängige ›Überraschungsmenü‹ für 38 Euro, in dem uns vorweg ein gebeizter Lachs, asiatisch arrangiert, und im Hauptgang Zweierlei vom Kalb, geschmorte Hochrippe sowie kurzgebratenes Kalbsfilet offeriert wird. Danach gibt es noch eine üppige Dessertvariation.

Von der Größe der Portionen über die Zubereitung und kreative Anrichtung der Speisen bis hin zum herzlichen, lockeren Service um Frau Riesterer war alles gelungen. Die Küchen- und Serviceleistung stimmte in jeder Hinsicht.

Die regional betonte Weinkarte ist im Weißweinbereich durch namhafte deutsche Winzer von Rheingau und Mosel vertreten. Ergänzt werden die heimischen Tropfen mit einer Auswahl an französischen Weinen. Im Rotweinbereich werden ›die Franzosen‹ von spanischen, italienischen sowie österreichischen Weinen abgelöst. Sehr angenehm finden wir, dass auch halbe Flaschen auf der Karte zu finden sind.

Der »Zähringer Hof« hat ganztägig geöffnet und bietet demzufolge neben Mittag- und Abendessen auch Vesper, hausgemachte Kuchen und Torten an. Je nach Jahreszeit kann man die Einkehr auch auf der Terrasse oder im Garten genießen. Ein Besuch lohnt sich also zu jeder Zeit!

Zähringer Hof
79244 Münstertal, Stohren 10,
Tel: 07602-256, Fax: 07602-685,
www.zaehringerhof.de
Geöffnet: täglich 12-22 Uhr.
Mo, Di Ruhetag.

Gesamtnote:	9,2 von 10 Punkten
Küche:	10 Punkte
Service:	9 Punkte
Ambiente:	9 Punkte
Weinangebot:	9 Punkte
Preis/Leistung:	8 Punkte

Oberkirch

Restaurant Haus am Berg

Der Beginn des Renchtals mit der Stadt Oberkirch liegt einem zu Füßen und in der Ferne öffnet sich das Rheintal, wenn man auf der Terrasse des »Haus am Berg« in Oberkirch steht. Das Hotel-Restaurant liegt exponiert am Hang und bietet ein tolles Naturambiente. An warmen Sommerabenden lässt es sich sehr schön sitzen und auch gut essen. Peter Zimmermann, der den elterlichen Betrieb zusammen mit seiner Frau Edith führt, hat offensichtlich viel Spaß am Kreieren und Ausprobieren, stützt sich dabei auf badische und französische Wurzeln. Da gibt es zum Beispiel das Kalbsbriesle mit Gänselebersoße, das Renchtäler Reh mit Hagebuttensoße und Safranspätzle, das Renchtäler Rinderfilet, trocken abgehangen mit Pinot-Noir-Soße – was uns sehr gut gemundet hat – oder das Maishähnchen mit Pfifferlingen, Ziegenfrischkäse-Eis und Maisküchle. Eine Vorliebe von Peter Zimmermann sind Fisch und Meeresfrüchte in allen Variationen, dafür ist er auch bekannt. Ausgerechnet unsere Vorspeisen, lauwarme Jakobsmuscheln mit Verjus und Limettenöl mariniert und Peters Fischsuppe, kamen uns etwas unspektakulär daher, im Hauptgang mit dem Steinbutt in der Kartoffelkruste hat der Koch das aber wieder wettgemacht. Bei speziellen Menüabenden offeriert das »Haus am Berg« ein Feinschmecker-Menü in fünf Gängen, inklusive vier verschiedenen Weine für 48 Euro.

Der insgesamt gute Eindruck, der vom Essen bleibt, wird von der Inneneinrichtung deutlich getrübt. Was mit den pastellfarbenen Wänden vielleicht mediterran anmuten soll, wirkt altbacken, ebenso wie Stühle und Lampen. Und beim Besteck liegen die Zimmermanns für unseren Geschmack leider völlig daneben.

Restaurant Haus am Berg
77704 Oberkirch, Am Rebhof 5,
Tel: 07802-4701, Fax: 07802-2953,
www.haus-am-berg-oberkirch.de
Geöffnet: Mi-Mo 10-23 Uhr. Di Ruhetag.
Nov.-März 14:30-17:30 Uhr geschlossen.

Gesamtnote:	8,3 von 10 Punkten
Küche:	9 Punkte
Service:	8 Punkte
Ambiente:	6 Punkte
Weinangebot:	10 Punkte
Preis/Leistung:	8 Punkte

Die Gänge werden auf unterschiedlichem Geschirr serviert – die Jakobsmuscheln auf einem olivendekorierten Teller, den man eher beim Griechen um die Ecke erwarten würde – und als negativer Höhepunkt gibt es Glasteller, von denen man glaubte, dass es sie schon gar nicht mehr gibt, auf denen der Hauptgang serviert wird. Die Qualität der Küche und die Einrichtung befinden sich leider nicht im Einklang, die Bewertung für das Ambiente fällt deshalb auch ambivalent aus: auf der einen Seite die tolle Lage und Aussicht, auf der anderen Seite die Einrichtung. Wir entscheiden uns deshalb für die Note 6.

Nichts zu mosern gibt es an der mit mehr als 150 Flaschenweinen aus der Ortenau, vom Kaiserstuhl und aus Frankreich, Spanien, Italien und Österreich bestückten Weinkarte. Positiv fanden wir auch, dass Speise- und Getränkekarte komplett auf der Homepage zu finden sind, was so leider noch nicht bei vielen Restaurants der Fall ist. Dafür gibt es beim Service einen Extra-Punkt.

Oberried-Hofsgrund

Hotel Die Halde

Lucia und Martin Hegar haben das Vorbild für ihre Arbeit direkt vor der Haustür: die ungestüme Natur auf 1147 Metern Höhe. Ganz gleich, ob der Sturm weht oder die Sonne scheint, sie macht hier oben keine halben Sachen. Und halbe Sachen sind auch nicht die Sache der Hegars. Hier wird überall mit großem Engagement, mit Freude und Begeisterung daran gearbeitet, dass der Gast genussvolle und erholsame Stunden erleben kann.

Das Haus gehört zur Vereinigung »Der Natur auf der Spur«, ein Zusammenschluss von Schwarzwälder Köchen, die sich den hervorragenden regionalen Produkten verschrieben haben.

Und so liest sich die Speisekarte der »Halde« schon immer wie ein Spaziergang durch die Produktvielfalt der näheren Umgebung: Räuchermousse von der Schwarzwaldforelle, Rehkraftbrühe mit Steinpilzravioli, gratinierter Ziegenfrischkäse vom Ringlihof, gebratenes Seelbacher Forellenfilet mit Bärwurzsoße oder Wildschweinrücken aus heimischer Jagd mit Pfifferlingen. Dass der Freund von Meeresfischen hier oben nicht darben muss, ist selbstverständlich: Filet vom Wolfsbarsch an Kräuterkruste ist die Alternative zum heimischen Saiblingsfilet.

Ein Paradestück aus Hegars Küche ist die geschmorte Schulter vom Stohrener Milchkalb. Hier wird regionale und bodenständige Kochkunst, nämlich das langsame und Aromen bildende Schmoren, dank der hervorragenden Grundprodukte, der sauber reduzierten Soße und der tadellosen Beilagen (beste Spätzle und eine schöne Auswahl an sommerlichen Gemüsen) zu einem rundum ausgezeichneten Geschmackserlebnis. Sehr gut auch der Tafelspitz vom Weiderind: ein schönes, mürbes, aber nicht faseriges Stück Fleisch, dazu eine Meerrettichsoße, die die Schärfe der Wurzel nicht ängstlich versteckt. Auch bei den Fischgerichten war die Qualität, vor allem die Frische der Ware, über jede Kritik erhaben, die Garzeiten stimmten durchweg. Auch auf der Vesperkarte kommt nur beste Ware aus der Region zum Einsatz.

Die alte Gaststube ist ein wunderschöner Wohlfühlort mit viel dunklem Holz und dezent knarrenden Dielen, der Service agiert angenehm, und auch die Weinkarte ist sehr gut bestückt. Auch hier punkten regionale Winzer, ergänzt durch Flaschen aus dem europäischen Ausland.

Hotel Die Halde
79254 Oberried-Hofsgrund, Halde 2,
Tel: 07602-94470, Fax: 07602-944741,
www.halde.com
Geöffnet: täglich 7:30-20:30 Uhr (Küchenschluss).

Gesamtnote:	8,3 von 10 Punkten
Küche:	8 Punkte
Service:	8 Punkte
Ambiente:	10 Punkte
Weinangebot:	8 Punkte
Preis/Leistung:	8 Punkte

Oberried

Gasthaus Sternen Post

Auf den Höhen des Schauinsland liegt am Anfang des Dreisamtals in Oberried die »Sternen Post«. Ein schmuckes Gasthaus mit schöner Gartenwirtschaft. In den zwei Stuben mit Holztischen und schöner Deckenvertäfelung ausgestattet, serviert Bernd Lutz eine raffinierte feine Küche.

Auf der Speisekarte standen so viele interessante Gerichte, die uns reizten, weit mehr als wir verspeisen konnten, und so fiel die Wahl wirklich schwer. Die Gemüseproduzenten vom »Lindenbrunnenhof« und ein paar weitere Erzeuger werden hier genannt. Das Hauptaugenmerk der Küche richtet sich auf regionale Produkte mit kreativen Ausflügen in mediterrane Gefilde. Wir probierten ein gebackenes Landei mit Schinkenpolenta, und das war dann den ganzen Abend das einzige Gericht, das etwas mehr Pfiff hätte vertragen können.

Die feine Spargelsuppe mit Costini war perfekt in Konsistenz und Geschmack. Die Variation an Scampi und Pulpo, mit einer wunderbar knusprigen Panade gebacken, serviert auf Artischocken-Ratatouille-Gemüse mit feinem Sud, war von vorzüglicher Qualität und wunderbarem, fein ausbalanciertem Geschmack.

Das als Zwischengericht angebotene Spargelragout mit Ravioli und Kerbel war perfekt abgeschmeckt und portioniert. So machen die Zwischengerichte Sinn!

Der Rinderrücken vom Weiderind, der mit der Bitte um eine kleinere Portion bestellt wurde, kam, wie gewünscht rosa, mit Schupfnudeln und gebratenen Spargeln (die wir doch lieber gekocht verspeist hätten), begleitet von einer kräftigen Jus mit Pfefferkörnern und Schalotten. Auch hier hat alles gestimmt! Zum süßen Abschluss wählten wir eine Vanille-Pannacotta mit grünem Apfeleis, eine sehr gelungene Kreation.

Der freundlich zurückhaltende Service reagiert auch bei einem Sonderwunsch flink und umsichtig. Keine überflüssigen Gesten und Gänge, die beiden Damen meisterten routiniert die Situation. Die Weinkarte, bemüht, nicht nur die ausgetretenen Pfade der Spitzenerzeuger aufzulisten, ist mit vielen Geheimtipps, vom Markgräflerland, Kaiserstuhl und der Ortenau bestens bestückt. Das ungewöhnlich große Angebot an offenen Viertele, um die 20 Positionen, rundet das sehr fair kalkulierte Weinangebot ab. Erweitert wird die Weinkarte durch die Tageskarte, auf der es auch die eine oder andere interessante Weinempfehlung zu entdecken gibt.

Gasthaus Sternen Post
79254 Oberried, Hauptstr. 30,
Tel: 07661-989849, Fax: 07661-903093,
www.gasthaus-sternen-post.de
Geöffnet: Mi-Mo 12-14 Uhr/17:30-21 Uhr.
Di Ruhetag.

Gesamtnote:	8,8 von 10 Punkten
Küche:	9 Punkte
Service:	9 Punkte
Ambiente:	9 Punkte
Weinangebot:	8 Punkte
Preis/Leistung:	9 Punkte

Oberried

Zum goldenen Adler

Die umtriebigen Brüder Bernd und Axel Maier führen den alten Landgasthof, ehemals eine Poststation, an der alten Landstraße in Oberried. Im Gasthof und im Garten servieren sie, was die badische Gastlichkeit hergibt. In der renovierten Scheune gegenüber, die für alle Arten von Feierlichkeiten zur Verfügung steht, finden im Hauptraum bis zu 100 Personen Platz. Der Saal wurde liebevoll mit allerlei Schriftzügen großer Weinproduzenten aus aller Welt dekoriert. Das umfangreiche Weinangebot und die dazugehörige Karte sind sehr gut sortiert, darunter »Ägide« von Chef und Sommelier Axel Meier. Hauptaugenmerk wird auf die badischen Anbaugegenden gelegt, wobei auch Gewächse aus Europa und von Übersee zu finden sind. Besonders lobenswert ist sowohl die anständige Kalkulation als auch die große Auswahl an offenen Weinen.

Gleich auf der ersten Seite der Speisekarte wird dann folgerichtig auch ein ›Wein-Menü‹ angeboten, das jeweils den passenden Wein zu den verschiedenen Gängen empfiehlt. Beim Lesen der Speisekarte muss sich der Gast erst einmal orientieren, da es eine Vielzahl an Rubriken, Tagesgerichten, Tagesmenüs, ›Naturpark-empfehlungen‹, eine normale Speisekarte und eine Vesperkarte gibt. Das mag den einen oder anderen Gast schon etwas verwirren.

Die Küche unter der Leitung von Chef Bernd Maier wagt den Spagat zwischen typisch badischen Gerichten und ganz feinen Angeboten der gehobenen Küche in sogenannten ›Crossover‹-Gängen – eine Vermischung unterschiedlicher Kochstile. So ganz einverstanden waren wir mit der Präzision der zubereiteten Gänge nicht

Zum goldenen Adler
79254 Oberried, Hauptstr. 58,
Tel: 07661-62017, Fax: 07661-7895,
www.goldener-adler-oberried.de
Geöffnet: Mo, Di, Do 17-22 Uhr. Fr-So 11:30-14 Uhr/17:30-22 Uhr. Mi Ruhetag.

Gesamtnote:	8,3 von 10 Punkten
Küche:	8 Punkte
Service:	8 Punkte
Ambiente:	9 Punkte
Weinangebot:	9 Punkte
Preis/Leistung:	8 Punkte

immer. Beim Rucolasalat mit Rehschinken war leider der Himbeeressig zu intensiv, ebenso war das Carpaccio vom Rinderfilet zwar schön angerichtet, im Geschmack aber eher etwas fade zubereitet. Bei den Hauptgängen war das Kalbsleberle perfekt im Geschmack, mit Brägele und Salat serviert, ebenso überzeugten das Rindersteak ›Café de Paris‹ und der Hinterwälder Kalbsrücken. Beim Kalbsrücken gab es wieder einen Salat mit ›Himbeeressigattacke‹.

In der Gartenwirtschaft fielen uns ein paar Nachlässigkeiten auf, so hätte dem Boden ein Besen gut getan, Plastikbesteck könnte unserer Meinung nach durch hochwertigere Messer, Gabel und Löffel ersetzt werden. Alles in allem bleibt der Schwarzwaldgasthof »Zum goldenen Adler« eine gute Adresse, die mit Engagement und Traditionsbewusstsein von den Maier-Brüdern geführt wird.

Offenburg-Rammersweier

Gasthof Blume

Keine Frage: Die Rammersweirer »Blume«, von Christa und Alfred Krammer seit Jahren umsichtig geführt, ist einen Besuch wert. Die Speisekarte des Restaurants bietet, was man in drei Worten als gut badische Küche bezeichnet: ein saisonal wechselndes Angebot – bei unserem Besuch im Herbst natürlich Wild. Die Rehmedaillons, mit frischen Pfifferlingen und hausgemachten Spätzle serviert, waren wunderbar zart. Tadellos auch der Salat von Kalbskopf und Flusskrebsschwänzen an leichter Senfmarinade. Das zur Gänseleberterrine gereichte Gewürztraminergelee enthielt allerdings nur Spurenelemente der versprochenen Bukettweinsorte. Dafür entschädigte die dazu empfohlene Gewürztraminer-Auslese der Durchbacher Winzergenossenschaft. Nach wie vor empfehlenswert: Krammers Bouillabaisse mit Edelfischen, auch wenn dieses Mal bei der Rouille sehr sparsam mit Knoblauch umgegangen wurde. Vergnügen bereiteten die Steinpilzravioli, die mit einer Kräutersoße gereicht wurden.

Neben zwei dreigängigen Menüs, die mit rund 30 Euro sehr gastfreundlich kalkuliert sind, gibt es in der »Blume« ein monatlich wechselndes Menü – im Oktober hausgemachte Gänsestopfleberterrine mit Apfelspalten und Feigenconfit, Krammers Fischsuppe, dann ein Rehrückenfilet mit Pfifferlingen, Wirsinggemüse und Spätzle, zum Abschluss Ortenauer Feigen in Portwein glasiert mit Nougatparfait. Kein Wunder, dass die »Blume« im Michelin mit einem ›Bib-Gourmand‹ für hervorragendes Preis-Leistungs-Verhältnis ausgezeichnet wird.

Die Weinkarte ist schwerpunktmäßig mit Offenburger und Durbacher Gewächsen gut bestückt, wer unbedingt in die Ferne schweifen möchte, findet auch einige französische und italienische Weine aus den bekannten Anbaugebieten. Offen gereicht werden leider nur drei Weine: je einer weiß, rosé und rot. Große Freude bereitet das umfangreiche Digestifangebot. Auch hier dominieren Erzeuger aus der Ortenau.

Der Service ist aufmerksam, ohne aufdringlich zu sein. Wenn man denn mäkeln wollte: Dass man im zentralen, rustikal eingerichteten Gastraum etwas beengt aufeinanderhockt, macht sich insbesondere dann störend bemerkbar, wenn am Nebentisch etwas lebhafter gesprochen wird. Und die als Wassergläser gedachten kleinen dickwandigen ›Römer‹ haben in einem Restaurant wie der »Blume« eigentlich nichts zu suchen.

Gasthof Blume
77654 Offenburg-Rammersweier,
Weinstr. 160, Tel: 0781-33666,
Fax: 0781-440603, www.gasthof-blume.de
Geöffnet: Di-Sa 11:30-21:30 Uhr
(Küchenschluss). So 11:30-14 Uhr.
Mo Ruhetag.

Gesamtnote:	8,7 von 10 Punkten
Küche:	9 Punkte
Service:	9 Punkte
Ambiente:	7 Punkte
Weinangebot:	9 Punkte
Preis/Leistung:	9 Punkte

Offenburg-
Zell-Weierbach

Donna Selvatica

Donna Selvatica
77654 Offenburg-Zell-Weierbach, Talweg 4,
Tel: 0781-9190999, Fax: 0781-9190999,
www.donna-selvatica.de
Geöffnet: täglich 11:30-14:30 Uhr/
17:30-24 Uhr.

Gesamtnote:	8,2 von 10 Punkten
Küche:	8 Punkte
Service:	9 Punkte
Ambiente:	10 Punkte
Weinangebot:	6 Punkte
Preis/Leistung:	8 Punkte

Pasquale Viglioglia hat mit seinem Lokal »Donna Selvatica« in der Ortsmitte von Zell-Weierbach sein Glück gefunden. Nachdem er mehrere Jahre parallel die Lahrer »Piccola Cantina« und das Restaurant in der Offenburger Reblandgemeinde geführt hatte, zog er im Herbst 2011 die Konsequenz – und konzentriert sich seitdem auf den Betrieb im denkmalgeschützten Fachwerkhaus, der früheren »Laube«. Vorausgegangenen war der Ausbau des Kellergewölbes zu einer Vinothek, in der er jetzt Weinverkostungen anbietet. Vom Ambiente her eignet sie sich auch für kleinere Familien- oder Betriebsfeiern. Im Sommer wurde noch die idyllische, über dem Talbach gelegene Freiterrasse erweitert. Damit hat Viglioglia die Voraussetzungen geschaffen, um den stetig gewachsenen Zuspruch auch bedienen zu können. Der Innenraum wurde behaglich restauriert und strahlt mit seiner niedrigen Decke und den historischen Stützbalken gediegene Gemütlichkeit aus. Pasquale kam 1980 aus Süditalien nach Deutschland. Aus Bella, seiner Heimatgemeinde, stammen Olivenöl und Tomatensaft, die im elterlichen Bauernhof hergestellt werden. Die Pasta ist hausgemacht. Die Speisekarte wechselt saisonal. Klassiker sind die Ligurische Fischsuppe, Tagliolini mit Trüffeln, Spaghetti vongole und Wildschweinragout. Fisch gibt es vom Grill. Überzeugt hat uns das Carpaccio vom Schwertfisch (und vom Octopus) mit rotem Pfeffer. Keine Frage, dass es obendrein ein ausreichendes Angebot an Pizzen gibt. Der Service ist freundlich. Sind alle Plätze besetzt, kann es mitunter vorkommen, dass die Küchenmannschaft an ihre Grenzen stößt, was zu verlängerten Wartezeiten führt.

Die Weinkarte wird bestimmt von italienischen Gewächsen. Die wenigen Offenweine sind qualitativ bescheiden, überzeugen konnte der Primitivo aus Sizilien. Grappas verschiedener Rebsorten können das Mahl abrunden.

Die Auswahl an Grappas, die Viglioglia bei seinem Idol Romano Levi erstanden hat und die jetzt zum Teil in einer Glasvitrine im Gastraum ausgestellt werden, sind leider nur zum Anschauen gedacht. Der legendäre Grappa-Brenner hatte mit seinen handgemalten Etiketten jede Flasche zu einem Unikat gemacht. Fotos von Romano Levi, die ihn bei der Arbeit zeigen, vor allem aber Zeichnungen von ihm schmücken die Wände. Levi steht als Namensgeber übrigens auch für das Restaurant Pate. »Donna Selvatica« (übersetzt: ›wilde Frau‹) geht auf einen Traum des Brenners zurück: Im jugendlichen Alter hatte er davon geträumt, dass ihn eine ›Donna Selvatica‹ bei seiner Arbeit im Weinberg beobachtet.

Offenburg-Elgersweier

Restaurant Helmer

Was Daniela und Joachim Braun im Offenburger Ortsteil Elgersweier auf die Beine gestellt haben, ist immer einen Besuch wert. Aus der ehemaligen Gaststätte der schon in den 60er Jahren geschlossenen Brauerei »Helmer« haben sie ein Speiselokal gemacht, das mit exzellenter Küche weit über Offenburg hinaus Freunde und Liebhaber gefunden hat. Erst beim vierten Versuch gelang es uns, einen Tisch für den Abend zu reservieren. Beide haben ihr Handwerk von der Pike auf gelernt und waren nach Lehr- und Wanderjahren im Badischen zuletzt als Küchenchef und Restaurantleiterin in der Offenburger »Sonne« angestellt. Dass Daniela und Joachim Braun der Versuchung widerstanden haben, den Charme der Gaststube modern aufzuhübschen, hebt das »Helmer« gegenüber vergleichbaren Restaurants angenehm hervor: Es hat Atmosphäre.

Auf der Speisekarte dominieren Spezialitäten aus der badischen und französischen Küche. Schön auch, dass auf der Speisekarte die Herkunft der verwendeten Produkte benannt wird – die Erzeuger kommen allesamt aus der Region. Dazu passt, dass Braun in der Küche auf Geschmacksverstärker und chemische Zusätze verzichtet.

Das Filet von Lachs und Wolfsbarsch auf Limonensoße war delikat abgeschmeckt. Das galt auch für die lauwarme Fischterrine, die mit Feldsalat gereicht wurde. Tadellos die Perlhuhnbrust auf Sahnewirsing mit La-Ratte-Kartoffeln. Keine Wünsche offen ließen die mit Bergkäse und rohem Schinken gefüllten, zart gegarten Kalbsröllchen mit Spätzle. Die Portionen waren so reichlich, dass wir uns den Wunsch auf eine der vielversprechenden Nachspeisen versagen mussten. Auf der Weinkarte dominieren Erzeuger aus der Ortenau. Erfreulich ist die mit elf Posten doch große Anzahl von offen ausgeschenkten Weinen. Wenn man denn mäkeln wollte: Bei unserem Besuch waren internationale Weine mit zwei Südtirolern und zwei Spaniern rar gesät. Bei einer Küche dieser Qualität ist das ausbaufähig.

Der Service war aufmerksam – und schlagfertig. Im Sommer wird auch im Außenbereich bewirtet. Bemerkenswert ist das Preis-Leistungs-Verhältnis. Das dreigängige Menü wird ab 32 Euro angeboten.

Restaurant Helmer
77656 Offenburg-Elgersweier, Kinzigtalstr. 1,
Tel: 0781-9489589, Fax: 0781-9664226,
www.gasthaus-helmer.de
Geöffnet: Mo, Mi-Fr, So, Feiertag
11:30-14 Uhr/17:30-24 Uhr.
Sa 17:30-24 Uhr. Di Ruhetag.

Gesamtnote:	9,2 von 10 Punkten
Küche:	10 Punkte
Service:	9 Punkte
Ambiente:	10 Punkte
Weinangebot:	7 Punkte
Preis/Leistung:	9 Punkte

Offenburg-Zell-Weierbach

Gasthaus Sonne

Joachim Busam ist zurück. Nach einer kurzen (familienbedingten) Auszeit hat der Küchenchef wieder das Ruder in der Zell-Weierbacher »Sonne« übernommen. Seit vier Generationen schon ist das schöne, mit reichlich Grün bewachsene Fachwerkhaus direkt an der Badischen Weinstraße in Familienbesitz. Die blumengeschmückten Sprossenfenster machen das über 200 Jahre alte Gebäude zu einem Schmuckstück im Herzen der Reblandgemeinde. Im Inneren ist das Haus behutsam modernisiert. Die Gaststube strahlt Gemütlichkeit aus. Kleinere Skulpturen und die Speisekarte zeigen, dass Busam eine Schwäche für den Künstler Otmar Alt hat.

Busam setzt in seiner Küche auf Bewährtes. Bodenständigkeit ist seine Devise: Schweinelendchen, Kutteln, Saure Leberle, Hirschgulasch, Kaninchen in Burgunder oder Rindfleisch mit Meerrettich stehen auf der Karte. Die Portionen sind reichlich. Aber auch – leider andernorts hierzulande inzwischen seltener geworden – Kalbskopf oder Rinderzunge. Der Kalbskopf wird in einer währschaften Portion mit einer delikaten Rotweinsoße und Brägele gereicht, die Rinderzunge klassisch mit Madeirasoße. Beide Gerichte überzeugen, weil sie ohne Schnickschnack ehrlich daherkommen. Je nach Jahreszeit bereichert Busam seine Karte mit regionalen Produkten: Spargel, Erdbeeren, Pfifferlinge und Wild kommen zu ihrem Recht. Kein Wunder, dass das Restaurant auf einheimische Stammgäste zählen kann. Dazu kommen die Touristen, die im Hotel Station machen, um von Zell-Weierbach aus die Weinbauregion Ortenau zu erkunden. Besonders erfreulich: Inzwischen gibt es eine große Auswahl an offen ausgeschenkten Weinen quer durch den Sortenspiegel der Winzergenossenschaft »Zeller Abstberg«. Hinzu kommen Weine renommierter Güter aus Offenburg und Durbach und – für ein auf Bodenständigkeit setzendes badisches Restaurant nicht selbstverständlich – vier Italiener.

Für einen zusätzlichen Akzent sorgt der 50-Jährige mit mehrgängigen Krimidiners, die in der Winzergenossenschaft angeboten werden. Für laue Sommerabende steht eine kleine Gartenterrasse zur Verfügung.

Gasthaus Sonne
77704 Offenburg-Zell-Weierbach,
Obertal 1, Tel: 0781-93880,
Fax: 0781-938899,
www.gasthaus-zur-sonne.de
Geöffnet: Do-Di 6-23 Uhr. Mi Ruhetag.

Gesamtnote:	9,8 von 10 Punkten
Küche:	10 Punkte
Service:	9 Punkte
Ambiente:	10 Punkte
Weinangebot:	10 Punkte
Preis/Leistung:	10 Punkte

Ortenberg

Edy's Restaurant-Hotel im Glattfelder

Unscheinbar liegt Edy Ledig's »Glattfelder« am Ortsausgang Richtung Gengenbach. Dass das Restaurant von Feinschmeckern übersehen wird, ist eher unwahrscheinlich. Ledig, der sich einst im Offenburger »Canard« einen ›Stern‹ erkocht hatte und 1995 auf die Auszeichnung bewusst verzichtete, hat längst ein treues Stammpublikum. Die Gäste schätzen seine bodenständige Küche – wobei bodenständig bei ihm jede Menge Raffinesse (und mitunter auch einen Hauch Exotik) beinhaltet. Dies umso mehr, als Ledig seit kurzem zusätzlich einer neuen Leidenschaft verfallen ist: der Herstellung eigener Gewürzmischungen. Bei einem Frankreichbesuch lernte er in Cancale Olivier Roellinger, einen früheren ›Drei-Sterne‹-Koch, kennen. Dessen Gewürzmanufaktur begeisterte ihn dermaßen, dass er sich zu Hause umgehend ans Werk machte. Frucht dieser Bemühungen ist etwa die mit Baharat gebratene Lammhüfte mit Couscous und orientalischem Ratatouille. Das Lamm war zart und bekam durch die orientalische Gewürzmischung eine pikant-aromatische Nuance. Auf den Punkt gebraten der Rücken vom Simmentaler Rind, der mit einem reduzierten Ochsenschwanzragout und Kartoffelgratin gereicht wurde. Die Marseiller Fischsuppe war dezent genug, um den Edelfischen ihr Aroma zu belassen. Das Kalbsbries im Kartoffelmantel zerging auf der Zunge. Das dreigängige Menü ist mit 37 Euro sehr gastfreundlich berechnet. Bei den Vorspeisen etwa kann man zwischen hausgebeiztem schottischem Gewürzlachs und Salatbouquet oder Thaicurryschaumsuppe mit gebratener Jakobsmuschel oder Carpaccio vom Rinderfilet mit sizilianischem Olivenöl wählen. Die Weinkarte ist gut bestückt mit badischen Weinen – Schwerpunkt Ortenau. Offen gereicht wird eine breite Palette an Weinen vom benachbarten Weingut »Schloss Ortenberg«. Komplettiert wird die Karte von internationalen Gewächsen. Klar dominieren hier Weine aus Burgund und Bordeaux.

Der Service ist umsichtig. Das Lokal von ausgesuchtem Geschmack. Übrigens: Liebhaber des längst international renommierten Künstlers Jan Peter Tripp kommen im »Glattfelder« auch auf ihre Kosten: Unübersehbar ist die Freundschaft, die Tripp mit dem Kochkünstler Edy Ledig verbindet. Im Sommer wird auch auf der Terrasse bewirtet. Ledigs Gewürzmischungen können direkt bei ihm erworben werden. Nebenbei: Seit kurzem lockt er mit seiner Leidenschaft für neue – und mitunter fremde – Aromen auch das jüngere Klientel. »L'atelier des epices« nennt er sein wöchentlich wechselndes Menü zu zwei oder drei Gängen, das mit 20 bzw. 25 Euro sehr gastfreundlich kalkuliert ist.

Edy's Restaurant-Hotel im Glattfelder
77799 Ortenberg, Kinzigtalstr. 20,
Tel: 0781-93490, Fax: 0781-934929,
www.edys-restaurant-hotel.de
Geöffnet: Di-Sa 12-15 Uhr/ab 18 Uhr.
So 12-15 Uhr. Mo Ruhetag.

Gesamtnote:	9,0 von 10 Punkten
Küche:	9 Punkte
Service:	8 Punkte
Ambiente:	10 Punkte
Weinangebot:	9 Punkte
Preis/Leistung:	9 Punkte

Ortenberg

Landgasthaus Krone

Landgasthaus Krone
77799 Ortenberg, Hauptstr. 28,
Tel: 0781-36711, Fax: 0781-43949,
www.krone-ortenberg.de
Geöffnet: täglich 11:30-22:30 Uhr.
Di-Sa 17-22:30 Uhr.

Gesamtnote:	9,3 von 10 Punkten
Küche:	9 Punkte
Service:	10 Punkte
Ambiente:	10 Punkte
Weinangebot:	8 Punkte
Preis/Leistung:	10 Punkte

Wer Lust auf bodenständige badische Hausmannskost hat, der ist in der Ortenberger »Krone« genau richtig. Hier kommen die Speisen noch ohne Schnickschnack auf den Teller. Broccoliröschen als Deko und einsames Marktgemüse ›an einem Dialog von irgendetwas‹ sucht man vergeblich. Auf den Bierdeckeln wirbt der Inhaber mit der zentralen Lage am ›Kronenkreisel‹. Die »Krone« kann man in der Tat nicht verfehlen: Direkt vor der Tür des Landgasthofs kreuzen sich die Dorfstraßen.

Die Metzgereiwirtschaft, erstmals erwähnt im Jahr 1757, besteht aus zwei urgemütlichen Gaststuben und einer Gartenwirtschaft. Im Sommer wird auch draußen bewirtet. Glücklicherweise hat man nicht der landesüblichen Unsitte gefrönt und das Mobiliar auf modernen Landhausstil aufgebrezelt. Die Gäste danken so viel Traditionsbewusstsein mit jeder Menge Stammkundschaft. Der Laden brummt. Weswegen man gut beraten ist, auch wochentags seinen Tisch zu reservieren. Das liegt aber auch an der Speisekarte, die mit badischen Klassikern aufwartet. Frische Grundprodukte sind garantiert, denn gleich nebenan liegt die Metzgerei »Stigler«.

Auf der Speisekarte stehen eingemachtes Kalbfleisch, Ochsenbrust mit Meerrettich, zur Vorweihnachtszeit Enten und Gänse. Dazu Gerichte, die der Schlachtplan des Metzgers diktiert: montags Leberle und Nierle, dienstags Kutteln, donnerstags Kalbskopf – und natürlich gibt es Schlachtplatte. Nur der Kabeljau am Freitag macht die Ausnahme.

Das geschnetzelte ›saure Leberle‹ war zart und hatte mit einer reduzierten Rotweinsoße den richtigen Pfiff. Den Glaubenskrieg, wie richtige Brägele hergestellt werden, hat der Koch für uns überzeugend beendet. Die hauchdünn gehobelten Kartoffeln kamen kross angebraten aus der Küche. Das mit Knoblauch gut versorgte Lammhäxle war butterweich. Hätte es noch ein wenig Soße dazu gegeben, das Glück wäre perfekt gewesen. Dazu gab es gedünstete Tomaten (die noch ein wenig Zucker vertragen hätten) und grüne Bohnen. Die Weine in der Krone kommen alle aus der Region und werden offen ausgeschenkt. Vertreten sind unter anderem die Weingüter »Schloss Ortenberg«, »Sieferle« und »Franckenstein« sowie die Gengenbacher Winzergenossenschaft. Die Preise sind extrem gastfreundlich kalkuliert: das Viertel zwischen 2,80 und 3,90 Euro. Darüber hinaus ist der Service freundlich und aufmerksam.

Pfaffenweiler

Zehner's Stube

Zehner's Stube
79292 Pfaffenweiler, Weinstr. 39,
Tel: 07664-6225, Fax: 07664-61624,
www.zehnersstube.de
Geöffnet: täglich 12-14 Uhr/18-23 Uhr.
Mo Ruhetag.

Gesamtnote:	8,8 von 10 Punkten
Küche:	9 Punkte
Service:	9 Punkte
Ambiente:	8 Punkte
Weinangebot:	9 Punkte
Preis/Leistung:	9 Punkte

»So wie gewachsen auf den Tisch« oder »Man nehme, was man hat« sind typische Einzeiler des wortgewaltigen Markgräfler Urgesteins Fritz Zehner, dem man getrost den Kochlegendenstatus schon heute zusprechen könnte. Der Verlust des ›Michelin-Sterns‹ hat ihn schwer getroffen und seither, so meinen viele, sei der ›Geschmackspurist‹ mit neuem Elan in Küche und Restaurant unterwegs. Endlich hat der Patron den Gastraum behutsam renovieren lassen und die vormals eher kühlen Lichtverhältnisse geändert.
Zehner mag keine übertriebene Aromenvielfalt. Sein Anspruch ist, den Geschmack bester Grundprodukte zu verstärken. Seine grandiosen, zurecht berühmten und gehaltvollen Soßen dienen als Rahmen für die Speisen, übertünchen nicht die feinen Aromen, sondern bringen sie deutlicher in Erscheinung. Mit dieser Einstellung kocht er unbeirrt seinen ›Hochküchenstiefel‹ und beglückt so seine zahlreichen Stammgäste. Die freuen sich auf seine Gänseleberterrine mit Quittengelee oder auf das amerikanische Filet auf Rotweinjus und Gemüsepotpourrie. Zehner liebt Fisch und seine behutsame Zubereitung intensiviert das Geschmackserlebnis der Wildfänge, Krustentiere und insbesondere der Hummer. Hier findet man wahrscheinlich das beste Hummersüpple ›du Chef‹ der ganzen Region. Längst zu den Klassikern gehören die Tempura von wilden Gambas auf Safransoße, die Jakobsmuscheln mit Selleriepüree und Thaicurrysoße als auch das perfekt abgestimmte Gratin vom bretonischen Hummer. An dem Atlantiksteinbutt auf Hummersoße kommt man genauso wenig vorbei wie am Loup de Mer auf ligurische Art. Ist die Trüffelsaison eröffnet, serviert Zehner ein herrlich klassisches Trüffelmenü, gleiches gilt für seinen Umgang mit frischen Morcheln, so ist der auf der Zunge zergehende Maibockrücken mit frischen Morcheln immer einen Besuch wert. Man lässt sich am besten auf eine Anrufliste setzen, um die saisonalen Spezialitäten des Meisters auch immer mitzubekommen.
Seine selbst gerührten Sorbets, seine fabelhaften Schokoladensoufflets, die klassische Crêpe Suzette oder die gestrudelten Himbeeren müssen unbedingt erwähnt werden, ebenso der ausgezeichnete Service um Beatrix Grau.
Die Weinkarte enthält neben badischen und deutschen Erzeugern auch bestens kalkulierte Spitzenweine aus Frankreich oder Italien.
Möge uns der Zehner Fritz noch lange erhalten bleiben!

Renchen-Ulm

Bauhöfer's Braustüb'l

Wenn man in »Bauhöfer's Braustüb'l« einkehrt, sollte man zunächst Bargeld dabei haben – Karten werden hier nicht akzeptiert. Einerseits mag das altmodisch erscheinen, andererseits erweckt die Abkehr von der ›Digitalisierung‹ eine gewisse Sympathie (unter den Gesichtspunkten der Dienstleistung ziehen wir aber einen Punkt beim ansonsten sehr guten Service ab). Das »Braustüb'l« liegt direkt neben der Ulmer Brauerei, der Geruch des Bieres hängt über dem kleinen Ortsteil von Renchen. Die Brauerei ist zwar klein, das Verbreitungsgebiet weitgehend auf die Ortenau beschränkt, dennoch genießen die Biere aus Ulm – zu Recht – einen sehr guten Ruf. Das gilt auch für das »Braustüb'l«, das deshalb schon längst den Status eines Geheimtipps verloren hat. Im Sommer lockt der wunderschöne Biergarten mit seinen schattenspendenden Platanen viele Gäste und Touristen an.

Wenn es draußen kälter wird, bietet aber auch der Schankraum eine betriebsame und dennoch wohlige Brauereigaststättenatmosphäre mit einem herzlichen Service im Dirndl. Im Inneren dominiert die Theke die große holzgetäfelte Wirtschaft mit den typischen schweren Tischen. Zum Wohlfühlen! Gleich neben dem Eingang hängt der mächtige, ausgestopfte Kopf eines Keilers, ebenso wie die vielen anderen Jagdtrophäen, die ringsherum von den Wänden starren, zeugt er von der Leidenschaft des Wirtes. Diese spiegelt sich natürlich auch auf der Speisekarte mit einem breiten Wildangebot wider, zum Beispiel Rehschnitzel oder die Sülze vom Wildschweinkopf.

Daneben gibt es die klassischen Gerichte, wie man sie in einer badischen Brauereiwirtschaft erwarten darf: Schweinshaxe, Steak, Kutteln oder Kalbskopf in Vinaigrette, in unserem Fall eine Lammhaxe, die sehr zart auf den Tisch kommt. Dazu gibt es ein leckeres sahniges Kartoffelgratin und knackige Bohnen. Alles gut gemacht. Dazu trinkt man natürlich ein leckeres Ulmer Bier, neben den Standardsorten gibt es (teilweise nur in der jeweiligen Saison) Besonderheiten, wie Mai-, Oktober- und Winterbock oder auch Vollmondbier. Weil das »Braustüb'l« eine Brauereiwirtschaft ist, gleichzeitig die Ortenau auch als Weingegend einen Namen hat, gibt es nur eine beschränkte, aber ausreichende Auswahl an Weinen.

Bauhöfer's Braustüb'l
77871 Renchen-Ulm, Ullenburgstr. 16,
Tel: 07843-695, Fax: 07843-97017,
www.braustuebl.de
Geöffnet: täglich 10-23 Uhr.

Gesamtnote:	9,5 von 10 Punkten
Küche:	9 Punkte
Service:	9 Punkte
Ambiente:	10 Punkte
Weinangebot:	10 Punkte
Preis/Leistung:	10 Punkte

Rheinfelden

Ristorante I Fratelli

Das »I Fratelli« ist wunderschön am Rhein, an einer alten Steinbrücke gelegen, die einen auf direktem Weg in die Schweiz führt. Enrico und Bruno Lamano haben sich im Hause »Salmegg« einen Traum verwirklicht und betreiben hier ein Restaurant mit italienischen Wurzeln der gehobenen Klasse. Keine Spur von überflüssigem (italienischem) Kitsch, sondern eine gradlinige, komfortable Einrichtung im Stil des alten Gemäuers, aber mit erstklassigem Interieur und geschmackvollem Ambiente. Einzig vor dem Ausgang verkünden Zeitungsausschnitte und Auszeichnungen verschiedenster Art von errungener Aufmerksamkeit.

Der Patron empfängt die (Stamm-)Gäste mit seiner äußerst liebenswürdigen Art und gibt auf diese Weise jedem Gast das Gefühl, hier hochwillkommen zu sein und bestens bedient zu werden.

Erwartet man Pizza und Pasta, wird man enttäuscht, hier wird die italienische Küche in Vollendung zelebriert: wenn Pasta, dann auf exklusive Art, wie Pasta Bonbons mit Kaninchenfarce gefüllt, hausgemachte Tortellinis mit Steinpilzmus, oder Trilogie von der Wachtelbrust mit Gänsestopfleber und glasierten Apfelspalten, ebenso wie Hirschrückenfilet überbacken mit Polenta und Gemüse, im Fischbereich wird Steinbuttfilet oder Seezunge mit Risotto Venere gereicht.

Als Dessert gibt es Köstlichkeiten, wie Mandarinen-Tobleroneparfait auf Orangenspalten und ähnliche Leckereien.

Die Weinauswahl orientiert sich an prominenten italienischen Gewächsen, aber eine kluge Auswahl an offenen, regionalen und preiswerten Weinen ist auf der Karte ebenfalls vertreten.

In der warmen Jahreszeit genießt man italienische Gastfreundschaft und Küche auf der ausladenden, über dem Rhein gelegenen Terrasse, wenn es kälter wird, findet man in einem der verschiedenen Gewölben des »I Fratelli« Platz.

Zur Mittagszeit werden zwei außergewöhnlich günstige Menüs angeboten – für etwa 15 Euro bekommt man ein dreigängiges Menü. Auch hier freut man sich jedes Mal über den perfekten Service, die außergewöhnliche Freundlichkeit, die ausgezeichnete Küche und den lauschigen Platz am Südende Badens und der Republik. Viele Schweizer Gäste finden schon lange den kurzen Weg über die Grenze in diesen ›Hort der Gastlichkeit‹

Ristorante I Fratelli
79618 Rheinfelden, Rheinbrückstr. 8,
Tel: 07623-30254, Fax: 07623-719523,
www.ristorante-i-fratelli.de
Geöffnet: täglich 11:30-14:30 Uhr/18-23:30 Uhr. Mo Ruhetag.

Gesamtnote:	9,0 von 10 Punkten
Küche:	9 Punkte
Service:	9 Punkte
Ambiente:	10 Punkte
Weinangebot:	8 Punkte
Preis/Leistung:	9 Punkte

Rheinhausen-Oberhausen

s'Dirlis Fischerstube

»s'Dirlis Fischerstube« in Oberhausen ist schon längst kein gastronomischer Geheimtipp mehr. Deshalb empfiehlt es sich auch immer, vorab Plätze zu reservieren. Die Geschichte der »Fischerstube« ist mittlerweile allseits bekannt: Vor 13 Jahren haben Priska und Claudia Maurer, Ehefrauen der Maurer-Brüder Theo und Reinhard, das Lokal im leerstehenden Elternhaus eröffnet. Die beiden Frauen sind noch heute die Chefinnen, mittlerweile arbeiten auch die Kinder in Küche und Service mit. Die beiden Ehemänner sorgen derweil für den Nachschub aus dem nahe gelegenen Rhein. Sie entstammen einer alten Fischerfamilie, der Name »s'Dirlis« geht auf ihre Vorfahren zurück und bedeutet die ›drei dürren, ledigen Fischerbrüder‹. Der Beruf des Fischers wird aber nur noch als Nebenerwerb ausgeübt, und weil nicht genügend Fisch gefangen wird, müssen die Maurers zukaufen, um die hungrigen Gäste zu befriedigen. Zum eigenen Fang wird vor allem Fisch vom Bodensee bezogen.

Je nach Saison gibt es Aale, Backfische (Rotaugen), Weißfisch, Hecht, Zander, Karpfen oder Felchen.

Der Wels und die Flusskrebse, die an diesem Sonntag im voll besetzten Hinterhof-Lokal – es müssen Wartezeiten einkalkuliert werden – auf der Karte stehen, stammen aus dem Rhein. Die Karte ist nicht allzu groß und orientiert sich daran, was gerade aus dem Wasser gezogen wurde. Die Flusskrebse in Pesto als Vorspeise schmecken vorzüglich, wohingegen die Scampi ein wenig gummiartig daherkommen. Ganz nebenbei bemerkt: Warum müssen eigentlich immer und überall Scampi auf der Speisekarte stehen? – Das »s'Dirlis« könnte gut darauf verzichten.

s'Dirlis Fischerstube
79365 Rheinhausen-Oberhausen,
Hauptstr. 124a,
Tel: 07643-930708, Fax: 07643-934212,
www.fischerstube.de
Geöffnet: täglich 17-23 Uhr.
So 11:30-15 Uhr. Mo, Di, Mi Ruhetag.

Gesamtnote:	9,2 von 10 Punkten
Küche:	9 Punkte
Service:	9 Punkte
Ambiente:	10 Punkte
Weinangebot:	8 Punkte
Preis/Leistung:	10 Punkte

Der kräftige Wels verträgt sich gut mit den Knoblauch-Spaghetti, der gedünstete Zander ist zart und die Portionen üppig. Die kleine Speisekarte bietet außerdem Weißfisch, frittierten Fisch, leckere Salate oder hausgemachtes Brot mit Kräuterquark und eine kleine Dessertauswahl. Die Portionen sind ordentlich, so dass niemand hungrig die »Fischerstube« verlassen muss. Für denjenigen, der gar nichts mit Fisch anfangen kann, gibt es Schweineschnitzel, Spaghetti oder auch vegetarische Gerichte. Die Weinkarte ist klein, aber fein, ein passender und guter Tropfen zum Fisch ist allemal dabei.

Ringsheim

Hotel-Restaurant Heckenrose

Die »Heckenrose« war über Jahre hinweg ein normales Dorfrestaurant mit Hotel, das – nach Insolvenz, Schließung und Versteigerung – aus dem Dornröschenschlaf geküsst wurde. Die Prinzen waren in diesem Fall Mathias Ruder und Mike Germershausen, die Restaurant und Hotel übernommen und nach eigenen Angaben eine siebenstellige Summe investiert haben, damit die zuvor welk gewordene »Heckenrose« wieder in den schönsten Farben blühen konnte. Das Interieur ist – anders als vielleicht der Name suggeriert – eher nüchtern gehalten mit cremefarbenen und dunklen Holztönen, aber dennoch sehr geschmackvoll. Insbesondere erblühte die Küche der »Heckenrose« und dafür steht allein schon der Name Mike Germershausen.

Der 35-jährige, gebürtige Hannoveraner, dessen Partnerin Claire Meyer zur Capellen den Service führt, hat unter anderem bei André Jaeger von der »Fischerzunft« in Schaffhausen gearbeitet, der ihn, nach eigenen Worten, maßgeblich beeinflusst hat. Anschließend war er bei Paul und Marc Häberlin in der »Auberge de l'Ill« beschäftigt, wo er die ›Haute Cuisine Française‹ »entdeckt, verinnerlicht und schätzen gelernt« hat. Ab 2004 war er als Küchenchef in der »Auberge Blanche Neige« tätig, 2007 erhielt er den ›Jeune Talent Alsace‹ des »Gault Millau« und machte sich 2009 mit der »Auberge de la Ferme Hueb« selbstständig und wurde 2011 erneut ausgezeichnet – vom »Guide Pudlowski France« als ›Révélation de l'année 2011‹, ›Offenbarung des Jahres‹. Da wundert es nicht, dass die kleine Speisekarte französisch geprägt ist, gleichzeitig aber auch badische und andere überraschend spannende kulinarische Akzente setzt.

Hotel-Restaurant Heckenrose
77975 Ringsheim, Bundesstr. 22,
Tel: 07822-789980, Fax: 07822-7899899,
www.hotel-heckenrose.de
Geöffnet: Mo-Sa 18-21:30 Uhr (Küchenschluss). So 12-21:30 Uhr (Küchenschluss). Di Ruhetag.

Gesamtnote:	8,8 von 10 Punkten
Küche:	9 Punkte
Service:	9 Punkte
Ambiente:	8 Punkte
Weinangebot:	8 Punkte
Preis/Leistung:	10 Punkte

An Hauptgängen wird zum Beispiel Tandoori-Petersfisch an Kefir-Zitronen-Risotto serviert, ein Kalbsrücken mit gebratenem Fenchel und Vollkornblinis oder ein Spanferkel mit Zuckerschoten, flüssiger Polenta und Xocopili Jus. Und das alles zu einem Preis, der dieses Essen mehr als wert ist. Ein dreigängiges Menü gibt es bereits für 25 Euro, das fünfgängige Überraschungsmenü für 44 Euro (mit Weinbegleitung 59 Euro). Dieses Preis-Leitungs-Verhältnis, gepaart mit der hohen Qualität der Küche, hat Mike Germershausen bereits die nächste Auszeichnung eingebracht. Vom »Guide Michelin« erhielt er schon nach kurzer Zeit einen ›Bib Gourmand‹. Mike Germershausen und die »Heckenrose« sollte man im Auge behalten.

Rust

Ammolite – The Lighthouse Restaurant

Der »Europa-Park« in Rust ist einer der schönsten Freizeitparks weltweit. Was die Familie Mack hier aufgebaut hat, verdient höchsten Respekt. Doch auch bei dem erfolgreichsten Betrieb gibt es Verbesserungsmöglichkeiten. Beim »Europa-Park« gehört das gepflegte Essen sicherlich dazu. Deshalb ist es erfreulich, dass die Macks im Leuchtturm des neuen ›Vier-Sterne‹-Superior-Hotels »Bell Rock« das Gourmetrestaurant »Ammolite« eröffnet und mit Peter Hagen einen ambitionierten Küchenchef eingestellt haben. Auch wenn es nicht offensiv nach außen propagiert wird, ist das Ziel doch klar: Es soll so schnell wie möglich ein ›Michelin-Stern‹ über dem Restaurant leuchten. Peter Hagen bringt 15 Jahre Erfahrung mit nach Rust. Er hat bereits in bekannten Häusern wie Deurings »Schlößle«, den »Schwarzwaldstuben« der »Traube Tonbach«, der »Villa Joja«, dem einzigen ›Zwei-Sterne‹-Haus Portugals, und im »Cheval Blanc« des Hotels »Les Trois Rois« in Basel gekocht. Für ihn stehen höchste Qualität, Frische, Leichtigkeit, Finesse und der Geschmack des Grundprodukts im Mittelpunkt. Was wir auf den Teller bekamen, konnte sich wirklich sehen lassen. Die Häppchen von der japanischen Gelbflossenmakrele mundeten ebenso gut wie das Zweierlei von der Roten Beete und das luftgetrocknete Baguette mit Serrano-Schinken. Die Entenleber, die mit Variationen von der Herzkirsche und Brioche gereicht wurde, hätte einen Tick intensiver sein können, dafür war der bretonische Steinbutt mit Erbsen und Artischockensud ein Gedicht. Auch das Zweierlei vom Kalb mit Kartoffel-Selleriepüree und Tomatenvinaigrette war raffiniert zubereitet, leider allerdings schon etwas kalt, als es am Tisch ankam. Höchst einfallsreich und geschmacklich nicht zu übertreffen war das Dessert: Süppchen und Mousse von der weißen Schokolade, dazu Sorbet vom weißen Pfirsich und Matcha-Tee. Als Gruß aus der Küche gab es abschließend noch ein herrlich erfrischendes Sauerampfersorbet mit Joghurtmousse, ein exotisches Früchteragout mit Kokosschaum, Käsekuchen mit Himbeergelee und ein Maracujatörtchen. Der Service war kompetent und freundlich, das neu zusammengestellte Team harmonierte bereits erstaunlich gut. Die Weinkarte umfasst rund 200 Positionen aus dem In- und Ausland und soll nach und nach weiter ausgebaut werden. Mit dem »Ammolite« hat in Südbaden ein weiteres exklusives Restaurant eröffnet, das für Furore sorgen wird. Abgeschreckt haben uns allerdings die hohen Preise: Ein Hauptgang kostet rund 50 Euro, das dreigängige Menü gar 65 Euro.

Ammolite – The Lighthouse Restaurant
77977 Rust, Peter-Thumb-Str. 6,
Tel: 07822-776699,
www.ammolite-restaurant.de
Geöffnet: Mo-Fr 9-19:30 Uhr.
Sa 9-16 Uhr. So Ruhetag.

Gesamtnote:	7,8 von 10 Punkten
Küche:	8 Punkte
Service:	8 Punkte
Ambiente:	8 Punkte
Weinangebot:	8 Punkte
Preis/Leistung:	7 Punkte

Rust

Gasthaus Ochsen

Im »Europa-Park« in Rust wird den Hunderttausenden von Besuchern eine sogenannte Erlebnisgastronomie angeboten: Looping-Restaurant, Dinner-Show, Spezialitäten-Wochen aus allen Herren Ländern und, und, und. Verlässt man den Europa-Park über den Haupteingang und geht in Rust ein paar Schritte die Fischerstraße entlang, dann kann man direkt angrenzend an den Freizeitpark in eine ganz andere Welt der Erlebnisgastronomie eintauchen – die der Zwillings-Brüder Karl und Hermann Bosch, die das Kommando des Familienbetriebs führen. Der »Ochsen« ist kein ruhiges Lokal, sondern ein Ort der Kommunikation – und zwar der lautstarken. Schon am frühen Abend sind die Tische im niedrigen und engen Gastraum gefüllt, es wird philosophiert, diskutiert und gelacht. Wer also einen gemütlichen Abend zu zweit mit intensiven Gesprächen verbringen will, der sollte sicher woanders hingehen. Reserviert wird im Ochsen in der Regel nicht, weggeschickt aber auch niemand. Da wird der Gast eben kurzerhand am Stammtisch bei den Einheimischen geparkt, bis ein Platz an einem der großen Tische frei wird. Auf diese Weise kommt man ganz automatisch ins Gespräch und notfalls hilft einem einer der Bosch-Brüder auf die Sprünge – jovial und direkt, was vielleicht nicht jedermanns Sache ist, zur Eigenart der Gaststätte aber dazugehört. Auch hierzu gilt: Wem's nicht gefällt... Der »Ochsen« – wen wundert's – ist kein Ort für Vegetarier, schließlich sind die Bosch-Brüder gelernte Metzger. Da wird die ganze Fleischpalette rauf und runter serviert, Steak, Leber, Kutteln, usw. Es ist eine deftige, einfache Küche, die aber auf Qualität achtet und schmeckt. Es kann auch mal etwas länger dauern, diese Geduld muss man aufbringen. Nebenbei gibt es Bier und ein halbes Dutzend WG-Weine aus Sasbach. Feinschmecker suchen andere Lokale auf, dafür ist der »Ochsen« Erlebnis und Gastronomie – und weil beides authentisch ist, zählen auch Mitarbeiter, Prominente und Chefs des Europa-Parks zu den regelmäßigen Gästen.

Gasthaus Ochsen
77977 Rust, Fischer Str. 48,
Tel. 07822-6320
Geöffnet: Mo-Sa 17-24 Uhr. So Ruhetag.

Gesamtnote:	9 von 10 Punkten
Küche:	10 Punkte
Service:	9 Punkte
Ambiente:	10 Punkte
Weinangebot:	6 Punkte
Preis/Leistung:	9 Punkte

Sasbach

Restaurant Bürger-Stube

Restaurant Bürger-Stube
79361 Sasbach, Hauptstr. 48,
Tel: 07642-3367, Fax: 07642-930930,
www.buergerstube-sasbach.de
Geöffnet: täglich 10-23 Uhr.
Mi 17-23 Uhr. Di Ruhetag.

Gesamtnote:	8,5 von 10 Punkten
Küche:	9 Punkte
Service:	8 Punkte
Ambiente:	8 Punkte
Weinangebot:	7 Punkte
Preis/Leistung:	10 Punkte

Es gibt wohl selten ein Gasthaus mit perfekteren Verkehrsanbindungen als die »Bürger-Stube« in Sasbach, die am Ortseingang liegt, wenn man aus Königschaffhausen kommt. Nicht nur die Kaiserstuhlbahn hält direkt vor der schön hergerichteten Terrasse, sondern auch mit dem Fahrrad anhand des sehr gut ausgeschilderten Radwegenetzes oder zu Fuß durch die Weinberge ist dieses Wirtshaus bequem zu erreichen. An schönen Tagen kann man auf der herrlichen Terrasse, an kälteren Tagen in den zwei Gasträumen der »Bürger-Stube« Speisen, Ambiente und Service genießen.

Der Sink'sche Familienbetrieb läuft immer präzise wie ein Uhrwerk ab und dabei wird an Freundlichkeit und Kompetenz nicht gespart. Die Speisekarte von Michael Sink, ausgebildeter Weinküfer und Koch – das ist eine seltene Kombination, sogar am Kaiserstuhl –, orientiert sich an den Angeboten der Jahreszeit und der Region. In der Spargelzeit wird jede Portion frisch gekocht, darauf legt Michael Sink großen Wert, auch wenn es einmal länger dauert. Hier gibt es keine Kompromisse in Sachen Betriebsphilosophie! Danke! Wir probierten einen Spargelsalat mit Sasbacher Wildschweinschinken, danach die klassische Version mit Sauce hollandaise, Schinken, paniertem Schnitzel und einem Omelette, das in der »Bürger-Stube« als alte Hausspezialität serviert wird. Es mundete vorzüglich, war perfekt gekocht und appetitlich aufgetragen. Als krönenden Abschluss, und das gibt es nur gegen Ende der Spargelzeit, gab es noch einen Kirschplotzer. Das Dessert war von beachtlicher Größe, da hat der Genießer für die Heimfahrt auf dem Rad genug Kraft in den Beinen. Im Sommer ändert sich das Angebot mit einer sehr schön zusammengestellten Pfifferlingskarte, auch ein Kalbscarée vom Metzger »Feißt« aus Teningen wird als Spezialität angeboten, besonders gut abgeschmeckt war das Rinderzüngle als Salat mit Pfifferlingen. Im Herbst und Winter dominieren die Reh- und Wildschweingerichte.

Der Service der Damen Sink läuft routiniert, freundlich, ohne großes Chichi ab, denn dafür hat man in der »Bürger-Stube« wirklich keine Zeit. Die Weinkarte wird von Sasbacher Gewächsen dominiert, über die man gar keine großen Lobeshymnen verfassen muss, der Wein spricht für sich! Sehr freundlich sind Getränke und Speisen kalkuliert, und so genießt man ein Gläsle mehr, um darauf vergnügt ins Kaiserstuhlbähnle zu steigen. Oder man bleibt gleich da, im alten Bahnhofsgebäude gegenüber, das als stilvoll renovierte Dependance, mit einigen sehr schön eingerichteten Gästezimmern, zum Übernachten bereitsteht.

Sasbachwalden

Restaurant Fallert im Hotel Talmühle

Das Hotel Restaurant ist in dritter Generation im Familienbesitz und wird derzeit von Irene und Gutbert Fallert bewirtschaftet. Im Guide Michelin wird die Küche mit einem ›Stern‹ geadelt. Die im Internet präsentierte Speisekarte macht Lust auf kulinarische Entdeckungen. Diese blieben, mit Verlaub, jedoch aus. Vielleicht waren die Erwartungen auch zu hoch geschraubt? Die halbe Elsässer Taube (die Brust sous vide gegart) mit Holunderblütenessigsoße, gebratener Entenleber und Blutwurst gab es an diesem Tag ebenso wenig wie die knusprig gebratene Brust vom Schwarzfederhuhn mit Rosmarin, Vidouvan-Bratensaft und Blattspinat mit Pinienkernen.

Der Service unter Leitung von Renate Huber ist freundlich und umsichtig. Und auch bei der Weinauswahl beweist sie die nötige Kenntnis. Mit 32 Euro bei einem drei Gang-Menu (37 Euro bei zwei Vorspeisen) ist immerhin das Tagesmenü gastfreundlich kalkuliert. Wir bestellten à la carte und bekamen als Amuse-Gueule einen Gruß aus der Küche, der nicht wirklich befriedigen konnte: ein Radieschenviertel und fein gehobelter Rettich, Karottenwürfel und Kürbismus, dazu Aprikosenconfit. Dafür entschädigte der lauwarme marinierte Kalbskopf mit geröstetem Pulpo und Gamba und delikat aromatisierten Tomaten. Die weiche Textur des Fleischs harmonierte prächtig mit den mehlierten krossen Pulpostücken. Dazu ein Johner-Cuvee aus Weißburgunder und Chardonnay. Die zweite Vorspeise – Viererlei vom Meer – fiel geschmacklich deutlich ab. Geräucherter Aal auf Kartoffelsalat, gebratene Garnele und Pulpo sowie Lachstatar. Trotz der beigefügten Aromaten blieb das Ganze geschmacklich blass.

Restaurant Fallert
im Hotel Talmühle
77887 Sasbachwalden, Markgrafenstr. 26,
Tel: 07841-628290, Fax: 07841-6282999,
www.talmuehle.de
Geöffnet: täglich 12-14 Uhr/18-21:30 Uhr.
Mo/Di (Ende Okt.-Ostern) Ruhetag.

Gesamtnote:	7,7 von 10 Punkten
Küche:	7 Punkte
Service:	10 Punkte
Ambiente:	7 Punkte
Weinangebot:	9 Punkte
Preis/Leistung:	6 Punkte

Offen bleibt die Frage, warum derzeit offenbar Hummus als Beilage in vielen gastronomisch ambitionierten Betrieben en vogue ist. Zu den Seeteufelmedaillons mit Anchoviscrostini wurde das Kichererbsenmus ebenso gereicht wie zum Rindsfilet mit gebratener Entenleber. Letztere waren perfekt auf den Punkt gebraten, die Croutons in Kräuterbutter allerdings überflüssig. Die Oliventapenade zum bissfest gebratenen Seeteufel war im Konzert von Tomatencoulis, Peperonata und Petersiliencreme zu dominant. Wir gestehen, in Sachen ›Stern‹ am Ende ein wenig ratlos geworden zu sein. Vielleicht hätten wir doch zum Zwiebelrostbraten vom Schwarzwälder Rinderrücken mit Kartoffel- und Kopfsalat sowie abgeschmelzten Spätzle greifen sollen?

Die ansehnliche Weinkarte bleibt preislich im Rahmen. Vier Weine werden im wöchentlichen Wechsel glasweise ausgeschenkt, ansonsten gibt es eine gute Auswahl an offen angebotenen Qualitätsweinen.

Schliengen-Obereggenen

Landhotel Winzerhof Rebstock

Landhotel Winzerhof Rebstock
79418 Schliengen-Obereggenen,
Kanderner Str. 4,
Tel: 07635-1289, Fax.: 07635-8844,
www.rebstock-obereggenen.de
Geöffnet: Mi-Mo 18-22 Uhr. Di Ruhetag.

Gesamtnote:	8,7 von 10 Punkten
Küche:	9 Punkte
Service:	9 Punkte
Ambiente:	9 Punkte
Weinangebot:	7 Punkte
Preis/Leistung:	9 Punkte

Oberhalb von Schliengen, im Markgräflerland, wandert man durch eines der schönsten Täler des Südschwarzwaldes. Eine Augenweide ist es, wenn die Kirschen im Frühjahr in voller Blüte stehen – Kirschbäume so weit das Auge reicht. Inmitten dieser Idylle liegt der kleine Ort Obereggenen mit seinem etwas versteckten Landhotel und Winzerhof »Rebstock«. Von der Straße aus ist der »Rebstock« etwas unscheinbar, doch sieht man sich auf dem Hof um, entdeckt man den Eingang zum Restaurant und das Tor zum romantischen Garten für Hotelgäste, eingefasst mit Kiwipflanzen.

Im Restaurant mit einem historischen und einem moderneren Teil wird man sofort von der Patronin persönlich begrüßt und vom weiblichen Service umsorgt.

Das Speiseangebot ist klein, überzeugt aber, wenn man sich etwas Zeit nimmt. Es besteht aus zwei viergängiges Menüs und einigen Vor- und Hauptspeisen – aber diese haben es in sich: Kalbszunge und viererlei Spargel oder Tunfisch auf zwei Arten, Ravioli mit Gamba und Bärlauch oder Salat an Weinbergschnecken. Als Hauptgerichte Steinbutt und Minzespinat oder Entenbrust auf Rhabarber mit Spitzmorcheln und Safrancrêpe. Zur Nachspeise wählt man »Vanille-Vanille-Vanille« oder einfach »Schwarzwald«. Allesamt köstlich zubereitet und ansprechend serviert, sind diese Gerichte auch einzeln aus dem Menü heraus zu erhalten.

Das Weinangebot ist klein, meist aus dem eigenen Weingut, dennoch gibt es hier für fast jeden Geschmack etwas zu finden. Die Weine sind typisch für die Region: Gutedel, Weiß- und Grauburgunder, Gewürztraminer und Spätburgunder. Einige ausgewählte Tropfen von benachbarten Weingütern sind im Offenausschank oder als Flasche erhältlich. Zum Abschluss empfiehlt sich ein Digestif aus der eigenen Brennerei, bevor man sich im angeschlossenen Landhotel zur Ruhe betten kann.

Schliengen-Mauchen

Gasthaus Zur Krone

Im kleinen Weiler Mauchen, dort, wo das Markgräflerland am schönsten ist, und das nicht nur im »zweiten Winter«, wenn die Kirschblüten das nahegelegene Eggenertal in eine fast surreale Blütenlandschaft verwandeln, befindet sich die »Krone« – ein Landgasthaus wie aus dem Bilderbuch mit zwei Gaststuben und weiteren Gasträumen in der ehemaligen Scheune und in der Küferwerkstatt, die sich für Feste und Veranstaltungen eignen. Die »Krone« ist im Besitz der Familie Schindler vom gleichnamigen Weingut und wurde viele Jahre von der Familie Cassier erfolgreich geführt. Im Speisekartenkasten haben wir, als die Cassiers noch am Werk waren, folgende Bemerkung mit einem Foto entdeckt: »Und wer sich nicht wehrt, endet am Herd«. Wir wünschen einen geruhsamen Ruhestand!

Seit Januar 2012 ist die »Krone« unter neuer Leitung von Jan Kronfeld und Anne Reckmann. Sie waren einige Jahre im »Kaiserhof« in Müllheim tätig und betreuen die »Kronen«-Gäste in der gewohnt gemütlichen Atmosphäre. Neben Altbewährtem gibt es auch manch Neues für uns zu entdecken, doch der erste Eindruck ist, als wäre die Zeit stehengeblieben mit der Holzvertäfelung, den großen langen Holztischen, dem kleinen Buffet für die Getränke. Alles ist schlicht, fast puristisch gehalten und picobello sauber! Gott sei Dank nichts verändert! Es wird »dazugesessen« und das ist gut so, denn die Kapazitäten sind beschränkt und die Plätze werden sinnvoll belegt. Die Speisekarte jedoch ist leicht modifiziert worden. Angeboten werden neben den vielen Klassikern der badischen Küche, wie Kalbsbratwürste, Ochsenmaulsalat, Flammkuchenvarianten (ab 17 Uhr), und allerlei

Gasthaus Zur Krone
79418 Schliengen-Mauchen,
Müllheimer Str. 6,
Tel: 07635-9899, Fax: 07635-825342,
www.krone-mauchen.de
Geöffnet: Mi-So 11-23 Uhr.
Mo, Di Ruhetag.

Gesamtnote:	8,7 von 10 Punkten
Küche:	9 Punkte
Service:	8 Punkte
Ambiente:	9 Punkte
Weinangebot:	8 Punkte
Preis/Leistung:	9 Punkte

Vesper (bei der Herkunft der Produkte wird auf eine frische und regionale Herkunft großen Wert gelegt) auch »neuere« Gerichte: verschiedene Salatvariationen, ein geschmortes Kalbsbäckle mit grünem Spargel oder feine Nudeln mit Bärlauchbutter und gehobeltem Bergkäse. Alles ist perfekt zubereitet und ebenso perfekt wie charmant und freundlich von den Servicedamen um Anne Reckmann serviert. In den Sommermonaten sitzt man gemütlich in der mit Reben umrankten Gartenwirtschaft.

Die Weinkarte, und bei den Besitzverhältnissen versteht es sich von selbst, bietet alle Gewächse des Weingutes »Lämmlin-Schindler«. Und das ist sehr gut so! Das ganze Programm wird auch offen in verschiedenen Dosierungen angeboten und es macht ausgesprochen Spaß, ein Gläsle »Frauenberg«-Rotwein-Cuvée auch einmal am »Werktag« probieren zu können. Gratulation auch den Schindlers für eine gelungene Weiterführung der »Krone«!

Schopfheim

Landhotel Mühle zu Gersbach

Landhotel Mühle zu Gersbach
79650 Schopfheim, Zum Brühl 4,
Tel: 07620-90400, Fax: 07620-904055,
www.muehle.de
Geöffnet: Do-Mo 8-21 Uhr
(Küchenschluss). Mi ab 15 Uhr.
Di Ruhetag.

Gesamtnote:	8,0 von 10 Punkten
Küche:	8 Punkte
Service:	8 Punkte
Ambiente:	8 Punkte
Weinangebot:	8 Punkte
Preis/Leistung:	8 Punkte

Seit einigen Jahren versucht der Schopfheimer Teilort Gersbach, sich mit Ideenreichtum eine Zukunftsperspektive zu erarbeiten. 2004 siegte Gersbach im Bundeswettbewerb »Dorf mit Zukunft« und 2007 kam eine Goldmedaille beim europäischen Wettbewerb »Entente Florale« hinzu. Im Naturpark Südschwarzwald ist Gersbach mit seinen Weiderindern und mit der »Chäschuchi« eine Art Musterkommune für regionale Selbstvermarktung. Von diesem unverdrossenen Überlebenswillen ist auch die Familie Buchleither infiziert. Um Hotel und Restaurant trotz der weniger vorteilhaften Lage ins Gespräch zu bringen, hat sich Martin Buchleither schon einiges einfallen lassen: ein rollendes Restaurant, ein Mini-Menü, mit dem er schon die Lufthansa bediente, oder ein spezieller Schnaps-Ausgießer, den er »Schnapspfiflie« nennt. Der umtriebige Wirt ist jetzt auch noch dabei, Sohn und Tochter nach guter gastronomischer Ausbildung in den Betrieb einzugliedern. Maßgebend ist jedoch immer noch das, was auf dem Teller ist. Und hier schlägt sich die »Mühle« tapfer. Das erste Haus im abgelegenen Dorf arbeitet auf einem anhaltend guten Niveau. Buchleither will mit der Zeit gehen, deshalb werden die badischen Klassiker auf der Karte immer wieder durch ein paar trendige, leichte Gerichte ergänzt. Frische verspricht der Chef bei seinen Fischgerichten und man hat bisher noch nicht gehört, dass dies nicht eingehalten wurde. Kleiner Kritikpunkt an dieser Stelle: Noch mehr Fisch aus der Region würde einem Haus, das direkt an einem Schwarzwaldbach liegt, gut anstehen. In der Saison gibt es Wild, das sorgfältig zubereitet serviert wird – mit leckeren Spätzle, mit einer gehaltvollen Soße und mit waldigen Preiselbeeren. Sehr solide sind die Gerichte vom Landschwein, vom Weiderind oder -kalb und im Frühjahr vom Lamm. Das Naturparksiegel garantiert bei diesen Posten auf der Karte die regionale Herkunft aus dem südlichen Schwarzwald. So sehr die gelegentliche Experimentierfreude zu begrüßen ist und so sehr sie ein Rezept gegen den Stillstand sein mag – die Klassiker bleiben die eigentliche Stärke des Hauses. Handfeste Desserts runden die Mahlzeit ab. Schön, dass die »Mühle« bei den Nachspeisen auch einen attraktiven Käseteller führt, schade, dass dafür nicht auf die Produkte der örtlichen »Chäschuchi« zurückgegriffen wird. Die Weinauswahl ist sorgfältig abgestimmt, die gehobene badische Mittelklasse passt zum Stil des Hauses.

Schuttertal-Dörlinbach

Gaststätte Lieberatsbergstube

Wer Lust hat auf ein gutes Schnitzel oder Cordon bleu, der nimmt gerne auch einmal weitere Wege in Kauf. Und deshalb kommen sie alle – aus dem Schuttertal, Lahr und dem Kinzigtal nach Dörlinbach, biegen links beim Rathaus ab, fahren eine lange, schmale Straße den Berg hinauf, bis sie ganz oben in den Lieberatsbergstuben angekommen sind. Dort bekommt man mit die besten Schnitzel in der Region und wahrscheinlich auch die größten, also heißt die Devise: Hunger mitbringen! Für das angenehme, freundliche Klima sorgt die gesamte Familie Griesbaum, die in der Küche und im Service mitarbeitet: die Seniorchefin, die mit ihrem Ehemann vor fast 50 Jahren mit einer Vesperstube angefangen hat, der Sohn Hermann, der den Betrieb mittlerweile führt, und vier Schwestern samt Kinder, die im Service und in der Küche helfen. Geschlachtet und gewurstet wird selbst, das ist die Aufgabe des Hausherrn, die Erzeugnisse werden in der Küche verarbeitet oder als Dosenwurst angeboten. Für Vegetarier sind die Lieberatsbergstuben nicht die erste Adresse – auch wenn es natürlich Salat und Gemüsegerichte gibt –, aber wer den Weg auf sich nimmt, der will vor allem Fleisch essen. Das ist in der Hauptsache vom Schwein, nur auf Vorbestellung für Gruppen ab zehn Personen gibt es auch Rindfleisch. Und es werden auch nicht alle Tage sämtliche Speisen und Beilagen angeboten, sondern nur am Wochenende, was im Grunde genommen ja nur ein Zeichen von Qualitätsbewusstsein ist. Ach ja, günstig ist es natürlich auch noch, eine Familie kann sich richtig satt essen, ohne aufs Budget schauen zu müssen. Das Schweinerückensteak und das Cordon bleu – mit der Garantie satt zu werden – ist mit Spätzle oder Pommes frites für etwas mehr als 11 Euro zu haben, Schnitzel mit Brot gibt's schon ab 6 Euro. In den Lieberatsbergstuben darf man keine erlesene Weinkarte erwarten, es gibt WG-Ware aus der Ortenau und vom Kaiserstuhl. Dafür legt man für das Viertele nur 2,50 Euro auf den Tisch, eine Flasche Wein ist schon für unter zehn Euro zu haben. Und wo gibt's schon noch einen Schnaps für 1,50 Euro! Etwas ungewöhnlich im »Zäpfle«- und »Ganter«-Land: Es gibt Biere von »Dinkelacker« und »Sanwald«.

Gaststätte Lieberatsbergstuben
77978 Schuttertal-Dörlinbach,
Lieberatsberg 2, Tel: 07826-719.
Geöffnet: Mo, Di, Mi, Fr, Sa 11-21 Uhr (Küchenschluss). So 9-21 Uhr.
Do Ruhetag.

Gesamtnote:	8,8 von 10 Punkten
Küche:	9 Punkte
Service:	10 Punkte
Ambiente:	9 Punkte
Weinangebot:	6 Punkte
Preis/Leistung:	10 Punkte

Seelbach-Wittelbach

Landgasthof Ochsen

Zäumen wir das Pferd einmal von hinten auf und beginnen mit dem Schlusspunkt des Menüs: dem Dessert... Die Masse schmeckt zwar durchaus intensiv nach Aprikosen, sie lässt aber eine entscheidende Eigenschaft eines Sorbets vermissen, sie ist nicht gefroren, sondern breiig. Der Koch hatte das Sorbet ganz offensichtlich zu spät kühl gestellt – was die freundliche Bedienung eingesteht, bevor der Teller auf dem Tisch steht.

Weil der Service ganz offen mit dem Fauxpas umgeht und die Küche zuvor bewiesen hat, dass sie es viel besser kann, werten wir das Sorbet als einmaligen Ausrutscher.

Ansonsten wird der Landgasthof »Ochsen« in Wittelbach – nicht zu verwechseln mit »Schmiederers Ochsen« in Seelbach – seinem Namen im positiven Sinne gerecht. Der »Ochsen« ist eine alte Gaststätte mit niedrigen Decken und Kachelofen, in der auf eine regional geprägte Küche gesetzt wird: Da gibt es zum Beispiel neben Wurstsalat und Schnitzel von Kalb und Schwein auch in Brühe gegartes Rindfleisch, zertifiziertes Wild aus dem Schuttertal und natürlich Forellen – blau und nach Müllerin Art –, schließlich liegt die Forellenzucht »Drafehn« gerade nebenan. Inhaber und Koch Ulrich Elble, der 1992 den elterlichen Betrieb übernahm und ihn gemeinsam mit Susanne Jehle führt, beschränkt sich auf eine kleine, aber dennoch abwechslungsreiche Karte, in der hier und da ein Kontrastpunkt gesetzt wird: beim marinierten Ziegenkäse, dem hausgebeizten Gewürzlachs, dem Kürbis-Ingwer-Ragout oder dem leckeren, selbst gemachten Tomatenpesto, das als Amuse-Gueule gereicht wird (und das es auch zum Kaufen im Weckglas gibt).

Landgasthof Ochsen
77960 Seelbach-Wittelbach, Schuttertalstr. 5,
Tel: 07823-2257, Fax: 07823-5631,
www.landgasthof-ochsen.com
Geöffnet: täglich 17-24 Uhr. Sa-So 11:30-14 Uhr/17-24 Uhr. Mo Ruhetag.

Gesamtnote:	8,0 von 10 Punkten
Küche:	8 Punkte
Service:	8 Punkte
Ambiente:	8 Punkte
Weinangebot:	8 Punkte
Preis/Leistung:	8 Punkte

Für 19,80 Euro wird außerdem ein Wochenmenü offeriert, das mit einem grünen Salat mit frischen Pfifferlingen, einem Ragout vom Schuttertäler Reh mit frischem Marktgemüse (von dem man gerne etwas mehr gehabt hätte) an einer sehr feinen, Lebkuchen ähnlichen Soße und dem bereits angesprochenen Sorbet aufwartet.

Das Risotto mit Steinpilzen – als zusätzlicher Gang bestellt – ist für unseren Geschmack ein wenig zu lang gegart worden. Unter dem Strich bleibt der »Ochsen« in Wittelbach eine Adresse, die sich von Ambiente und Qualität deutlich von vergleichbaren Lokalen abzuheben weiß. Zu diesem Eindruck trägt auch die nicht üppige, aber sehr gut sortierte Weinkarte bei, die neben einer Handvoll Franzosen nur südbadische Tropfen ausweist – neben dem Lahrer Weingut »Wöhrle« auch die Güter von Martin Wassmer, Bernhard Huber oder Alexander Laible.

Sexau

Berggasthof Linde

Der »Berggasthof Linde« liegt inmitten idyllischer Landschaft, fast auf dem höchsten Punkt zwischen Freiamt und dem Elztal. Kühe und Ziegen auf der Weide, Streuobstwiesen, herrliche Wanderwege und vor allem Ruhe empfängt die Gäste bei ihrer Ankunft.

Die sehr freundliche Begrüßung der Chefin und ihrer Mitarbeiterinnen gibt uns sofort das Gefühl, willkommen zu sein. Der Blick in die Speisekarte überrascht und irritiert zugleich: Vorspeisen werden als ›Vorspiel‹ und Hauptspeisen als ›Hauptspiel‹ bezeichnet. Die Karte präsentiert eine umfangreiche Auswahl an verschiedenen Gerichten zu ländlichen Preisen unter zwei Schwerpunkten: Neben den traditionellen badischen Gerichten ist der kulinarische Ausflug ins nordische Finnland im Hause »Linde« Programm.

Die Gastgeberin, Katri Kern, ist geborene Finnin und ihr Mann, Klaus Werner, kreiert die finnischen Spezialitäten. Rumpsteak vom Elztäler Weiderind, Wiener Schnitzel vom Freiämter Kalb, Elchmedaillons, Rentiersteak, Graved Lachs und natürlich Saisongerichte wie z.B. diverse Spargelvariationen machen die Auswahl nicht leicht. Die finnischen Tapas mit Graved Lachs und Meerrettichschaum, gebratenes Elchtatar auf Roter Bete, Lachskrapfen in Senfsoße sowie ein frischer, knackiger Salat mit Rentierschinken versprechen einen guten Start. Wir entscheiden uns für finnische Hauptgänge. Der angenehme Geschmack des Rentiermedaillons erinnert ein wenig an Wildgôut von Hirsch ohne die süßliche Komponente. Auch die nordische Eigenart des Elchfleisches ist eine willkommene geschmackliche Alternative zu unserem heimischen Fleisch. Serviert werden die Fleischsorten mit klassischen Begleitern,

Berggasthof Linde
79350 Sexau, Obersexau 24,
Tel: 07645-337, Fax: 07645-913015,
www.berggasthof-linde.de
Geöffnet: täglich 11-23 Uhr. Di Ruhetag.

Gesamtnote:	8,3 von 10 Punkten
Küche:	8 Punkte
Service:	10 Punkte
Ambiente:	8 Punkte
Weinangebot:	6 Punkte
Preis/Leistung:	10 Punkte

wie Wurzelgemüse, Pilze und Waldbeeren. Geschmacklich sind wir angetan, doch leider hat das Fleisch und auch das Wurzelgemüse seinen Garpunkt deutlich überschritten und trübt etwas das finnische Geschmackserlebnis.

Mehr erfreute uns dann wieder das sogenannte ›Nachspiel‹. Wir entschieden uns für eine vielseitige Dessertvariation und ein wunderbar fruchtiges Sauerkirschsorbet mit Tonkabohnen-Grieß-Schaum. Der Fülle an Speisen steht eine durchaus überschaubare und ausbaufähige Weinkarte gegenüber. Abgesehen von der ungewohnten Kreativität in der Speisekarte und den leichten Schwächen bei den Hauptgängen ist der »Berggasthof Linde« einen Ausflug wert. Für Familien mit Kindern werden ausreichend Möglichkeiten geboten, ein großer Spielplatz, ein Tischtennisraum und sogar eine kleine Bücherei bieten Raum für Spiel und Entspannung. Besonders hervorzuheben ist der Service und die Gastfreundschaft, mit welcher man empfangen und umsorgt wird

Simonswald

Restaurant Hugenhof

Gut versteckt auf einem schönen Hofgut im Simonswäldertal liegt der »Hugenhof« von Patron Klaus Ditz und seiner Frau Petra Ringwald. Und doch ist der »Hugenhof« eigentlich immer ausgebucht, ohne Reservierung wird man fast immer enttäuscht. Denn seit über zehn Jahren zieht Ditz seine ganz eigenen Gourmetkreise, zelebriert er seine farbenfrohe, sehr schmackhafte und vor allem innovative Hochküche, die dennoch völlig frei von modischen Verrenkungen ist. Ditz liebt regionale Grundprodukte von bester Qualität und kauft alles selbst ein. In dem hohen, mit wenigen Plätzen bestückten und eher etwas kühl wirkenden Gastraum serviert der Patron allabendlich ›sein‹ Menü. Es gibt vier Gänge, daran kann man, wenn es denn sein muss, kleine Änderungen vornehmen, aber Ditz lädt seine Gäste ein, ihm mit seinem wohl komponierten Menüvorschlag einfach zu vertrauen. Da wir wissen, welche Köstlichkeiten uns erwarten, folgen wir dem Meister nur zu gerne. So gibt es Goldforellen-Balsamicocarpaccio in Melonen-Vinaigrette und Salatbouquet, Wolfsbarschfilet auf Spinat-Fenchelravioli in Currysoße und Pfifferlinge, Rinderrücken in Olivenkruste auf Bärlauchpesto mit Zucchini und Gnocchi, Kirschen-Joghurtmousse im Baumkuchenmantel mit marinierten Aprikosen und Schokoladeneis.

Die Woche davor gab es hausgeräucherten Lammschinken mit Caponata und Avocado-Basilikumcreme, gratinierter Adlerfisch mit Steinpilzen und Tagliarini, Variation vom Kalb in Olivenkruste mit Bohnenragout und neuen Kartoffeln, Pistazientarte mit Sektsabayon in marinierten Aprikosen und Schokoladeneis.

Restaurant Hugenhof
79263 Simonswald, Am Neuenberg 14,
Tel: 07683-414, Fax: 07683-909258,
www.hugenhof.de
Geöffnet: täglich 19-24 Uhr. So 12-14 Uhr/19-24 Uhr. Mo, Di Ruhetag.

Gesamtnote:	8,8 von 10 Punkten
Küche:	8,5 Punkte
Service:	9 Punkte
Ambiente:	8 Punkte
Weinangebot:	9 Punkte
Preis/Leistung:	10 Punkte

Jede Woche wechselt dieser Menüvorschlag und der Gesamtpreis von 45 Euro ist für das Gebotene mehr als gerechtfertigt. Frau Ringwald bestreitet den Service fast alleine und so muss man immer etwas Zeit mitbringen, diese Entschleunigung gehört aber fest zum Konzept des Hauses. Die sehr gut sortierte Weinkarte mit badischen, deutschen und internationalen Besonderheiten ist auch sehr wohlwollend kalkuliert. Von Freiburg ist man in 25 Minuten im »Hugenhof«, die Anreise lohnt immer, da es Ditz gelingt, seinen feinen, eigenen Stil so überzeugend durchzuhalten.

Simonswald

Gasthaus Zur Erle

Sein 25-jähriges Betriebsjubiläum hat er gerade gefeiert. Patron Paul Hornuß hat die am Ende des Simonswäldertals gelegene »Erle« zu einer festen Größe der gehobenen, bürgerlich badischen Küche entwickelt. Hier wird alles von Hand gemacht, nur frische Grundprodukte werden verarbeitet und man legt auf saisonale Angebote größten Wert, da die Speisekarte alle sechs Wochen gewechselt wird. Hornuß mag beste Hausmannskost, wie ein deftiges Gulasch, geschmorte Rouladen, eingemachtes Kalbfleisch oder eine klassische Flädlesuppe in perfekter Brühe. Die besondere Liebe des Chefs ist seine feine Fischküche, hier läuft Hornuß zur Hochform auf. Die frischen Forellen kommen aus einem hauseigenen Bassin und werden sehr abwechslungsreich zubereitet. Flusszander, aber auch geangelter Kabeljau und schottischer Wildlachs findet man oft auf der appetitanregenden Speisekarte. Hornuß kauft immer ganze Tiere, verarbeitet sie gekonnt und kocht mit einer gradlinigen Stilsicherheit, die auf jeden Schnickschnack bewusst verzichtet. In seiner Küche steht der Geschmack eindeutig im Vordergrund. Sein ausgezeichnetes Geflügel bezieht Hornuß aus Frankreich, im Herbst gibt es auch Wachteln oder Tauben. Noch immer schabt er seine Spätzle von Hand, räuchert seinen Lachs selbst, hängt sein Rindfleisch in den eigenen Kühlräumen ab und pflegt eine weitere große Leidenschaft, seine Wildgerichte. Er wird aus der hiesigen Jagd versorgt. Ob es ein Carpaccio vom Reh oder ein perfekt gebratener Rehrücken ist, Hornuß nimmt sich in der Küche für alle Gerichte richtig Zeit. Die sollten seine Gäste auch mitbringen.

Gasthaus Zur Erle
79263 Simonswald, Obertalstr. 36,
Tel: 07683-494, Fax: 07683-1718,
www.erle-simonswald.de
Geöffnet: täglich 10-14:30 Uhr/18-24 Uhr.
Do Ruhetag.

Gesamtnote:	8,2 von 10 Punkten
Küche:	8 Punkte
Service:	9 Punkte
Ambiente:	8 Punkte
Weinangebot:	8 Punkte
Preis/Leistung:	8 Punkte

Ehefrau Ingeborg Hornuß begrüßt die Einkehrer stets mit einladender Herzlichkeit, der Service funktioniert bestens.
Ein besonderes Lob verdient auch noch die Weinkarte, hier gibt es neben besten badischen und deutschen Adressen auch den ein oder anderen internationalen Tropfen zu entdecken. Im Sommer kann man auf der kleinen Terrasse das herrliche Klima des Simonswäldertals genießen. Und zu guter Letzt muss noch auf das zivile Preisniveau hingewiesen werden. Wer sich ein paar Tage Auszeit gönnen will, kann in den Gästezimmern logieren Eine Oase des Wohlfühlens ist die »Erle« und so soll es bitteschön auch bleiben.

St. Peter

Hotel-Restaurant Zur Sonne

Hanspeter und Petra Rombach haben ihr weithin renommiertes Feinschmeckerrestaurant einer gründlichen Renovierung unterzogen. Hochwertige Materialien, helle Hölzer, klare Konturen und der Verzicht auf jedwede vordergründige Schwarzwald-Folklore haben dem Gastraum rundum gut getan. Und nach einem ausgiebigen Abendessen waren wir uns sicher, dass sich auch die Küche dieser neuen Klarheit verschrieben hat. Haben wir in der letzten Auflage dieses Restaurantführers noch den Wunsch geäußert, Rombach möge sich mehr konzentrieren und die Teller nicht bis zum Anschlag mit Garnierungen überladen, so konnten wir nun erfreut feststellen: Die Gerichte sind von Ballast befreit, die Aromen passen bestens zueinander, das Essen ist sehr ansprechend arrangiert, die Speisekarte liest sich animierend. Zur Vorspeise gab es ein taufrisches, saftig gebratenes Stück Zander, das auf einem gut gewürzten Forellentatar lag. Dazu wurde ein Töpfchen Milchshake gereicht, der mit Kräutern fein abgeschmeckt war. Milchshake: was sich auf der Karte eher als Gag las, zeigte sehr schnell kulinarischen Sinn. Ob einfach dazu genippt oder über die Fische geträufelt – es brachte den genau passenden, frisch-würzigen Akzent. Vorspeise Nummer zwei: erstklassiger gebeizter Lachs mit knusprig ausgebackenem Garnelentatar. Der Spanferkelrücken: drei schöne Stücke aus beiden Rückenpartien, alle sehr zart und saftig und gut gebraten, dazu eine kräftige Gewürzsoße und Schniederspätzle, eine regionale Spezialität, bei der zwischen dünne Teigscheiben eine zarte Schicht würziges Zwiebelpüree nebst einem Hauch Rahm gestrichen und alles nach Art einer Lasagne gebacken

Hotel-Restaurant Zur Sonne
79271 St. Peter, Zähringer Str. 2,
Tel: 07660-94010, Fax: 07660-940166,
www.sonne-schwarzwald.de
Geöffnet: Di-So 10-24 Uhr. Mo Ruhetag.

Gesamtnote:	9,0 von 10 Punkten
Küche:	9 Punkte
Service:	9 Punkte
Ambiente:	9 Punkte
Weinangebot:	9 Punkte
Preis/Leistung:	9 Punkte

wird. Eine rundum gelungene Kombination. Und auch die Kürbis-Ravioli auf Artischocken-Pfifferling-Ragout waren sehr gut: dünner Teig, herzhafte Füllung. Beim Nachtisch gefiel uns das Cassata vom Ziegenfrischkäse mit Sommerbeerengrütze. Die Ziegenkäse-Note war so fein dosiert, dass sie nicht vorschmeckte, aber das gewisse Etwas brachte. Rombach ist Mitglied der Köchevereinigung »Der Natur auf der Spur« und verwendet, wo immer es geht, Bio-Produkte. Die Weinkarte ist üppig bestückt und sowohl badisch wie international ausgerichtet. Alle, die noch die Kurven hinab nach Freiburg nehmen müssen, freuen sich über die große Auswahl an kleinen 0,35l-Flaschen.

St. Peter

Rombach Nostalgie-Gastronomie Zum Kreuz

Rombach Nostalgie-Gastronomie Zum Kreuz
79271 St. Peter, Scheuergasse 1,
Tel: 07660-920332, Fax: 07660-920334,
www.rombach-st-peter.de
Geöffnet: Mi-So, Feiertag 11-24 Uhr.
Di 17-24 Uhr. Mo Ruhetag.

Gesamtnote:	8,0 von 10 Punkten
Küche:	8 Punkte
Service:	8 Punkte
Ambiente:	8 Punkte
Weinangebot:	8 Punkte
Preis/Leistung:	8 Punkte

In St. Peter, man glaubt ja schon, dem Himmel ein bisschen näher zu sein, liegt mit Blick auf die beiden Türme des Klosters das »Kreuz«, dessen offizielle Bezeichnung »Rombach Nostalgie-Gatstronomie Zum Kreuz« lautet.

Bereits in der vierten Generation, seit 1998, wird der Gasthof vom Wirtspaar Barbara Rombach und Frank Rombach-Hekele geführt. »Nostalgie« könnte man hier am besten mit »Kreativität«, »Bodenständigkeit« und »Liebe zu heimischen Produkten« beschreiben. Die Rombachs sind, was die Regionalität betrifft, »einsame Spitze« in Baden-Württemberg, hier wird nicht nur prophezeit, nein, hier wird das umgesetzt, was auf der »Fahne« steht, nämlich kompromisslos heimische Erzeugnisse anzubieten. Die Produzenten werden in der Speisekarte genannt und kurz beschrieben, das macht das Ganze wirklich glaubwürdig.

In den drei Stuben und im Biergarten wird der Gast gut umsorgt. Es ist eine Freude, die Speisekarte zu lesen, zuerst wird eine gut gewürzte Karottenbutter mit dunklem Brot und das alte, schwere Silberbesteck in einer Art Tonkrug-»Menage« gereicht, ein feiner Beginn. Sodann entscheiden wir uns für die Kartoffelsuppe mit Pfifferlingen, sämig, perfekt abgeschmeckt, und einen Bibiliskäse vom »Schwendehof«, der nach einer langen Wanderung noch besser schmeckt als sonst. Das »Naturpark-Vesper« mit allerlei Hausgemachtem sowie einem wunderbaren Wildschweinschinken teilen wir uns, um die in Würfel geschnittene Rinderleber angerichtet im saftig-sauren Boskopapfel, dazu ein Kartoffelpüree, mit Butterbröseln abgeschmälzt, noch genießen zu können. Hier war ein Könner am Herd, die kleinen Details machen es eben aus! Nach so viel Gutem ist klar, dass der Zwetschgenkuchen nicht schlechter sein kann als die übrigen Gerichte.

Barbara Rombach stellt die Weinkarte mit viel Sachverstand und Liebe zusammen, auf der berühmte Weingüter und die WG aus dem nahen Glottertal verzeichnet sind. An Hochprozentigem fehlt es nicht. Alles, was der Schwarzwald zu bieten hat, steht auf der Karte.

Nicht nur das, denn es gibt eine große Liste mit allerlei Hausgemachtem zum Mitnehmen: Fonds, Marinaden, Marmeladen in vielfältigster Ausführung und Geschmack – eine gute Idee!

Wir waren mittags zu Gast, aber eines ist sicher, wir kommen wieder, und dann lassen wir uns an einem langen Winterabend in der Stube mit dem Kachelofen so richtig verwöhnen!

Staufen-Grunern

Restaurant Ambiente

Im Gewerbegebiet Grunern, bei Staufen gelegen, trifft man in unerwarteter Lage auf ein kulinarisches Juwel: ein ungewöhnliches Restaurant namens »Ambiente« mit eigenwilligem Charme, klein aber fein, das abseits des Mainstream wandelt. Die Gäste erwartet ein mediterran anmutender, überwiegend in Gelb- und Ockertönen gehaltener Raum mit Terrakottafliesen, elegant eingedeckten Tischen und Korbstühlen.

Seit mehr als zehn Jahren liefern hier Melanie und Matthias Luiz beinahe täglich eine präzise, gleichbleibende gastronomische Leistung auf hohem Niveau ab. Fachkompetenz gepaart mit handwerklichem Geschick und einer schnörkellosen Küche mit ausgesuchten erstklassigen Produkten führen bei dem gebürtigen Münstertäler Matthias Luiz zu besonderen Geschmackserlebnissen. Die Liebe der Gastgeber für gutes Essen und gehobene Tischkultur ist jederzeit zu spüren und zu schmecken. Frau Luiz trägt unaufdringlich mit ihrem sorgfältigen, unnachlässigen und angenehmen Service bedeutend zum Gesamterlebnis unseres Besuches bei.

Die Karte beschränkt sich in der Regel auf wenige Vorspeisen, eine Handvoll Hauptgänge und ebenso viele Desserts. Ein drei- und ein viergängiges Menü sind ebenfalls erhältlich.

Wir beginnen mit hausgemachtem Brot und Grissini, die wir mit bereits auf dem Tisch stehenden Olivenöl beträufeln. Die heutigen Vorspeisen, eine Kräutercremesuppe sowie Salat mit Gambas und Pesto, machen wie immer Lust auf mehr. Der Zwischengang, in Form von zarten Fettucine und delikaten Sommertrüffeln, schafft eine gelungene Brücke zu dem darauf folgenden Hauptgang, Saltimbocca vom Kalb mit Spinat und Rahmgnocci zum einen und Wachtelbrust mit Lauch-Pfifferling-Gemüse und Püree zum andern. Beides ist eine Freude für den Gaumen. Einfach sehr gut gemacht! Das Finale in Form von Grießflammerie mit Kirschen und weißem Schokoladeneis runden das Essen gelungen ab.

Die Weinkarte mit über 100 Positionen streift über Baden hinaus, hauptsächlich in die weitbekannten Rieslingdomänen wie Rheingau, Mosel und Nahe. Außerdem finden wir auch eine Vielzahl an renommierten, internationalen Flaschenweinen. Neben der offenen Standardkarte werden auch immer gesondert je ein Weiß- und ein Rotwein angeboten, welche sonst nur flaschenweise erhältlich sind.

Den Kenner und Liebhaber wird das Gebotene regelmäßig dazu verführen, wiederzukehren, und er wird die Zuverlässigkeit dieser Adresse zu schätzen wissen.

Restaurant Ambiente
79219 Staufen-Grunern, Ballrechter Str. 8,
Tel: 07633-802442, Fax: 07633-802442,
www.restaurant-ambiente.com
Geöffnet: täglich 12-14/18-22 Uhr
(Küchenschluss). Mi, Do Ruhetag.

Gesamtnote:	8,7 von 10 Punkten
Küche:	9 Punkte
Service:	9 Punkte
Ambiente:	7 Punkte
Weinangebot:	9 Punkte
Preis/Leistung:	9 Punkte

Staufen

Hotel-Gasthof Kreuz-Post

Das Markgräflerland wird zu Recht die Toskana Deutschlands genannt. Dies liegt an der lieblichen Landschaft, den freundlichen Menschen und den unzähligen Sonnenstunden, aber insbesondere an den guten Winzern und Gastronomen der Region. Zu den besten Restaurants der Gegend zählt ohne Zweifel die »Kreuz-Post« in Staufen.

Inhaber und Küchenchef Michael Zahn und seine Frau Heidi verwöhnen hier seit Jahren mit Hingabe ihre Gäste, das verdient Anerkennung und Respekt. Es sind nicht nur die kulinarischen Gaumenfreuden, die viele Gäste schwärmen lassen. Es ist schlicht und einfach das Gesamtpaket, das überzeugt.

Das Wohlfühlen beginnt bereits mit dem Betreten der Gaststube, denn das 1844 von Sixtus Schladerer übernommene Gasthaus wurde vor einigen Jahren äußerst stilvoll renoviert. Derjenige, der bei der Gestaltung des Innenraums beratend tätig war, ist ein Meister seines Faches. Wirklich alles – vom Kachelofen über die Tischdekoration bis hin zu den Vorhängen – ist farblich perfekt aufeinander abgestimmt. Wer vom hektischen Alltag einmal abschalten will, ist hier sehr gut aufgehoben. Zu einem Wellnesspaket gehört natürlich auch eine ausgezeichnete Küche. Ob Tomatencremesuppe mit Zanderterrine, Kaninchenragout mit Trüffeln und mediterranem Gemüse, Ochsenschwanzragout und Rindersteak mit Bohnen und Spätzle, ein bretonischer Seeteufel mit Ofentomaten, Pfifferlingen und Risotto oder eine Crêpe Suzette mit Vanilleeis als süßer Abschluss, alle Gerichte waren makellos, raffiniert zubereitet.

Der Service war aufmerksam, ohne aufdringlich zu sein. Kein Gehetze, keine Rennerei.

Hotel-Gasthof Kreuz-Post
79219 Staufen, Hauptstr. 65,
Tel: 07633-95320, Fax: 07633-953232,
www.kreuz-post-staufen.de
Geöffnet: Do-Mo 12-14:30/18-21:30 Uhr.
Di, Mi Ruhetag.

Gesamtnote:	8,8 von 10 Punkten
Küche:	9 Punkte
Service:	9 Punkte
Ambiente:	10 Punkte
Weinangebot:	8 Punkte
Preis/Leistung:	8 Punkte

Die Weinkarte kann sich sehen lassen, sie bietet exzellente Tropfen aus dem Markgräflerland und dem Kaiserstuhl. Aber auch jene, die einmal Lust auf einen ›Italiener‹, ›Franzosen‹ oder ›Spanier‹ haben, werden nicht enttäuscht. Einziger Wermutstropfen: Im Gegensatz zu den reell kalkulierten Preisen für die Speisen erscheinen uns die Getränke doch etwas zu teuer. So gibt es keine 0,375-Literflasche Wein unter 20 Euro und auch 7,80 Euro für ein Glas Sekt sind zu viel. Dennoch ist die »Kreuz-Post« eine Adresse, die Feinschmeckern ohne Umschweife empfohlen werden kann.

Staufen

Hotel-Gasthof Die Krone

An historischer Stelle im Staufener Städtle mit dem schönen Wandbild der Badischen Revolution und dem Satz von Hecker: »Ich dulde nicht, dass ich erschossen werde«, bewirtet die Familie Lahn in der gemütlichen Atmosphäre der Wirtsstuben feine badische Küche.

Seitdem Sohn Volker, der in führenden Häusern Deutschlands gelernt hat, mit für die Küche verantwortlich ist, trägt die Speisekarte modernere und kreativere Züge. Es wird ein vegetarisches, ein regionales und ein Gourmet-Menü angeboten. Das Angebot wird durch eine separate Tagesempfehlung, ein Kalbsgulasch für 16,80 Euro, ergänzt. Zu Ehren der Jäger des Umlandes hat sich die Familie verpflichtet, Wild aus der Region zu beziehen. Aber auch Gemüse, Weine oder Milchprodukte von einheimischen Produzenten und Erzeugern werden in der »Krone« bevorzugt verarbeitet.

Unsere Vorspeise, das Mousse von Taschenkrebsen mit Guacamole und gebratenen Scampi, war optisch und geschmacklich hervorragend. Ebenso der gebeizte Bio-Lachs, der fein mariniert serviert wurde. Als Zwischengang probierten wir eine wunderbare Fleischbrühe mit Leberspätzle und eine Rahmsuppe vom Kürbis, die mit oder ohne Jakobsmuscheln bestellt werden kann. Alles war grundsolide und wohlschmeckend zubereitet. Bei den Fleischgängen hielten wir uns an das Angebot des Simmentäler Rinds, das es als Filet mit Kartoffelterrine oder als Hochrippenstück mit einer Kruste gratiniert gibt. Auf den Punkt gebraten war diese hervorragende Fleischqualität ein Hochgenuss.

Die uns vorgelegte Dessertkarte passt nicht so recht zum anderen Speisenangebot, sie liest sich wie eine Allerweltskarte, was uns nicht davon abhält, einen der feinen Brände aus Staufener Produktion zu bestellen.

Bei einem erneuten Besuch bekommen wir eine weitere Dessertkarte mit interessanteren Zubereitungen, müssen aber auch feststellen, dass die Preise bei den Hauptgerichten deutlich nach oben korrigiert wurden.

Der Service, geleitet von Frau Lahn, mit aufmerksamen Damen an ihrer Seite, verläuft reibungslos und zuvorkommend. So stellt man sich badische Gastlichkeit vor!

Am Fuße des Staufener Schlossbergs ist es eine Selbstverständlichkeit, die feinen Tropfen der verschiedensten Staufener Weinproduzenten anzubieten. Erweitert wird das Angebot mit ebenso anständig kalkulierten Gewächsen aus dem Markgräflerland und dem Kaiserstuhl.

Hotel-Gasthof Die Krone
79219 Staufen, Hauptstr. 30,
Tel: 07633-5840, Fax: 07633-82903,
www.die-krone.de
Geöffnet: So-Do 11:30-14 Uhr/18-22:30 Uhr. Fr 18-22:30 Uhr. Sa Ruhetag.

Gesamtnote:	8,3 von 10 Punkten
Küche:	9 Punkte
Service:	8 Punkte
Ambiente:	9 Punkte
Weinangebot:	7 Punkte
Preis/Leistung:	8 Punkte

Stegen-Eschbach

Landhotel Reckenberg

Wer einen Tisch in Gerhard Hugs »Reckenberg« reserviert, löst damit automatisch eine Fahrkarte ins Schlaraffenland... Vom Chef persönlich empfangen, reist man durch die Welt der tausend Kräuter und Blüten, die frisch aus dem hauseigenen Garten geerntet und ganz naturbelassen zubereitet werden.

Unser Ausflug ins Gourmetparadies startet mit Holunderblütensekt zum Kartoffel-Wasabi-Schaum, der auf der Zunge schmilzt und den asiatischen Meerrettich mal ganz mild in Szene setzt. Es geht weiter mit Wildpfirsichblattwein, der wunderbar zur Lachsvorspeise passt. Der Fisch, geräuchert im Weißtannenrauch, entfaltet sein feines Aroma besonders gut in Kombination mit frisch gehobeltem Fenchel, minimelonenkugeln und einer Balsamicoreduktion.

Selbst wenn Gerhard Hug seit über 30 Jahren seinem Kochkonzept treu bleibt, fehlen auch auf seiner Karte diverse kulinarische Modeerscheinungen nicht. Das Hokkaidokürbis-Ingwer-Süppchen etwa oder der auf der Haut gebratene Kabeljau, der sich derzeit allerorts im Noilly Prat wälzen darf. Der hier gähnende Gourmet wird aber durch überraschende Kreationen entschädigt, die Hugs Karte zu bieten hat: der Ziegenkäse in Asche, der wunderbar zur eingelegten schwarzen Nuss passt. Bei der Herstellung dieses extravaganten Käsebegleiters wird die ganze Frucht unreif geerntet, über Wochen hinweg jeden Tag gewaschen und mindestens zehn Jahre eingelegt. Im »Reckenberg« ist diese eingelegte schwarze Nuss Spezialität und Stolz des Hauses. Zur letzten Station der Gourmetwunderlandreise fährt uns Chef Gerhard Hug mit seinem Dessertwagen. Schokoladentarte, eingelegtes Obst, Schokocreme, Erdbeeren- und Topfenmousse bilden zwar keine harmonische Geschmackseinheit, sind aber einzeln jede Sünde wert.

Bei den Weinen setzt man im »Landhotel« gänzlich auf badische und französische Tropfen. Die Zahl an renommierten Weinen ist groß und auch der Digestiftisch in der Mitte des Raumes wartet mit einer atemberaubenden Auswahl edler Tropfen auf.

Als Souvenir an die Reise ins Gourmetparadies nehmen wir ein paar Gläser hausgemachtes Fruchtgelee und Chutney mit.

Landhotel Reckenberg
79252 Stegen-Eschbach, Reckenbergstr. 2,
Tel: 07661-9793300,
Fax: 07661-97933020,
www.landhotel-reckenberg.de
Geöffnet: täglich 12-14 Uhr/18-22 Uhr.
Mi 17-22 Uhr. Di Ruhetag.

Gesamtnote:	8,0 von 10 Punkten
Küche:	8 Punkte
Service:	7 Punkte
Ambiente:	9 Punkte
Weinangebot:	8 Punkte
Preis/Leistung:	8 Punkte

Steinen-Endenburg

Gasthaus Zum Pflug

Spötter behaupten, Endenburg heißt Endenburg, weil dort das Ende der Welt erreicht ist. Das stimmt natürlich nicht, oder zumindest nicht ganz. Endenburg liegt weit oben auf der Höhe zwischen den Tälern von Kleiner Wiese und Kander. Der Blick schweift über die Höhen von Schwarzwald und Jura bis zu den Alpen, die einzigen Zeichen von Zivilisation sind die Dampfsäulen über Schweizer Kernkraftwerken. In Endenburg selbst gibt es eine anthroposophische Klinik, ein Gestüt und eben das Gasthaus »Pflug«. Das ist schon der Rede Wert, weil es sich dabei um ein gutes Beispiel dafür handelt, wie man sich im Naturpark Südschwarzwald ein Auskommen von und mit dem Land vorstellt. Im »Pflug« werden eigene landwirtschaftliche Produkte, vornehmlich Rindfleisch und Wildbret, verarbeitet und vermarktet, außerdem wird die Wertschöpfungskette durch das Angebot an Gästezimmern verlängert. Wer als Gast aus der Großstadt kommt, staunt über so harmonisches Landleben. Wer die Gegend etwas besser kennt, weiß, dass das Idyll manchenorts nur aufgesetzt und so viel unverfälschte Gastlichkeit wie im »Pflug« selten ist. Denn das Haus ist zwar landwirtschaftlich geerdet, aber alles andere als eine ungehobelte Bauernwirtschaft. Die Einrichtung ist gepflegt, die Wirtin beweist Stil bei der Betreuung der Gäste. Das Speisenangebot ist überschaubar – und das ist gut so. Denn wo Rinder und Kühe noch richtig auf der Weide stehen, sollte man Fleisch aus eigener Haltung bestellen, am besten ein Gericht mit einer

Gasthaus Zum Pflug
79585 Steinen-Endenburg, Im Hofacker 2,
Tel: 07629-347, Fax: 07629-570,
www.gasthauspflug.de
Geöffnet: Do-Di 10-21:30. Mi Ruhetag.

Gesamtnote:	8,7 von 10 Punkten
Küche:	9 Punkte
Service:	9 Punkte
Ambiente:	8 Punkte
Weinangebot:	9 Punkte
Preis/Leistung:	8 Punkte

sahnigen Soße und den hausgemachten Spätzle. Das gilt besonders für die köstlichen Filetspitzen. Eher etwas für Liebhaber ist das »Pflug«-Geschnetzelte aus Kalbsleberle und sauren Kalbsnierle. Wer Wild mag, bekommt hier vortreffliche Gerichte aus eigener Jagd und auch Vegetarier kommen bei Rösti und Salat (das schmackhafte Dressing wird als Spezialität sogar außer Haus verkauft) auf ihre Kosten. Und zum Abschluss ist der hausgemachte Eisgugelhupf zu empfehlen.

Die Weinauswahl ist auf Baden beschränkt. Das ist konsequent und passend. Löblich ist vor allem, dass die guten Rotweine aus Feuerbach, dem nächstgelegenen Weinberg im Kanderner Ortsteil, sowohl bei den offenen Angeboten als auch bei den Flaschen vertreten sind.

Stühlingen-Schwaningen

Gasthaus Schwanen

Das »Gasthaus Schwanen«, ein alter Landgasthof, liegt im dem ruhigen Mehrenbachtal südöstlich von Bonndorf in Richtung Schweizer Grenze. Unter Kennern und Feinschmeckern ist diese Adresse schon lange kein Geheimtipp mehr und längst etabliert. Der Familienbetrieb in dritter Generation wird geführt von Martin Weckerle und seiner aus Bayern stammenden Frau Alexandra. Seniorchef Werner Weckerle destilliert in der hauseigenen Brennerei eine Vielzahl an Raritätenbränden und Edelschnäpsen.

Nach zahlreichen Wanderjahren kehrte der Küchenmeister in seine Heimat zurück, um im elterlichen Gasthof bodenständige und schmackhafte Küche mit französischen und mediterranen Einflüssen anzubieten.

Die Speisekarte bietet eine überschaubare Anzahl von Hauptgerichten und verschiedene kalte und warme Vorspeisen sowie mehrere interessant klingende Desserts. Außerdem gibt es ein 5-Gang-Menü für 55 Euro. Gleiches kann man auch ohne Käse und ohne Suppe & Käse (49 bzw. 39 Euro), bestellen. Alles wird hausgemacht, das ausgesuchte Grundprodukt nach seiner Art und Beschaffenheit verarbeitet, so dass es danach schmeckt, was es ist. Daher ist Regionalität beim Einkauf für den ›Slow-Food-Verfechter‹ selbstverständlich. »Dazu gehört, dass man sich der Vegetation der Region zuwendet, schaut was hier angebaut wird und sich stark saisonal orientiert«; so seine Worte. Gekocht wird dann ohne jegliche Manipulation und Geschmacksverstärker. Dies und mehr waren gute Gründe, um im Michelin-Restaurantführer, den »Schwanen« mit einem Gourmet-Bib auszuzeichnen, der für gute Küche zu moderaten Preisen steht.

Gasthaus Schwanen
79780 Stühlingen-Schwaningen, Talstr. 9,
Tel: 07744-5177, Fax: 07744-1318,
www.gasthaus-schwanen.de
Geöffnet: Mai-Sept. Mo, Di, Fr, So 10:00-14:30 Uhr/17:00-24:00 Uhr. Do, Sa 17:00-24:00 Uhr. Mi Ruhetag. Okt.-April Mo, Di, Fr, Sa 17:00-24:00 Uhr. So 10:00-14:30 Uhr/17:00-22:00 Uhr. Mi, Do Ruhetag.

Gesamtnote:	9,2 von 10 Punkten
Küche:	10 Punkte
Service:	8 Punkte
Ambiente:	8 Punkte
Weinangebot:	10 Punkte
Preis/Leistung:	9 Punkte

Demzufolge erfreuten wir uns an einer delikaten Petersilienwurzel-Suppe und fein abgeschmeckten Wildschwein-Ravioli als Vorspeise, anschließend über Maultaschen mit Salat sowie Reh-Krautwickel mit Kartoffelpüree. Auch am abschließenden Mandeleis-Gugelhupf mit Zwergorangen; Granatapfel, gebrannten Mandeln und Kirschwasser-Espuma gab es nichts zu kritisieren.

Die umfangreiche Weinkarte bietet beachtliche Weine, national wie international. Da wir gerne einen jeweils passenden Wein zu den verschiedenen Gängen trinken, erfreute uns das Angebot verschiedener kleiner Flaschengrößen. Der gute Service trug ebenfalls zu unserem Wohlbefinden bei.

Stühlingen

Landgasthof-Hotel Rebstock

Mitten in Stühlingen, am Marktplatz, erhebt sich mächtig der »Landgasthof Rebstock« – ein denkmalgeschütztes Gebäude mit Staffelgiebel, Erker und einer mit Malereien schön gestalteten Fassade. Bereits seit 1368 – also seit knapp 650 Jahren – werden im »Rebstock« Gäste bewirtet und beherbergt. Aus allen Poren atmet das Gemäuer seine lange Geschichte aus, wer hierher kommt, fühlt sich ein wenig in die Vergangenheit zurückversetzt. Das liegt daran, dass die Wirtsleute Christine und Jochen Sarnow die historische Substanz und das Ambiente erhalten haben, ohne dass es überholt wirkt. Bereits seit 80 Jahren, als der Mosel-Winzer Josef Porten in den Schwarzwald kam, ist das Anwesen in Familienbesitz, 1995 hat dessen Enkelin Christine mit ihrem Mann den Betrieb übernommen (und im Nebengebäude noch ein Bauern- und Bulldogmuseum eingerichtet). Wie das Gebäude ist auch das Essen: traditionell, aber nicht veraltet. Neben dem zünftigen Vesper gibt es die bekannten badischen Klassiker – die Flädlesuppe, den Tafelspitz, Steak und Schnitzel in verschiedenen Variationen, auch frische Fische – und leider auch als offensichtlich notwendige Referenz an die Kundschaft zwei Garnelengerichte. Eine Spezialität des Hauses ist der Brutzelspaß vom heißen Stein – das rohe Fleisch und die Beilagen werden am Tisch vom Gast selbst gebraten. Ein dreigängiges Menü wird für 24,90 Euro angeboten, dieses Mal mit einer Pfifferlingrahmsuppe, einem gebratenen Bachsaibling auf Zucchini-Gemüse und einem erfrischenden Erdbeer-Rhabarber-Kompott mit Vanilleeis. Das schmeckt alles sehr gut, genauso wie das Rumpsteak mit den selbst gemachten Spätzle. Kleine Abstriche gibt es nur beim

Landgasthof-Hotel Rebstock
79780 Stühlingen, Schlossstr. 10,
Tel: 07744-92120, Fax: 07744-921299,
www.rebstock.eu
Geöffnet: Mo-Sa ab 16:30 Uhr.
So, Feiertag 6-24 Uhr.

Gesamtnote:	8,8 von 10 Punkten
Küche:	9 Punkte
Service:	7 Punkte
Ambiente:	9 Punkte
Weinangebot:	10 Punkte
Preis/Leistung:	9 Punkte

Gemüse (etwas verkocht) und beim Salat, dem etwas weniger Dressing besser gestanden hätte. Nicht ganz auf der Höhe war der Service an diesem Tag, was schon damit anfing, dass das Steak ohne Nachfrage ›medium‹ serviert wurde. An Weinen bietet der Rebstock mit mehr als 30 Flaschen eine gute Auswahl. Diese reicht vom Bodensee (Weingut »Aufricht«, Meersburg) über die Region (Weingut »Engelhof«, Hohentengen) bis hin zum Kaiserstuhl (Weingut Heger) und zur Ortenau, auch eine Handvoll ausländischer Erzeugnisse ist vorrätig. Und trotz der Nähe zur Schweiz mit ihrer zahlungskräftigen Kundschaft halten sich die Preise im »Rebstock« im Rahmen.

Sulzburg

Hotel-Restaurant Hirschen

Douce Steiner und ihr Mann Udo Weiler haben sich die letzten Jahre wieder eindeutig an die Spitze der Gourmet- und Sternerestaurants in Südbaden gekocht. Unbeirrt gehen die beiden ihren Weg, die traditionelle, französisch geprägte Hochküche der Kochlegende Hans-Paul Steiner weiterzuentwickeln. Ausgestattet mit einem perfekten Geschmackssinn, einem Willen, sich auf das Wesentliche zu konzentrieren, und einem untrüglichen Gespür für die Aromen der besten Grundprodukte, hat Douce Steiner ihren ganz eigenen, leichten und geschmacklich doch so intensiven Stil gefunden. Genuss pur lautet das Motto. Als Vorspeise kann man zwischen Tatar und Knusprigem vom bretonischen Hummer mit Jakobsmuschel auf einem Coulis von Muskatkürbis, aromatisiert mit Ingwer, Piment d'Espelette und frischem Koriander, über Langustine Royale im Kartoffelstroh mit Kalbskutteln und Kalbsbries in Champagner, Krustentierschaum bis hin zu rosa gebratener Taubenbrust und Gänseleberröllchen mit einem erfrischenden Granatapfelcoulis und drei Pfeffer wählen. Gefolgt von Seezunge und Riesengarnele in einem leichten Limonenfond, aromatisiert mit Zitronengras und rosa Pfeffer, Topinambur, Kalbskoteletts und glaciertem Kalbsbries in Burgundersoße, Blattspinat und Süßkartoffeln, Brust und Keule vom wilden Jagdfasan mit weißem Pfefferschaum, Weißkohlröllchen und Totentrompeten oder ganzer Schnepfe mit Schnepfendreck in Trüffelsoße, Entenleberschnitzel und Wirsing als saisonal ausgerichtete, perfekt zubereitete Hauptgänge. Als krönender Abschluss gibt es Fondant von Valrhona Zartbitterschokolade mit Williamsbirne, rosa Pfeffer, Parfait von karamellisierten Kürbiskernen, serviert mit Champagnersüppchen und Ananas, oder die großartige Variation hausgemachter Eiscremes und Früchtesorbets der Saison. Es muss dazu gesagt werden, dass die Patisserie die heimliche Liebe der Chefin ist.

Immer empfehlenswert, um eine Küche kennenzulernen, sind die verschiedenen Menüzusammenstellungen. Beide Gaststuben sind gestalterisch behutsam aufgefrischt worden. Der Service, oft mit Mutter Steiner, ist schlicht perfekt, und die große Weinkarte mit bemerkenswerter Sorten- und Jahrgangstiefe ist vorbildlich. Das alles hat seinen ordentlichen Preis, der für eine solche Spitzenküche vollkommen angemessen ist.

Glückliches Südbaden, das einen »Hirschen« in Sulzburg in seiner Mitte weiß!

Hotel-Restaurant Hirschen
79295 Sulzburg, Hauptstr. 69,
Tel: 07634-8208, Fax: 07634-6717,
www.hirschen-sulzburg.de
Geöffnet: täglich 12-14/18:30-21:30 Uhr.
Mo, Di Ruhetag.

Gesamtnote:	9,5 von 10 Punkten
Küche:	9,5 Punkte
Service:	10 Punkte
Ambiente:	9 Punkte
Weinangebot:	10 Punkte
Preis/Leistung:	9 Punkte

Sulzburg-Laufen

La Vigna

Es ist etwas geräumiger geworden im neuen Restaurant und im Freien sitzt man noch angenehmer als bisher. Thomas Schmeißer, Schwager von Patron Antonino Esposito, hat die Küchenleitung übernommen. Ansonsten hat sich aber zum Glück nichts verändert seit dem Umzug dieses italienischen Spitzenrestaurants von der Weinstraße 7 schräg gegenüber in die Weinstraße 38, ehemals Winzerstube »Drei Lilien«.

Die Espositos stehen seit Jahrzehnten für eine italienische Küche, die im Markgräflerland mit ihrer Geradlinigkeit und puristischen Klarheit ohnegleichen ist. Souverän wird hier alles beiseite geschoben, was nach Verkünstelung oder modischem Schnickschnack aussieht. Man konzentriert sich ganz auf das, was die Quintessenz dieser mediterranen Kochkunst ausmacht: Man nehme ein Produkt, gehe bei der Qualität keinerlei Kompromisse ein und achte bei der Zubereitung darauf, dass dessen Eigenart betont und nicht unter einem Zuviel an Beiwerk oder kochtechnischer Verfremdung begraben wird, abschließend komponiere man alles so, dass wenige, aber in sich stimmige Aromen zueinanderfinden.

Bei den Vorspeisen begeistern die Calamaretti, die nur ganz kurz in die scharfe Hitze des Grills tauchen, dadurch wunderbar zart bleiben und wirklich nicht mehr brauchen als Meersalz, Pfeffer, Zitronensaft und erstklassiges Olivenöl als Gewürz und Abrundung zugleich. Wenn die Jahreszeit danach ist, gibt es wunderbare hausgemachte Agnolotti mit Trüffeln.

Bei den Hauptgerichten überzeugt die auf den Punkt genau rosarot gebratene Taube mit einem satten Nebbiolojus genauso wie das wunderbar marinierte Stück vom Rind (Tagliata di Manzo), das mit Cima di Rapa, einem urtypischen, leicht bitteren italienischen Gemüse, eine treffsichere Begleitung hat. Dass die beiden Menüs, das sechsgängige »Il Menue della Vigna« mit 70 Euro und das viergängige mit 46 Euro in den letzten vier Jahren beim Preis gerade mal um jeweils zwei Euro zugelegt haben, können wir kaum glauben.

Die Weinkarte konzentriert sich bei den badischen Gewächsen vorwiegend auf die Markgräfler Umgebung. Deutlich breiter aufgestellt ist das italienische Angebot. Es glänzt nicht nur mit einigen großen, sondern auch mit noch nicht überall bekannten Namen, die darüber hinaus auch noch sehr vernünftig kalkuliert sind.

La Vigna
79295 Sulzburg-Laufen, Weinstr. 38,
Tel: 07634-8014, Fax: 07634-69252,
www.restaurant-la-vigna.de
Geöffnet: Di-Sa 12-21 Uhr
(Küchenschluss). So, Mo Ruhetag.

Gesamtnote:	9,3 von 10 Punkten
Küche:	10 Punkte
Service:	8 Punkte
Ambiente:	10 Punkte
Weinangebot:	9 Punkte
Preis/Leistung:	9 Punkte

Sulzburg

La maison Eric

La maison Eric
79295 Sulzburg, Im Brühl 7,
Tel: 07634-6110, Fax: 07634-69228,
www.la-maison-eric.de
Geöffnet: Mi-So 12-14 Uhr/18:30-24 Uhr.
Mo, Di Ruhetag.

Gesamtnote:	8,5 von 10 Punkten
Küche:	8 Punkte
Service:	10 Punkte
Ambiente:	9 Punkte
Weinangebot:	8 Punkte
Preis/Leistung:	8 Punkte

Langjährige Freunde des »Hirschen« in Sulzburg erinnern sich noch gut an Eric Grandgirard, den damaligen Chef de Service. Er verkörperte so etwas wie die Wunschvorstellung, die man an einen Oberkellner in einem Sternerestaurant hat: das Gegenteil von steif, dafür fröhlich, unkompliziert und sachkundig, immer präsent, aber nie aufdringlich. Und sein französischer Akzent setzte dem noch die Krone an gefühlter Leichtigkeit auf.

Nun hat er seit längerem sein eigenes Restaurant in einem über 200 Jahre alten Anwesen. Man fühlt sich hier fast ein bisschen wie zu Hause, und da ist es kein Wunder, dass der Wohlfühlfaktor ganz erheblich ist. Neben Grandgirard selbst tragen vor allem die dezent rustikale Einrichtung mit Holzbalken und natürlich die Küche dazu bei, dass sich hier ein Refugium für Genussmenschen entwickelt hat.

Am Herd steht Dagmar Hauck, die beste Ware aus dem Elsass und dem Markgräflerland zu zwei sehr ansprechenden Menüs verarbeitet, die das Grundgerüst der Speisekarte bilden: eine jahreszeitlich abgestimmte Folge, einmal mit Fisch, einmal mit Fleisch.

Das eine beginnt beispielsweise mit einem Tatar vom Wildlachs auf Fenchel, setzt sich fort mit einer feinen Fischsuppe, danach gibt es Dorade auf Ratatouille und zum Finale Käse aus Frankreich oder eine Mousse. Bei der Fleischvariante war bei unserem Besuch eine Tafelspitzsülze mit Meerrettichsoße und Salat im Angebot, gefolgt von Ravioli mit Sommertrüffeln und als Hauptgang ein Kalbsrücken auf Steinpilz-Pfifferling-Ragout nebst Risotto und Zuckerschoten. Die Menüs kosten komplett 50 bzw. 54 Euro, als Dreigänger 39 bzw. 40 Euro – eine angemessene Preisgestaltung.

Auf den Tellern gibt es keinen überflüssigen Firlefanz, alles ist schön und klar präsentiert, sehr solide und gut gekocht, die Garzeiten stimmen, die Produkte sind von bester Qualität. Ohne anderes damit zu kritisieren: Besonders gut gefallen hat uns das Fisch-Safran-Süppchen mit gebratenen Gambas – ein kräftig abgeschmeckter Fond mit punktgenau gegarter Einlage. Bestens auch der saftige Kalbsrücken, der wirklich nach Kalb und nicht nach Langeweile geschmeckt hat.

Die Weinkarte ist gut badisch-französisch sortiert.

Umkirch

Villa Thai

Das Restaurant »Villa Thai« ist im Hotel »Pfauen« in Umkirch integriert und war eine der ersten wirklich authentischen Thai-Adressen in Südbaden. Das Restaurant ist sehr stilvoll eingerichtet mit üppigem Blumenschmuck und asiatischen Möbeln sowie einer sehr gut gepflegten Terrasse mit noch mehr Stauden und Pflanzen. Da lässt es sich nicht nur im Sommer gut aushalten, die Terrasse ist auch in der Übergangszeit für den Aperitif ein stimmungsvoller Platz. Sagen wir es gleich vorweg: Das Angebot wirkt irgendwie nicht so richtig stimmig. Man merkt zwar das absolute Bemühen um die Speisequalität, die Produkte und Speisen haben nichts mit den üblichen ›Einheits-Asiaten‹ zu tun. Es gibt eine Vorspeisenvariation ab zwei Personen für gerade einmal 7,50 Euro pro Kopf, Suppen, die beim Lesen Appetit machen, und Hauptgänge in allen Preislagen. Wenn der Blick jedoch auf die Weinkarte zielt, bekannterweise das Steckenpferd von Herrn Mac, dann ist es eher etwas unverständlich, dass hier der Preis so weit oben angesetzt wird. Ein Glas Champagner zum Aperitif für 9,50 Euro, ein Grauburgunder von »Franz Keller« für 30 Euro. Leider fehlt bei den Weißweinen der ›Stoff‹, der zu den Speisen passen würde, zum Beispiel schöne Rieslinge! Die angebotenen Rotweine guter Jahrgänge im oberen Preisniveau möchten wir nicht zu den Hauptgängen mit Thai-Gewürzen genießen. Bei den offenen Weinen gibt es ein gutes, mit Sachverstand zusammengestelltes Angebot. Der Service ist freundlich, zurückhaltend, kann aber schon mal ein Pils, wenn es das erste des Abends ist, ziemlich warm auf den Tisch stellen. Die Hühnersuppe mit der Wan-Tan-Teigtasche war ebenso hervorragend abgeschmeckt wie der grüne Papayasalat. Hier war auffallend, dass kein Koriandergrün verwendet wurde. Bei den Hauptgängen probierten wir ein rotes Curry mit einer perfekt knusprigen, qualitativ erstklassigen Entenbrust und herrlich duftendem Basmatireis sowie ein in der Portion sehr reichlich bemessenes Reisnudelgericht mit Pilzen, Sprossen und Riesengarnelen. Erdnüsse und separat gereichtes Chillipulver zum selber würzen rundeten die sehr guten Garnelen ab. In der »Villa Thai« wird wirklich auf Speisequalität geachtet, so ganz nebenbei haben wir bemerkt, dass alle Speisen auch abgeholt werden können.

Villa Thai
79224 Umkirch, Hugstetter Str. 2,
Tel: 07665-93760, Fax: 07665-937639,
www.villa-thai.de
Geöffnet: täglich 12-14 Uhr/18-23 Uhr.

Gesamtnote:	7,7 von 10 Punkten
Küche:	8 Punkte
Service:	7 Punkte
Ambiente:	8 Punkte
Weinangebot:	8 Punkte
Preis/Leistung:	7 Punkte

Vogtsburg-Oberbergen

Restaurant-Hotel Schwarzer Adler

Wie ein bestens geöltes Uhrwerk vollbringt die Brigade des »Schwarzen Adler«, »Deutschlands schönster Gasthof« – wie ein Kritiker einmal schrieb –, von Tag zu Tag Spitzenleistungen. Was Küchenchef Anibal Strubinger seit Jahrzehnten, und seit wenigen Jahren zusammen mit Souschef Christian Rosse, an bester, saisonaler und regionaler Hochküche bietet, ist schlichtweg großartig. Der Gast wählt zwischen den längst legendären Klassikern, wie Gänseleber mit Apfelchutney und Gewürztraminergelee, Froschschenkel in Knoblauchpetersilienbutter, Atlantikjakobsmuscheln auf (der unvergleichlichen) Beurre blanc und schwarzem Venere-Risotto, der Brust der Anjou-Taube mit gebratener Gänseleber, einer Soße von wildem Madagaskar Pfeffer und Rahmpolenta und getrüffelter Poularde in der Meersalzkruste oder in der Blase, dort gefüllt mit Gänseleber, Reis und Gemüse – auf Vorbestellung. Viele Gäste suchen den Weg ins herrliche Vogtsburg am Kaiserstuhl dieser Klassiker wegen. Aber auch die marinierte Kalbszunge mit Flusskrebsen und Senfkörnervinaigrette, Zweierlei von der Königskrabbe – gebacken und als Salat – mit Früchtechutney, St. Petersfischfilet auf violetter Traubensenfsoße mit Kalbskopfgraupen, Filet von der Fleckviehfärse mit Spätburgundersoße, Rosenkohl, Rote-Bete-Ragout, Gnocchi, oder Kotelett und Medaillon vom deutschen Weidelamm mit Madeirasoße und Kräuterpesto, Artischocken und Kichererbsenpüree überzeugen.

Hier wird nicht geschäumt oder werden kunstvolle Türmchen aufgeschichtet noch miroartige Bilder auf den Teller gesetzt, im »Schwarzen Adler« wird seit Jahren eine wunderbare Symbiose aus traditioneller französischer und neuer badischer Küche gekocht, die kompromisslos auf Qualität und Frische setzt. So ist es auch mit den hauseigenen Weinen, große badische Gewächse und der wahrscheinlich umfangreichsten Weinkarte in Südbaden, die nicht nur bei Bordeaux und Burgunderweinen der Nachbarn unschlagbar aufgestellt ist. Der Service um Urgestein Hubert Pfingstag und Sommelière Melanie Wagner ist nicht zu toppen. Die Gasträume sind zeitlos elegant, gemütlich, und hinter allem stehen die unermüdlich engagierten Besitzer Bettina und Fritz Keller, deren hingebungsvolle Leidenschaft für die badische Gastronomie und den Weinbau sicher im Sinne des Firmengründers Franz Keller ist.

Restaurant-Hotel Schwarzer Adler
79235 Vogtsburg-Oberbergen, Badbergstr. 23,
Tel: 07662-933010, Fax: 07662-933046,
www.franz-keller.de
Geöffnet: Fr-Di 12-15 Uhr/18:30-24 Uhr.
Mi, Do Ruhetag.

Gesamtnote:	9,3 von 10 Punkten
Küche:	9 Punkte
Service:	10 Punkte
Ambiente:	9 Punkte
Weinangebot:	10 Punkte
Preis/Leistung:	9 Punkte

Vogtsburg-Schelingen

Restaurant Köpfer's Sonne

Zu einer auch für Gourmets empfehlenswerten Adresse ist das Gasthaus »Sonne« im kleinen Kaiserstühler Winzerdorf Schelingen geworden. Schon Seniorchef Otto Köpfer und seine Frau Bärbel waren für ihre gute und bodenständige Küche bekannt. Sohn Stephan hat im Januar 2008 zusammen mit seiner Schwester Eva Maria das Haus übernommen und die Speisekarte seither Jahr für Jahr weiterentwickelt.

Stephan Köpfer, der neben Koch auch Konditor und Küchenmeister gelernt hat, beweist immer wieder eindrucksvoll sein besonderes Gespür für regionaltypische Gerichte. So sind zum Beispiel sein nach einem alten Hausrezept hergestellter lauwarmer Zigorisalat sowie das Ragout von Kalbskopf und -bries ein Hochgenuss. Seine Vorliebe fürs Mediterrane wird vor allem bei den Fischgerichten spürbar. Er selbst reist mit Vorliebe nach Frankreich ans Meer, um neue Fischkreationen auszuprobieren. Aber auch Steaks versteht er auf den Punkt gebraten zu servieren. Am Wochenende werden Kuchen und Torten aus der hauseigenen Backstube serviert. Auch das von Stephan Köpfer selbst gebackene Brot ist ein Hochgenuss.

Der noch junge Koch, der zum Ausgleich beim »TuS Oberrotweil« und in der Nationalmannschaft der deutschen Köche Fußball spielt, besitzt den nötigen Ehrgeiz und das handwerkliche Können, es noch weiter nach oben zu bringen. Am Kaiserstuhl gehört er bereits ohne Zweifel mit zu den Besten. In wirtschaftlichen Fragen, im Marketing und im Service steht ihm seine Frau Christina hilfreich zur Seite. Auch Bärbel und Otto Köpfer helfen fast noch täglich im Service mit.

Restaurant Köpfer's Sonne
79235 Vogtsburg-Schelingen, Mitteldorf 5,
Tel: 07662-276, Fax: 07662-6043,
www.sonne-schelingen.de
Geöffnet: täglich 11-23 Uhr.
Di, Mi (Nov.-März) Ruhetag.

Gesamtnote:	8,7 von 10 Punkten
Küche:	9 Punkte
Service:	8 Punkte
Ambiente:	9 Punkte
Weinangebot:	8 Punkte
Preis/Leistung:	9 Punkte

Innen gleicht die »Sonne« nach wie vor einer traditionellen Kaiserstühler Gastwirtschaft. Schnickschnack wäre hier auch fehl am Platz. Auf der Weinkarte sind Tropfen von rund 25 Kaiserstühler Weingütern und Winzergenossenschaften zu angemessenen Preisen zu finden. Nach einem ausgiebigen Essen empfiehlt sich übrigens ein Sparziergang durch die nahe gelegenen Schelinger Weinberge oder das Naturschutzgebiet Badberg, das viele seltene Pflanzen- und Insektenarten beheimatet.

Vogtsburg-Oberbergen

Winzerhaus Rebstock

Im urgemütlichen Innenhof des »Rebstock« in Oberbergen, auf der gegenüberliegenden Seite des vielfach ausgezeichneten Flagschiffs der Familie Keller, des »Schwarzen Adler«, kann man herrlich badisch-elsässische Spezialitäten genießen. Küchenchefin Dominique Gutleben ist die Lebensgefährtin von Anibal Strubinger, dem Chef der Küche im »Schwarzen Adler«, ein glücklicher Umstand. Gutleben kocht leicht, sehr geschmackvoll und stellt alles frisch, aus besten Grundprodukten selbst her. So sind das Carpaccio vom Kalbskopf mit Berglinsensalat, die hausgemachte Entenleberterrine, die bretonischen Artischocken mit Traubenkernölvinaigrette oder badische Antipasti (Wurstsalat, Kalbsmaulsalat und Bibiliskäs) gesetzte Vorspeisen.

Viele kommen auch wegen des ausgezeichneten hausgemachten Flammkuchens, der traditionell oder provenzalisch, mit Münsterkäse und Kartoffeln oder mit Frühlingszwiebeln, Pfifferlingen und Parmesan, mit Feigen, Ziegenkäse und Savoyer Bergschinken serviert wird. Natürlich gibt es Wiener Schnitzel mit Kartoffelsalat, frische Kalbsnieren mit Pommery-Senfsoße, einen Kalbskopf lauwarm oder mit einer Spätburgundersoße, ein ganzes Mistkratzerle aus dem Ofen oder paniertes Barschfilet mit Kartoffel-Gurken-Salat und Remoulade oder ein gebratenes Lachsforellenfilet mit hausgemachten Kartoffelrösti. Das schmeckt alles genau so, wie man es aus Großmutters Küche erinnert, nur etwas leichter und feiner. Täglich wechseln die Angebote an saisonalen Schmankerln. Es gibt sehr viele Gäste, die wohl oft im »Rebstock« essen und sich noch etwas mehr Abwechslung in der Speisekarte wünschen würden – das ist aber eher ein Luxusproblem.

Winzerhaus Rebstock
79235 Vogtsburg-Oberbergen, Badbergstr. 23,
Tel: 07662-933011, Fax: 07662-933046,
www.franz-keller.de
Geöffnet: täglich 12-24 Uhr.
Mo, Di (Nov.-Feb.) Ruhetag.

Gesamtnote:	9,3 von 10 Punkten
Küche:	10 Punkte
Service:	8 Punkte
Ambiente:	9 Punkte
Weinangebot:	10 Punkte
Preis/Leistung:	9 Punkte

Natürlich ist die Weinkarte bestens bestückt und wem das Angebot immer noch nicht genügt, der kann sich auch die umfangreiche Weinkarte des »Adler« kommen lassen. Im Service kann es bei großem Andrang mal etwas holpern, das kompensiert aber die behagliche Atmosphäre in den unterschiedlichen Gasträumen problemlos.

Ein wunderbarer Ort zum ungezwungenen Einkehren und Verweilen nachdem man die großartige Kulturlandschaft des Kaiserstuhls genossen hat.

Vogtsburg-Burkheim

Siebter Himmel

Die Voraussetzungen für einen äußerst gelungenen Abend hätten nicht besser sein können: laue Sommernacht, angenehme Temperaturen um die 20 Grad, gute Freunde am Tisch, ein leichtes Knurren in der Magengegend, das auf Hunger schließen lässt, Lust auf einen edlen Tropfen aus dem Kaiserstuhl und eine malerische Umgebung mit alten Fachwerkhäusern. Wir sitzen auf der Terrasse des Restaurants »Siebter Himmel« in Burkheim und fangen an zu verstehen, warum das Gasthaus ausgerechnet diesen Namen trägt.

Es hätte ein perfekter Abend werden können, wenn sich Küche und Service diesem außergewöhnlichen Ort und Ambiente angepasst hätten. Aber die Unterschiede waren doch etwas zu groß. Es ist nicht so, dass wir den »Siebten Himmel« deshalb von der Liste der Restaurants streichen werden, die wir immer wieder einmal aufsuchen werden – alleine schon der außergewöhnlichen Umgebung wegen. Aber der Wechsel in der Küche scheint dem Haus nicht gut getan zu haben und nettes Servicepersonal ist heutzutage eben auch nicht gerade leicht zu finden. Wobei wir dem Service den guten Willen gar nicht absprechen wollen. Aber es waren eben zu viele Fehler: ein vergessener Sprudel, ein vergessener Kaffee, eine Flasche warmer Wein, obwohl wir ausdrücklich eine gut gekühlte bestellt hatten, sowie ein nicht gerade geschicktes Umgehen mit Reklamationen.

Die Küche passte sich diesem Niveau an: Die Spargelsuppe bestand hauptsächlich aus Sahne, die dazu gereichte Entenleberpraline war als solche geschmacklich nicht zu identifizieren, das Rumpsteak war so blutig, dass es noch einmal in der Pfanne nachgebraten werden musste, zum Fisch wurden Kartoffelspalten statt der versprochenen Nudeln gereicht, das Kalbssteak war annehmbar, aber nicht gerade zart, lediglich das Kartoffelomelette war wirklich klasse.

In einem durchschnittlichen Gasthaus hätten wir nichts anderes erwartet, der »Siebte Himmel« stellt jedoch an sich selbst – und preislich auch an die Gäste – andere Ansprüche. »Sie lieben gute Speisen…?« oder »Hier verwöhnen wir ihren Gaumen in einer besonderen Atmosphäre mit viel Stil und Flair und der besonderen Küche unseres Küchenchefs«, heißt es beispielsweise auf der Homepage. Bleibt zu wünschen, dass der »Siebte Himmel« wieder auf das Niveau zurückfindet, das ihn einmal ausgezeichnet hat.

Siebter Himmel
79235 Vogtsburg-Burkheim, Mittelstr. 3,
Tel: 07662-949920, Fax: 07662-931350,
www.siebter-himmel.eu
Geöffnet: Di-So 12-22 Uhr. Mo Ruhetag.

Gesamtnote:	7,2 von 10 Punkten
Küche:	6 Punkte
Service:	7 Punkte
Ambiente:	9 Punkte
Weinangebot:	8 Punkte
Preis/Leistung:	7 Punkte

Vogtsburg-Niederrotweil

Gasthaus Zum Kaiserstuhl

Gasthaus Zum Kaiserstuhl
79235 Vogtsburg-Niederrotweil,
Niederrotweil 5,
Tel: 07662-237, Fax: 07662-9350727,
www.gasthaus-zum-kaiserstuhl.de
Geöffnet: Mo-Sa 12-21:30 Uhr (Küchenschluss). So 12-15 Uhr. Mo Ruhetag.

Gesamtnote:	8,3 von 10 Punkten
Küche:	9 Punkte
Service:	8 Punkte
Ambiente:	8 Punkte
Weinangebot:	8 Punkte
Preis/Leistung:	8 Punkte

Lange bevor es schick war, fast ausschließlich Produkte aus der Region zu verwenden und auf künstliche Geschmacksverstärker oder Fertigprodukte zu verzichten, hat sich Lothar Koch bewusst für diesen Weg entschieden. Denn er möchte in seinem Gasthaus »Zum Kaiserstuhl« in Niederrotweil nicht nur seine Gäste kulinarisch verwöhnen, sondern auch deren Geschmackssinn erhalten bzw. wiederbeleben. Dieses Ziel erreicht Lothar Koch auf eine höchst interessante Art: Er verwendet unzählige Kräuter und essbare Blumen und sorgt damit bei seinen Gästen für so manches Aha-Erlebnis.

Kochs Speisekarte ist nicht mit der eines gewöhnlichen Gasthauses zu vergleichen: Duftendes Steinpilzrahmsüppchen mit Gundelrebe, Vogelmieresamtsüppchen mit einer Kräuterwolke, Rehragout mit Tannenschößlingsoße und Brennnesselspätzle, zart-grünes Schlüsselblumensamtsüppchen, wilder Feldsalat aus den Reben mit Mandelschinken und Parmesan, gebeiztes Rinderfilet mit Bärlauchkapern, Kaiserstühler Wildwiesentörtchen, duftendes Rosenblüten-Rahmeis oder eine Bowle von der Zitronengeranie mit eingelegten Zwergkiwi sind nur einige Beispiele seines Einfallsreichtums. Dahinter steckt ein umfangreiches Wissen über die Verwendung von Kräutern und Blumen in der Küche. Dieses hat sich Koch während seiner Lehr- und Wanderjahre angeeignet und später auf eigene Faust beträchtlich erweitert. Was an Kräutern auf den Teller kommt, stammt entweder aus dem eigenen Garten oder von Wiesen und Feldern der nahen Umgebung. Nur seine Frau Walburga kann ihm beim Sammeln das Wasser reichen, schmeckt doch zum Beispiel eine Löwenzahnblüte nur zu bestimmten Tageszeiten so, wie es Lothar Koch gerne hat.

Wer zum ersten Mal in dem kleinen Kaiserstühler Wirtshaus zu Gast ist, dem werden vielleicht nicht gleich alle Kräutervariationen munden, schließlich stellen sie für den Gaumen – wie alles Neue – eine Herausforderung dar. Es lohnt sich jedoch, wiederzukommen und mit der Zeit tiefer in die Geheimnisse dieser Küche einzutauchen. Auch bei den Weinen bleibt Lothar Koch seiner regionalen Philosophie treu. Es gibt sehr gute Tropfen von Kaiserstühler Winzern sowie ab und an ein Mitbringsel aus dem Italienurlaub. Schade, dass kaum ein guter Wein auch offen ausgeschenkt wird.

Vogtsburg

Hotel-Restaurant-Winzerstube Zur Achkarrer Krone

Das Hotel-Restaurant »Zur Krone« in Achkarren gehört ohne Zweifel zu den traditionsreichsten Häusern der Region. Seit mehr als 450 Jahren werden dort Gäste empfangen und verwöhnt, zunächst in einer eher einfachen Gemeinde- und Bürgerstube, später dann in den rustikalen Schankräumen.

Seit 1994 leitet Küchenmeister Jürgen Schüßler zusammen mit Friedhilde Höfflin sowie rund 20 Mitarbeitern das Haus. Schüßler ist ein Tausendsassa, der immer wieder mit neuen Ideen überrascht und dem das Wohl seiner Gäste sehr am Herzen liegt. Wenn möglich, werden Sonderwünsche gerne und unbürokratisch erfüllt. »Die Krone« ist auch eine gute Adresse für Gruppen, die am Kaiserstuhl wandern möchten oder dem Wein zugetan sind. In der zum Hause gehörenden Winzerstube gibt es beispielsweise mehr als 25 Tropfen offen zu verkosten, was in der Gastronomie keine Selbstverständlichkeit mehr ist – leider! Auch wer einen etwas größeren Hunger hat, kommt in der »Krone« auf seine Kosten. Ein Beleg dafür ist, dass die deutsche Rudernationalmannschaft seit 1984 in der »Krone« unterkommt und verpflegt wird, wenn sich die Spitzensportler auf der Regattastrecke in Breisach auf Weltmeisterschaften und Olympische Spiele vorbereiten.

»Typisch saisonale Frischeküche mit regionalen Akzenten«, so beschreibt Schüßler die Ausrichtung seiner Küche. Angeboten werden zum Beispiel als Vorspeisen Sunnewirbele und Löwenzahnsalat sowie kaltgeräuchertes Gänsebrustcarpaccio. Als Hauptgang können wir Wild empfehlen, das Schüßler meist selbst erlegt hat

Hotel-Restaurant-Winzerstube Zur Achkarrer Krone
79235 Vogtsburg-Achkarren,
Schloßbergstr. 15-17,
Tel: 07662-93130, Fax: 07662-931350,
www.hotel-krone-achkarren.de
Geöffnet: täglich 11-22 Uhr.
Mi, Do (Jan.-März) Ruhetag.

Gesamtnote:	8,5 von 10 Punkten
Küche:	8 Punkte
Service:	8 Punkte
Ambiente:	9 Punkte
Weinangebot:	9 Punkte
Preis/Leistung:	9 Punkte

und das mit Marzipanäpfele, Rotweinbirne, Spätzle und Salat serviert wird. Aber auch das Elztäler Kalb mit Gemüse und Spätzle mundet gut. Für Vegetarier bietet die »Krone« unter anderem geschwenkte Bärlauchspaghetti sowie einen mit Gemüse gefüllten Krautwickel mit Kartöffele und Salatvariationen an. ›Üs em Wasser‹ gibt es unter anderem Lachs, Zander, Forelle und Hecht. Als regionale Gerichte werden Maultäschle, eingelegtes Kalbfleisch, alemannisches Schäufele mit weinsaurem Kraut, ein Jungschweinrücken und eine gekochte Ochsenbrust angepriesen.

Auch bei der Weinauswahl gibt sich Schüßler Mühe. Bei sehr vielen Gerichten findet der Gast eine Weinempfehlung, was ihm die Bestellung oft erleichtert. Der Service ist freundlich und bodenständig.

Vörstetten

Gasthaus Sonne

In einem wunderschönen Fachwerkhaus mitten in Vörstetten ist die »Sonne« beheimatet und verkörpert den Inbegriff eines pittoresken Dorfgasthauses. ›Herzlich Willkommen‹ heißt es im dazugehörenden Hotel, das sich seit über 250 Jahren im Besitz der Familie Stahl befindet, sowie in den gemütlichen und heimeligen Gasträumen mit dunkler Holzvertäfelung, Kachelofen und niedriger Decke, ebenso im schönen Garten unter Kastanien mit südlichem Flair.

Zu diesem Ambiente passt die nicht allzu große, abwechslungsreiche Speisekarte in der sich neben bewährten badischen Gerichten, ebenso spannende Kreationen mit mediterranen Anklängen finden lassen. Nebenbei bemerkt, sind uns kleinere Karten grundsätzlich lieber, weil man eher davon ausgehen kann, dass die Gerichte zeitnah aus frischen Zutaten zubereitet wurden. Jeden Tag werden zwei dreigängige Menüs angeboten, das mit Fleisch gibt es für etwa 28 Euro und das vegetarische für 23 Euro. Darüber hinaus werden täglich wechselnde Tagesempfehlungen vom agilen, immer präsenten und sehr freundlichen Service vorgestellt. Mittags kann man für um die 9 Euro jeweils mit Suppe eins von zwei wechselnde Tagesessen bekommen.

Und so erfreuen wir uns an einem schon fast in Vergessenheit geratenen Klassiker: hausgemachte Kohlrouladen mit Bratkartoffeln, voran ging eine schmackhafte Rindfleischterrine mit kleinem Salat. Ebenfalls genossen wir das vegetarische Menü, bestehend aus einem Salat mit Pinienkernen und gebratenen Pilzen, einem köstlichen Zucchini-Pfannkuchen mit Joghurt-Minze-Soße und Limonenparfait mit marinierten Erdbeeren. Dass hier frisch, ehrlich und ohne Verwendung von

Gasthaus Sonne
79279 Vörstetten, Freiburger Str. 4a,
Tel: 07666-2326, Fax: 07666-8595,
www.sonne-voerstetten.de
Geöffnet: täglich 10-22 Uhr (Küchenschluss). Sa 17-22 Uhr (Küchenschluss). Mo Ruhetag.

Gesamtnote:	9,0 von 10 Punkten
Küche:	9 Punkte
Service:	9 Punkte
Ambiente:	9 Punkte
Weinangebot:	9 Punkte
Preis/Leistung:	9 Punkte

Hilfsmitteln, wie zum Beispiel Geschmacksverstärken gekocht wird, schmecken wir sofort, statt dessen finden wir an frischen Kräutern und Gewürzen Gefallen und fühlen uns an die frühere Küche unserer Mütter erinnert.

Die Dessertkarte bietet neben Bekanntem auch raffinierte Zusammenstellungen, je nach Jahreszeit und Saison.

Die Weinkarte beschränkt sich vornehmlich auf badische Weine und ist dort gut sortiert, des weiteren werden circa 15 Flaschenweine aus Frankreich, Italien und Spanien angeboten.

Alles in allem verlassen wir diesen Ort mit einem uneingeschränkten Wohlgefühl – zum Gasthaus »Sonne« kehren wir gerne mal wieder zurück.

Waldhaus

Brauereigasthof Waldhaus

Nach Meinung vieler Biertrinker kommen zwei der besten Biere Badens aus dem Kreis Waldshut: Von der weiland bekannten Staatsbrauerei »Rothaus« und – nur 22 Kilometer entfernt – von der privaten Brauerei »Waldhaus«, die im direkten Vergleich nicht mit dem großen Bruder mithalten kann, zumindest im Hinblick auf die Quantität: 50.000 Hektoliter Bier haben die Waldhauser 2011 gebraut, das mehr als 16-fache die Rothauser, nämlich 838.000 Hektoliter. Wie die Staatsbrauerei besitzt auch die Privatbrauerei einen Brauereigasthof – der entsprechend der unterschiedlichen Betriebsgröße etwas kleiner ausfällt. Die Innenräume sind geprägt von hellem Holz. Draußen gibt es einen kleinen Biergarten, dessen größtes Manko die direkt angrenzende B 500 ist. Auto-, vor allem aber Motorradfahrer nutzen die Bundesstraße gerne für lautstarke Beschleunigungstests.

Die Betreiber setzen stark auf das bayrische Ambiente, was sich in der blau-weißen Dekoration, den Dirndln der Bedienungen und der Speisekarte widerspiegelt. Die Anleihe an den Nachbarn im Osten ist Geschmackssache und nicht unbedingt notwendig. Warum nicht mit mehr Selbstbewusstsein eine badische Brauereigaststätte in gelb-rot? Gekocht wird in der Biergartenzeit zum Teil draußen. Das Angebot ist sehr groß, reicht von Haxe, Hendl, Schweine-Krustenbraten und Leberkäse über diverse bayrisch-badische Brotzeiten bis hin zu den sogenannten Dünnen, eine Art Pizza-Flammenkuchen. Dazu gibt es lecker angerichtete Salate, selbst gebackenes Steinofenbrot – mit Dinkelmehl und Himalaya-Steinsalz (!) – und als besonderes Angebot ab vier Personen Bier-Tapas, zehn kleine Portionen für

Brauereigasthof Waldhaus
79809 Waldhaus, Waldhaus 1,
Tel: 07755-1600, Fax: 07755-8244,
www.gasthofwaldhaus.de
Geöffnet: Di-Sa 10-23 Uhr. So 10-21 Uhr.
Mo Ruhetag.

Gesamtnote:	8,2 von 10 Punkten
Küche:	8 Punkte
Service:	8 Punkte
Ambiente:	7 Punkte
Bierangebot:	10 Punkte
Preis/Leistung:	8 Punkte

37 Euro pro Person, mit Getränkebegleitung (Bier, Kaffee, Schnaps) für 53 Euro. Außerdem werden kulinarische Menüs angeboten, die sich an den Jahreszeiten und ihren Produkten und Erzeugnissen orientieren, im Frühjahr Spargel, Bärlauch und Maischolle, im Sommer Tomaten, Pfifferlinge und Matjes, im Herbst Wild und Kürbis und im Winter Trüffel, Gans und Feldsalat. Das ist nicht in allen Fällen große Küche, aber doch eben das, was man von einer Brauereigaststätte und in einem Biergarten erwarten darf. Der Service ist freundlich und grundsätzlich aufmerksam, lassen wir den vergessenen Knödel einmal außen vor.

Wichtig bei einer Brauereiwirtschaft ist natürlich das Bier: Waldhaus hat da die eine oder andere Spezialität im Angebot, die man im Handel nicht findet. Das Weinangebot fällt mit den (durchaus guten) Produkten des Engelhofs in Hohentengen allerdings schmal aus.

Waldkirch-Buchholz

Hotel-Restaurant Hirschenstube

Es braucht nicht immer das Restaurant mit dem gewissen Etwas, das einem neue, überraschende Geschmackserlebnisse verspricht, indem es mit raffinierten Kreationen lockt. Das ist eher die Ausnahme im Alltag. Viel wichtiger ist es, ein Restaurant zu kennen, in dem man stets gut essen und das man Freunden problemlos weiterempfehlen kann – ohne etwas falsch zu machen.

So ein Restaurant ist die »Hirschenstube« im Waldkircher Ortsteil Buchholz: schmackhaft, grundsolide, fair, freundlich und angenehm. Christine und Dejan Petkovic führen das altehrwürdige Gasthaus seit beinahe zehn Jahren. Mehr als 200 Jahre ist das Gebäude schon alt, davon zeugt die eigenwillige Architektur mit den engen, niedrigen Gasträumen. Innen wirkt allerdings alles ein bisschen gedrängt, verstärkt wird dieses Gefühl durch das dunkle Holz und die etwas altmodische Einrichtung. Lieber sitzt man da im Sommer draußen in der Gartenwirtschaft. Die Küche bringt bewährtes Badisches auf den Tisch – Schnitzel, Rumpsteak, Forelle –, da gibt es weder bei der Zusammenstellung noch bei der Qualität (böse) Überraschungen, schon gar nicht bei der Größe der Portionen. Das Lammkarree mit Gemüse und Kartoffelgratin ist ebenso tadellos wie das Rumpsteak, die klare Ochsenschwanzsuppe zum Einstieg hat ein sehr feines Aroma, das Dessert – überbackene Früchte – hat uns dagegen nicht vom Hocker gehauen.

Hotel-Restaurant Hirschenstube
79183 Waldkirch-Buchholz,
Schwarzwaldstr. 45,
Tel: 07681-477770, Fax: 07681-4777740,
www.hirschenstube.de
Geöffnet: täglich 7:30-21 Uhr.
So, Mo Ruhetag.

Gesamtnote:	7,7 von 10 Punkten
Küche:	8 Punkte
Service:	8 Punkte
Ambiente:	6 Punkte
Weinangebot:	7 Punkte
Preis/Leistung:	9 Punkte

Die Weinkarte ist recht umfangreich, wobei viele Winzer-Genossenschafts-Weine darunter sind, allein auf zwei Seiten werden Tropfen von heimischen Betrieben aus Buchholz angeboten, darüber hinaus sind nur vereinzelt renommierte Weingüter in der Weinkarte vertreten.

Waldkirch-Buchholz

Gasthaus Rebstock

In Buchholz, einem Ortsteil von Waldkirch, lässt es sich einkehren. Es gibt gleich mehrere gastronomische Betriebe, die einen guten Ruf genießen. Darunter befindet sich auch das Gasthaus »Rebstock«. Der Großvater des heutigen Besitzers Thomas Burger, der mit seiner Schwester Anni den Betrieb führt, hat es vor fast 80 Jahren erbaut. Es ist einfach eine schöne, große Wirtschaft mit dem alten Parkettboden, dem grünen Kachelofen und der gemütlichen und geschmackvollen Inneneinrichtung, die gelungen die Balance zwischen Tradition und Moderne findet. Drei mächtige Kastanien bieten den Gästen im Garten Schatten. Und zu all dem schönen Ambiente lässt es sich auch noch gut essen im »Rebstock«. Thomas Burger bietet das, was ein Landgasthof bieten muss, also Schnitzel, Rumpsteak, Rinderzunge oder Wurstsalat, und das handwerklich perfekt, wie das einfache Kalbsschnitzel mit Spätzle und Rahmsoße, beides selbst gemacht, schon zeigt. Damit enden aber nicht die Ambitionen des Küchenchefs. Jede Woche gibt es auf der klein gehaltenen Karte wechselnde Saisongerichte, zum Beispiel Thai-Currysuppe oder Gazpacho, Coq au vin vom Landhuhn oder Tournedos vom Rinderfilet, dazu ein Menü zum Preis zwischen 33 und 35 Euro, wobei die einzelnen Gänge auch als Hauptgerichte gewählt werden können. Da werden zum Beispiel die gebratenen Jakobsmuscheln auf Avocado-Mangosalat mit Passionsfruchtvinaigrette ebenso serviert wie das Saltimbocca vom Reh aus heimischer Jagd mit Pfifferlingrisotto und Sommergemüse, das Seeteufelmedaillon mit Basilikum, Zucchini-Paprika-Gemüse und Taglierini oder die gebratene Wachtelbrust mit Pfifferlingen, Mango-Pinien-Gemüse und Graupenrisotto. Das Steak vom Wasserbüffel, das wir gewählt haben, ist sehr zart, nur das Gemüse ist etwas verkocht und den Röstkartoffeln fehlt etwas Salz. Neben den Klassikern auf der Dessertkarte bietet Thomas Burger auch eigene Kreationen, wie die Topfen-Minzterrine mit Sangria von Beeren und Früchten oder das sehr leckere Cappuccino-Geeiste im Baumkuchenmantel mit Früchten. Die Weinkarte ist dagegen fest in der Hand der Buchholzer Winzer, da könnten die Burgers durchaus noch nachrüsten.

Gasthaus Rebstock
79183 Waldkirch-Buchholz,
Schwarzwaldstr. 107,
Tel: 07681-9872, Fax: 07681-4937090,
www.rebstock-buchholz.com
Geöffnet: täglich 17:30-21 Uhr (Küchenschluss). So, Feiertag 11:30-14 Uhr.
Di Ruhetag.

Gesamtnote:	8,5 von 10 Punkten
Küche:	9 Punkte
Service:	9 Punkte
Ambiente:	9 Punkte
Weinangebot:	6 Punkte
Preis/Leistung:	9 Punkte

Wehr

Landgasthof zur Sonne

Landgasthof zur Sonne
79664 Wehr, Enkendorfstr. 38,
Tel: 07762-8484, Fax: 07762-7321,
www.hotel-sonne-wehr.de
Geöffnet: Di-Fr 17-22 Uhr. Sa, So,
Feiertag 12-14 Uhr/17-22 Uhr.
Mo Ruhetag.

Gesamtnote:	8,0 von 10 Punkten
Küche:	8 Punkte
Service:	8 Punkte
Ambiente:	9 Punkte
Weinangebot:	7 Punkte
Preis/Leistung:	8 Punkte

Fragt man nach der Sonne in Wehr, wird man teilweise verständnislos angeschaut, dann folgt ein: »Ah, Sie meinen die Sonne im Enkendorf!« Tatsächlich findet man den Landgasthof »Sonne« im Enkendorf, einem Ortsteil von Wehr, der sich mit ganz eigenem Charme und Charakter auszeichnet. Nur hier gehört die »Sonne« hin, und das bereits seit über 200 Jahren. Eingewachsen in Ort und Landschaft präsentiert sich hier eine gastronomische Rarität: Authentizität ist hier das richtige Wort. Betritt man das Restaurant durch den Windfang, umfängt einen sofort die Wärme des Gastraumes, ausgelöst durch die niedrigen Decken, die dunklen Holzpaneele, die Geschäftigkeit des Personals und die murmelnde Zufriedenheit der zahlreichen Gäste.

Nach dem Generationswechsel in der Küche von Vater Genter zum Sohn hat sie sich etwas verschlankt. Nicht, dass nichts mehr auf den Teller kommt, aber was kommt, kommt eher mit Leichtigkeit und weniger deftig als noch zu Vater Genters Zeit. Trotzdem finden immer noch Klassiker den Weg auf den Teller: Saure Leberli oder Zwiebelrostbraten sind von der Karte nicht wegzudenken. Heute hat man sich dem Zeitgeist angepasst und serviert hausgemachte Ravioli vom Ochsenbäckchen mit Steinpilzen und Vanillesoße und grünem Spargel oder ein Filet vom Angusrind aus der Nachbarschaft mit selbst gemachten Papardelle.

Wo früher eher Weizen oder nur ein Gutedel getrunken wurde, findet man heute mit Verstand ausgesuchte Weine, welche man auch ohne Essen genießen kann.

In der warmen Jahreszeit sitzt man im Garten oder auf der Terrasse direkt oberhalb der Hasel in einer Ruhezone ohnegleichen mit berauschendem Blick auf den Dinkelberg.

Ist man ganz eingelullt von Stimmung, gutem Essen und Trinken, kann man sich in eines der wunderbaren und mit viel Einfühlungsvermögen renovierten Zimmer zurückziehen.

Einen kleinen Wehmutstropfen gibt es leider anzumerken: Leider sind die Öffnungszeiten den wirtschaftlichen Verhältnissen der Region angepasst worden – mittags, außer am Wochenende, ist leider geschlossen.

Weil am Rhein

Hotel-Restaurant Adler

In Alt-Weil in Weil am Rhein, ganz im Süden der Republik gibt es eine gastronomische Institution: den »Adler« von Hansjörg Wöhrle. Im gediegenen Ambiente speist – und wohnt – man auf höchstem Niveau. Badische Küche mit französischen Wurzeln bestimmt die Auswahl von Speisen. Alles, was gut – und kostspielig – ist, wird aufgetischt: Hummer, Scampi, Bouillabaisse, Seeteufel und Jakobsmuscheln aus dem Fischbereich, Entrecote, Kalbsfilet und Wild verschiedener Herkunft werden in verschiedenen Zubereitungsarten und mit ausgezeichneten, reduzierten Soßen und regionalen Beilagen angerichtet. Besonderes Augenmerk sollte man auf die unvergleichlichen Gänseleberkreationen legen, sie sind eine Delikatesse. Aber auch regionale Spezialitäten, wie Rinderbäckchen in Burgundersoße, saure Leberli mit Schweizer Rösti und Kutteln Lyonnaiser Art, findet man in der Karte. Besondere Angebote werden dienstags und samstags mittags im Business-Menü offeriert, eine Gelegenheit, das Leistungsvermögen der Küche auszuprobieren.

Desserts werden in schöner Form und bester Qualität serviert, z.B. Crêpe Suzette für drei Personen zu je 22 Euro. Nicht gerade günstig, aber wo gibt's so etwas Gutes denn sonst noch?

Die Weinkarte umfasst preiswerte Gewächse aus Baden und Umgebung, französische Hochgewächse in unglaublicher Auswahl und Reife und wenige, aber ausgesuchte italienische Kreszenzen. Hier wird jeder Liebhaber großer Weine fündig, auch ›Etikettentrinker‹ – zu dann allerdings anspruchsvollen Preisen.

Hotel Restaurant Adler
79576 Weil am Rhein, Hauptstr. 139,
Tel: 07621-98230, Fax: 07621-75676,
www.adler-weil.de
Geöffnet: Di-Sa 12-14:30 Uhr/
18:30-21:30 Uhr. So, Mo Ruhetag.

Gesamtnote:	8,8 von 10 Punkten
Küche:	9 Punkte
Service:	9 Punkte
Ambiente:	9 Punkte
Weinangebot:	9 Punkte
Preis/Leistung:	8 Punkte

Der Service in dem heimeligen Ambiente ist aufmerksam, kompetent und liebenswürdig, die Speisefolgen, besonders für die Businesspeople, zügig.

Der Patron, einst auch Küchenchef, residiert im Restaurant am Stammtisch und begrüßt Stammgäste aus der Schweizer Industrie ebenso wie Gäste aus der nahen Umgebung.

Im Nebenhaus »Spatz« genießt man badische Regionalküche auf hohem Niveau, jedoch nicht so aufwändig wie im Hauptrestaurant und zu entsprechend günstigeren Preisen.

Weil am Rhein-Märkt

Gasthaus Krone in Märkt

Gasthaus Krone in Märkt
79576 Weil am Rhein-Märkt, Rheinstr. 17,
Tel: 07621-62304, Fax: 07621-65350,
www.krone-maerkt.de
Geöffnet: Mi-So 11:30-14 Uhr/
18-21 Uhr (Küchenschluss).
Mo, Di Ruhetag.

Gesamtnote:	8,2 von 10 Punkten
Küche:	9 Punkte
Service:	8 Punkte
Ambiente:	8 Punkte
Weinangebot:	7 Punkte
Preis/Leistung:	8 Punkte

»Es wird mein Bestreben sein, stets guten Wein, Bier und gebackene Fische zu verabfolgen«, Friedrich Hagist im April 1884. So steht es im Beschrieb des Gasthauses »Krone in Märkt«.

Die Familie Hagist-D'Angelo hat Wort gehalten: Im Gasthaus »Krone in Märkt« im Dreiländereck wird dem Fisch große Aufmerksamkeit gewidmet. See- und Süßwasserfisch kommt in erstklassiger Qualität auf den Tisch. Besondere Spezialitäten sind gebackene Weißfische, welche sonst oft verschmäht werden, und Eglifilet – zur besonderen Freude der schweizerischen Gäste aus dem benachbarten Basel. Selbstverständlich werden auch Zander, Wels, Lachs und Hummergerichte sowie Schalentiere angeboten, alles in einer ausgezeichneten Qualität und Zubereitung.

Ein typisches Menü kann, je nach Jahreszeit, so auf den Tisch kommen: Salatbukett mit Eglifilets, Babywels mit Senfsoße und jahreszeitlichen Gemüsen, Kürbisrahmsüppchen mit Felchenstreifen, Fisch »Catch of the day« mit feinen Gemüsen und einer Beurre blanc und als Nachspeise: Dessertvariationen.

Für Nicht-Fischesser gibt es eine ausgesuchte Auswahl von Fleischgerichten mit jeweils saisonalen Beilagen. Auch hier überwiegt der regionale Bezug.

Der Gastraum ist einladend ausgestattet, eine gelungene Liaison aus Tradition und Moderne, die Tische sind mit viel Umsicht in weißem Leinen eingedeckt – selbstverständlich auch mit Stoffservietten. Der Service ist sehr aufmerksam und erfüllt gerne Sonderwünsche, ohne die oft erlebten (überflüssigen) Kommentare.

Die auf den ersten Blick recht anspruchsvolle Preisgestaltung relativiert sich schnell bei genauerem Hinsehen: Vorspeise und Salat sind im Preis des Hauptgerichts enthalten. Bei den Menüs erlebt man die ganze Bandbreite der Krone'schen Küchenleistung.

Die Weinkarte ist klug aufgebaut und bietet badische (markgräfler) Gewächse in ausgesuchter Qualität sowie eine angenehme Auswahl von italienischen Spezialitäten.

Im Sommer steht ein Garten zur Verfügung, in welchem man unter Kastanien verwöhnt wird.

Weil am Rhein-Haltingen

Landgasthof-Hotel Rebstock

Der »Rebstock« in Haltingen gehört im Dreiländereck gewiss zu den am besten frequentierten Gaststätten. Ohne Reservierung hat man an Wochenenden meist Pech und auch sonst sind die beiden großen Gasträume und die Außenbewirtung im schönen Scheunenhof meist gut belegt. Trotz des Trubels lassen es sich die Wirte Erika Graf und Peter Biechele nicht nehmen, an jedem Tisch vorbeizuschauen. Fast zu schön, um wahr zu sein. Tatsächlich weiß man im »Rebstock« schon gar nicht mehr, ob so viel Gastlichkeit von Herzen kommt oder ob es sich um eine perfekte Inszenierung einer perfekten Landgastronomie handelt. Der Gast fragt sich zuweilen, ob er hier einer Prüfung des Hotel- und Gaststättenverbandes beiwohnt. Die Prüfung hätten die Kandidaten zwar mit Bravour bestanden, aber im Alltag wirkt dieses Verhalten etwas aufgesetzt. Auch mit der Karte will der »Rebstock« ein wenig mehr glänzen und mehr bieten als nur die gute badische Küche. So schwappen edle Seefische und Jakobsmuscheln auf die Fischkarte und auch ein bisschen noble Italianità soll dem internationalen Publikum der Grenzregion schmeicheln. Beim Test schnitten jedoch die bodenständigen Gerichte am besten ab. Einfach und gut ist das Schnitzel. Das Kalbsgeschnetzelte kommt schön zart und in einer wunderbar cremigen Soße auf den Tisch, die sich mit den hausgemachten Spätzle gut gabeln lässt. Die Zutaten des Gemüsetellers sind so frisch, wie man es sich in einem Gemüseanbaugebiet wünscht. Dass dabei jede einzelne Sorte auf seine jeweils passende Art zubereitet angerichtet wurde, verdient einen Pluspunkt. Nicht so zufriedenstellend war das Lachsfilet auf Champagnersoße. Der

Landgasthof-Hotel Rebstock
79576 Weil am Rhein-Haltingen,
Große Gaß 30,
Tel: 07621-964960, Fax: 07621-9649696,
www.rebstock-haltingen.de
Geöffnet: täglich 7-23 Uhr.

Gesamtnote:	8,2 von 10 Punkten
Küche:	8 Punkte
Service:	9 Punkte
Ambiente:	9 Punkte
Weinangebot:	8 Punkte
Preis/Leistung:	7 Punkte

Fisch war etwas zu trocken und die Soße hat ihren Namen nicht wirklich verdient. Eine Enttäuschung waren die Ravioli mit Ricottafüllung an Salbeibutter. Das Gericht war weitgehend geschmacksneutral und die darübergestreute Menge an Frühlingszwiebeln ist weder italienisch noch fein. Fazit also: Das, was der »Rebstock« immer bot, nämlich gehobene Landküche, gepaart mit einem fachkundig auf die Stärken der Region abgestimmten Weinangebot, gelingt nach wie vor hervorragend. Was der »Rebstock« offenbar gerne sein würde, nämlich ein Haus in der Nähe der Sternegastronomie, erreicht er nicht. Doch leider geht durch den Ehrgeiz die Authentizität etwas verloren. Auch bei den Preisen hat der »Rebstock« die Bodenständigkeit etwas verloren und sich von den Verlockungen der Marktmechanismen in der Grenznähe mitreißen lassen.

Weil am Rhein-Haltingen

Gasthaus-Hotel Zum Hirschen

Gasthaus-Hotel Zum Hirschen
79576 Weil am Rhein-Haltingen,
Große Gaß 1,
Tel: 07621-9407860, Fax: 07621-9407880,
www.hirschen-haltingen.de
Geöffnet: täglich 12-14 Uhr/18-21 Uhr (Küchenschluss).

Gesamtnote:	9,2 von 10 Punkten
Küche:	10 Punkte
Service:	9 Punkte
Ambiente:	10 Punkte
Weinangebot:	8 Punkte
Preis/Leistung:	8 Punkte

Man stelle sich vor, wie draußen zähe Herbstnebel wabern, drinnen die Dielen unter den Schritten der Bedienung knarzen und der Gast behaglich am kunstvoll verzierten Kachelofen sitzt, ein gutes Essen genießt und ein wärmendes Glas vom Roten sürpfelt. Melancholisch schwärmt da die badische Genießerseele. Andere, ebenfalls positive Gemütslagen stellen sich im Sommer ein, wenn abends die letzten Sonnenstrahlen durchs Blattwerk zwinkern und die Tische zwischen den Blumenbeeten im Garten hinterm Haus gedeckt sind. Das Gasthaus »Zum Hirschen« in Haltingen lässt solche Träume wahr werden. Seit mittlerweile neun Generationen ist der »Hirschen« in Familienbesitz. Man spürt, wie Haus und Einrichtung pfleglich von Hand zu Hand gegeben wurden. Doch warum muss all das gesagt werden, wenn es bei einem Restaurant doch mehr um Küche als um Gestaltung geht? Ganz einfach, weil der »Hirschen« sehr stimmig beides zusammenführt, weil die gastronomische Leistung genau das hält, was die Einrichtung verspricht: Qualität, die überdauert und Neues sehr behutsam aufnimmt. Zur Tradition gehört in diesem Landstrich auch ein gewisser ›goût français‹. Das zeigt sich bei den Vorspeisen, wenn Schneckensüpple oder Terrinen auf der regelmäßig wechselnden Karte auftauchen. Bei den Hauptgerichten gehören das Filetsteak »Moutarde« und das Filetsteak bordelaise zum Standardrepertoire. Eine sichere Bank – und gefühlt schon seit der Gründung des Hauses bewährt – sind Klassiker wie Kalbleberle (regionaltypisch mit Rösti) oder die Wildgerichte. Recht bodenständig und sympathisch auf wenige Posten beschränkt ist das Fischangebot. Die Scholle an Mandelbutter ist einfach, einfach gut und – in dieser Gegend eher die Ausnahme – einfach günstig. Als Alternative zu den süßen Desserts (gerne auch mal Gebäck) bietet der »Hirschen« Käse vom Brett oder – empfehlenswert – angemachten Camembert. Regionaltypisch und in der oberen Mittelklasse angesiedelt ist das Weinangebot. Der Service ist souverän und fürsorglich. Keine Frage, der »Hirschen« könnte, wenn er sich denn mit Themen, Produkten und Kreationen der Haute Cuisine befassen wollte, auch in anderen Kategorien mitspielen. Zum Glück aber strebt er weniger nach Kunst, sondern zum perfekten Handwerk. Und das hat bekanntlich goldenen Boden. Im »Hirschen« seit 265 Jahren.

Weisweil

Landgasthof Baumgärtner

Bei gutem Wetter kann man bei einem Besuch des Landgasthofs »Baumgärtner« in Weisweil den nahegelegenen Kaiserstuhl im Süden gut erkennen. Dort bietet die Familie Mössinger seit vielen Jahren ein wohltuend, von der breiten Masse sich abhebendes kulinarisches Angebot. Doch woran liegt es, dass mittags nur an Sonn- und Feiertagen geöffnet ist? Am Angebot sicher nicht. Denn das, was aus der Küche kommt, kann sich wirklich sehen lassen. Zum einen wird eine Karte mit Vesper und anderen Kleinigkeiten angeboten (eine kleine Randbemerkung hierzu: Muss denn dieser Toast Hawaii sein?), zum anderen eine große Karte mit zwei Menüs (einem vegetarischen und einem Monatsmenü), die äußerst fair kalkuliert sind. Die À-la-carte-Hauptgänge stoßen dann schon mit 26 bis 32 Euro in hochpreisigere Regionen vor, doch die angebotenen Fleischqualitäten und die Portionsgrößen stimmen!

Ob in den zwei Wirtsstuben oder, in der wärmeren Jahreszeit, auf der zum Teil überdachten Terrasse, die Damen im Service agieren schnell, kompetent und sind gerne behilflich, ein kleines Lächeln in der sonnenverwöhnten Gegend würde da schon passen.

Wir orderten einen Salat mit Pfifferlingen sowie Blattsalate mit gegrillten Gambas und Basilikumvinaigrette (14,90 Euro). Sehr gutes Salatdressing, pfiffig abgeschmeckt, da war ein Könner am Werk. Ebenso wie beim Carpaccio vom Kalbskopf, das leicht lauwarm mit feiner Vinaigrette serviert wurde. Die Hauptgerichte, auf ganz schön großen Tellern serviert, Filetspitzen vom Schwein mit Gemüsegarnitur, Schweinemedaillon in Morchelrahm-Gemüse vom Markt und Pommes Dauphine (17,80 Euro), waren wohlschmeckend zubreitet, sogar das Selleriepüree beim Gemüse. Von der Vesperkarte bestellten wir einen Salat und ein saures Rindsleberle mit Brot, das für einen Preis von 8,90 Euro konkurrenzlos günstig und dazu noch sehr gut zubereitet war. Zum Dessert ließen wir uns ein Basilikumeis schmecken, das wird wahrlich nicht so oft angeboten!

Die Weinkarte bietet eine große Auswahl von ¼ l-Weinen, dazu bekannte (»Huber«, »Bercher«) und unbekanntere Weingüter (»Weishaar«, »Eichstetten«) und die WG Sasbach, verlässliche Quellen, die einfach gut schmecken!

Man fühlt sich wohl und genießt, freut sich schon auf den nächsten Besuch und wird bis dahin seinen Freunden von einem empfehlenswerten Gasthaus erzählen!

Landgasthof Baumgärtner
79646 Weisweil, Sternenstr. 2,
Tel: 07646-347,
www.baumgaertner-weisweil.de
Geöffnet: Di-Sa 18-24 Uhr. So, Feiertag 11-15 Uhr/18-24 Uhr.
Mo Ruhetag.

Gesamtnote:	7,8 von 10 Punkten
Küche:	8 Punkte
Service:	7 Punkte
Ambiente:	8 Punkte
Weinangebot:	8 Punkte
Preis/Leistung:	8 Punkte

Willstätt

Restaurant Kinzigbrücke

Restaurant Kinzigbrücke
77731 Willstätt, Sandstr. 1,
Tel: 07852-2280, Fax: 07852-5276,
www.kinzigbruecke.de
Geöffnet: Mi, Do, Fr, So ab 11:30 Uhr.
Sa ab 17:30 Uhr. Mo, Di Ruhetag.

Gesamtnote:	9,0 von 10 Punkten
Küche:	8 Punkte
Service:	10 Punkte
Ambiente:	9 Punkte
Weinangebot:	10 Punkte
Preis/Leistung:	9 Punkte

Früher fuhren die Badener ins Elsass, wenn sie gut essen wollten. Die Zeiten haben sich nun schon länger geändert – der Zug geht gern einmal in die andere Richtung. Gäste von beiden Seiten des Rheins besuchen zum Beispiel die »Kinzigbrücke« in Willstätt. Nur wenige Kilometer von Straßburg entfernt hat vor über 30 Jahren Küchenchef Gerd Körkel mit seiner Gattin das denkmalgeschützte Fachwerkhaus aus dem 18. Jahrhundert übernommen und seitdem zu einem von vielen Gourmetführern dekorierten Restaurant gemacht. Schon sein Vorgänger Karl Groth junior hatte die »Kinzigbrücke« weit über Willstätt hinaus bekannt gemacht. Beim »Nese Karl«, wie das Haus im Volksmund auch genannt wird, gibt es heute eine überschaubare Speisekarte, die saisonalen Gegebenheiten Rechnung trägt. Das mindert zwar die Auswahl, stellt aber sicher, dass in der Küche mit frischen Produkten gearbeitet wird. Mindestens ebenso erfreulich: das große Angebot an offen ausgeschenkten Weinen von renommierten Gütern, darunter auch Heger, Schloss Neuweier, Bimmerle und Laible. Dass der Hegersche Grauburgunder im Steinkrügle offeriert wurde, passt zum selbst erhobenen Anspruch eines Gourmetrestaurants genauso wenig, wie die Salz- und Pfefferstreuer mit dem Plastikverschluss. Körkel ist ersichtlich kein Freund von Chichi. Bei ihm kommt Bodenständiges in währschaften Mengen auf den Tisch. Dies findet, wie der Besuch zeigte, viele Freunde.

Wer in den Gastraum eintritt, atmet ein Stück Vergangenheit. Schiffsdielenböden und Holzvertäfelungen sind Zeugen der langen Geschichte des Hauses. Dass bei den Lampen nicht immer stilgerecht nachmöbliert wurde, stört den Gesamteindruck nur wenig. Jahreszeitlich bedingt beherrschte bei unserem Besuch Spargel in mehreren Variationen die Speisekarte. Wir beschränkten uns auf Vorspeisen – und wurden nicht enttäuscht. Die Fischsuppe Provencale war exzellent abgeschmeckt – auch wenn ihr etwas weniger Lachs gut getan hätte. Zitronenthymian gab ihr den letzten Schliff. Delikat auch das Vitello tonnato mit Kapernäpfeln. Auch die Gänseleberterrine mit Wachtelbrüstchen ließ keinen Wunsch offen. Die Portionen waren so reichlich, dass der Wunsch auf einen Hauptgang auch deshalb nicht weiter verfolgt wurde. So entging uns, warum das Rib Eye-Steak vom neuseeländischen Rind ausgerechnet »pizzaiola« angeboten wurde. Uns entging auch das Lammkotelett mit Bohnenkernen und Rosmarinkartoffeln. Claudia Müller, die für den Service verantwortlich ist, agiert umsichtig und freundlich. Im Sommer lädt eine windgeschützte Terrasse über einem Seitenarm der Kinzig zum Verweilen ein.

Wittnau

Ristorante Pizzeria Engel

1981 übernahmen Maria und Pino Laia das Gasthaus »Engel« in Wittnau-Bietzighofen. Von Anfang an legten sie den Grundstein mit traditioneller, ehrlicher Küche für ihre Familie. Die vier Kinder haben stets im Betrieb mitgearbeitet und zwei Söhne sind mittlerweile eigenständig in der Gastronomie tätig. Franco Laia zeichnet sich seit dem Jahre 2000 für den Betrieb verantwortlich, während die Eltern beide noch in der Küche stehen. So hat es die Familie geschafft, ein Stück italienischer Lebensart im Hexental dauerhaft zu etablieren.

In jüngster Zeit wurde die Küche komplett renoviert, der Biergarten neu gestaltet und aus dem Nebenzimmer wurde eine ›kleine, feine Stube‹. In der gemütlichen, bäuerlichen Gaststube mit italienischem Flair herrscht eine angenehme Atmosphäre und man fühlt sich gleich wohl. Das Speisenangebot lässt keine Wünsche offen. Die feste Karte, mit vielen italienischen Klassikern, wird durch eine wechselnde Monatskarte und auf einer Tafel ausgewiesenen Tagesempfehlungen ergänzt. Hier werden saisonale Produkte eingestreut, wodurch die Karte abwechslungsreich und spannend bleibt.

Wir bestellen Carpaccio di Manzo (Rind) und einen bunten Salat mit lauwarmem Ziegenkäse. Danach Rospo (Seeteufel) mit Risotto sowie gegrillte Calamaretti (kleine Tintenfische) mit Zitronensoße und hausgemachten Tagliatelle mit frischem Salbei. Sofort wird klar, hier wird nicht danach gestrebt, mit exotischen Kreationen aufzuwarten, sondern die bodenständige Küche dauerhaft zu pflegen, die hier hervorragend schmeckt. Die Pizza aus dem Steinofen trägt ebenso dazu bei. Sie kann ›fertig‹ bestellt oder selbst zusammengestellt werden. Zwei ›Grundpizzen‹ stehen zur Verfügung und das Belegen, sprich die Zutaten, werden im Einzelnen selbst ausgesucht und von der Küche entsprechend zubereitet.

Die Portionen sind sehr großzügig und so fielen die verlockend klingenden Desserts heute aus Platzmangel im Bauch für uns flach. Überraschungsmenüs mit drei oder mehr Gängen sind ebenfalls erhältlich. Die Flexibilität der Küche strahlt ins Lokal und der freundliche aufmerksame Service ist für alle Fragen offen und berät bei Bedarf gerne.

Die Weinkarte, wie soll es auch anders sein, bietet hauptsächlich italienische Weine aus verschiedenen Provinzen und außerdem hiesige vom Kaiserstuhl, aus dem Markgräflerland und der Ortenau.

Für Freunde der italienischen Küche, mit oder ohne Pizza, ist der »Engel« ein Ort zum Wohlfühlen, eingebettet in dörflicher Ruhe, an den man gerne zurückkehrt, um wieder etwas Neues auszuprobieren.

Ristorante Pizzeria Engel
79299 Wittnau, Weinbergstr. 2,
Tel: 0761-402805, Fax: 0761-4562756,
www.ristorante-engel.de
Geöffnet: Di 17-24 Uhr. Mi-So 11-14 Uhr/17-24 Uhr. Mo Ruhetag.

Gesamtnote:	8,8 von 10 Punkten
Küche:	9 Punkte
Service:	9 Punkte
Ambiente:	9 Punkte
Weinangebot:	8 Punkte
Preis/Leistung:	9 Punkte